BORUTO
-NARUTO NEXT G ON-

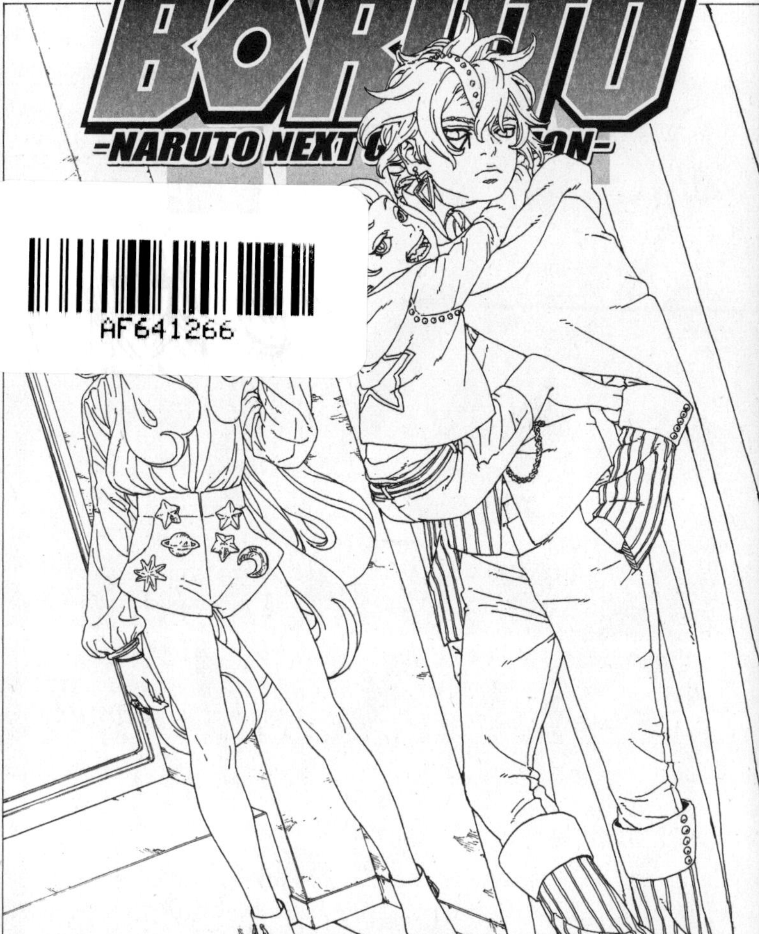

Der Spalt

17. Schriftrolle

Original Story and Supervising: Masashi Kishimoto Manga: Mikio Ikemoto

BORUTO
-NARUTO NEXT GENERATION-

Charaktere

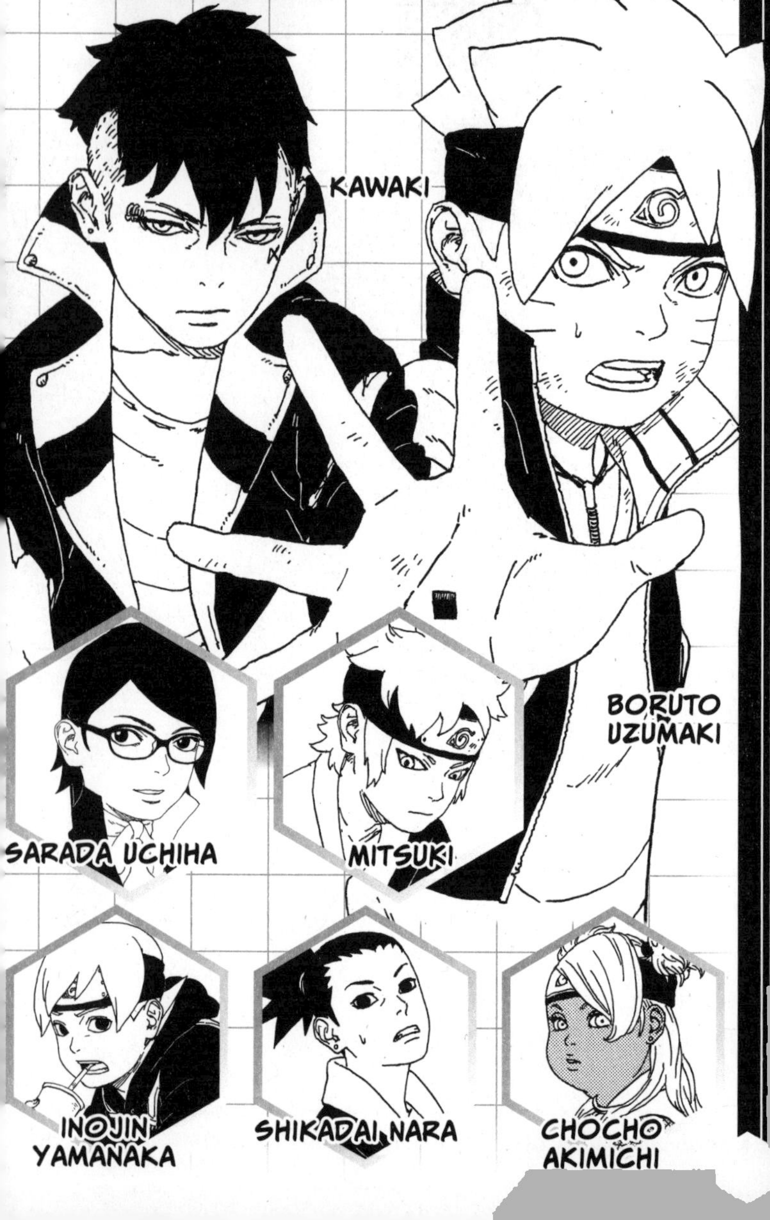

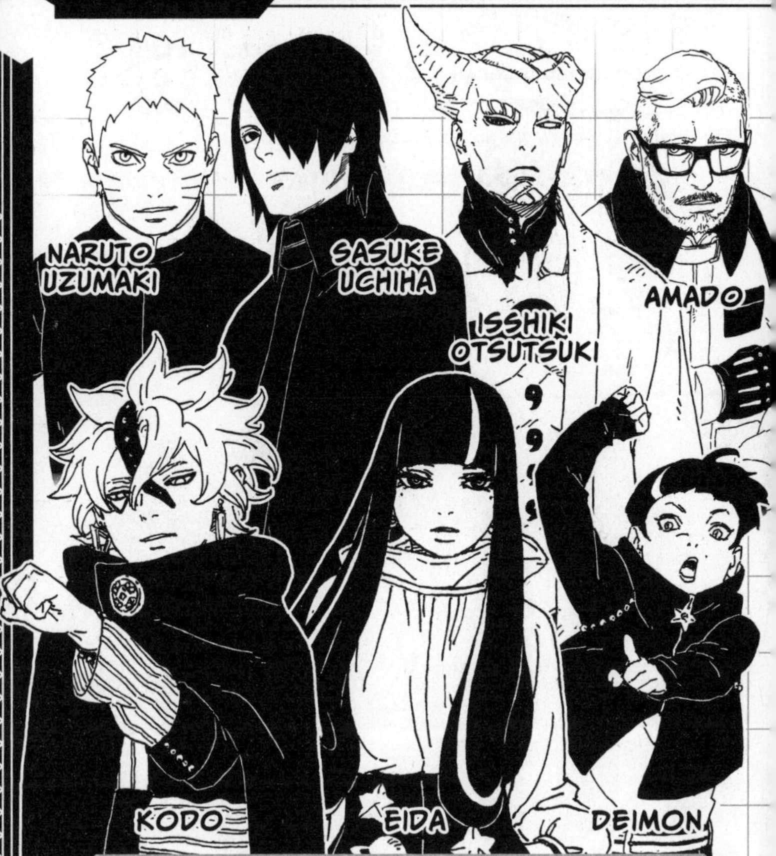

STORY

DER NINJA-WELTKRIEG IST VERGANGENHEIT, DIE MENSCHEN IM DORF KONOHAGAKURE GENIESSEN DEN FRIEDEN. DOCH DANN GREIFEN MOMOSHIKI UND KINSHIKI OTSUTSUKI DAS DORF AN. DIE KONOHA-NINJA BESIEGEN DIE ANGREIFER, ABER NACH DEM KAMPF BLEIBT BEI NARUTOS SOHN BORUTO EIN SELTSAMES MAL, KAMA, AUF DER RECHTEN HAND ZURÜCK.

AUF EINER MISSION STÖSST BORUTO AUF EINEN JUNGEN NAMENS KAWAKI, DER EBENFALLS EIN KAMA TRÄGT. ES STELLT SICH HERAUS, DASS DIESER JUNGE DAS »GEFÄSS« IST, NACH DEM DIE DUBIOSE ORGANISATION KARA SUCHT. NARUTO LÄSST KAWAKI BEI SICH UND SEINER FAMILIE WOHNEN, UM DEN JUNGEN ZU BESCHÜTZEN. BORUTO UND KAWAKI VERSTEHEN SICH ANFANGS NICHT, ABER ALLMÄHLICH FASST KAWAKI VERTRAUEN IN DIE KONOHA-NINJA UND RESPEKTIERT NARUTO.

ISSHIKI OTSUTSUKI, DER NUR NOCH KURZE ZEIT ZU LEBEN HAT, WILL KAWAKI ALS GEFÄSS FÜR SEIN WIEDERAUFLEBEN NUTZEN, ABER NARUTO UND SEINE MITKÄMPFER VERHINDERN DIES UND ISSHIKI STIRBT. KODO, DER LETZTE AUS DER KERNTRUPPE VON KARA, ÜBERNIMMT VON ISSHIKI DEN OTSUTSUKI-WILLEN UND SCHWÖRT, NARUTO UND DIE ANDEREN ZU SCHLAGEN. ZUR UNTERSTÜTZUNG ERWECKT ER CYBORG-GESCHWISTER.

VON KODO BEDROHT, VERSCHÄRFT DAS DORF KONOHA DIE BEWACHUNG UND HÄLT KAWAKI UNTER STRENGER KONTROLLE. ABER KAWAKI VERLÄSST ALLEIN DAS DORF, UM NARUTO ZU SCHÜTZEN, UND TRIFFT KODO. UND BORUTO HOLT KAWAKI EIN...

BORUTO

Boruto
-Naruto Next Generation-

17. Schriftrolle

Der Spalt

INHALT

64: Kontrolle

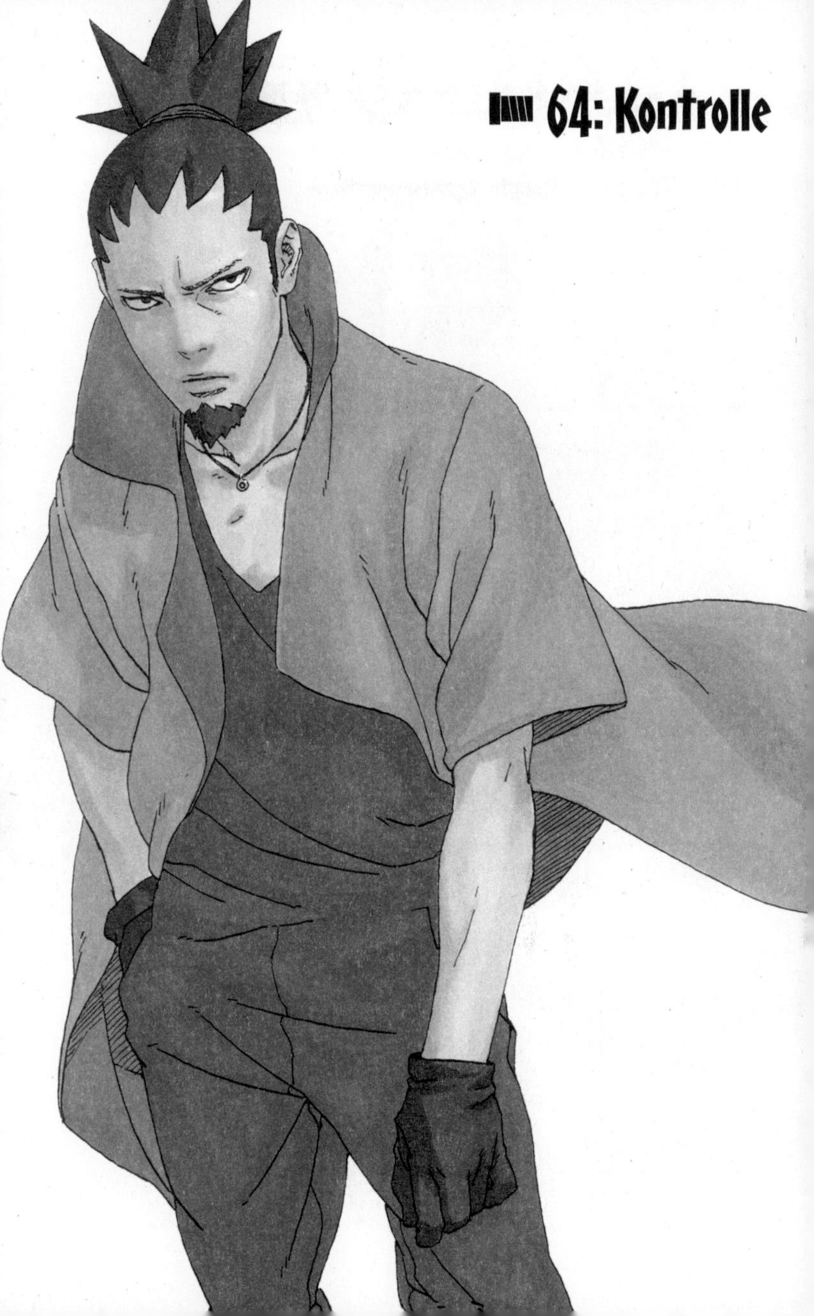

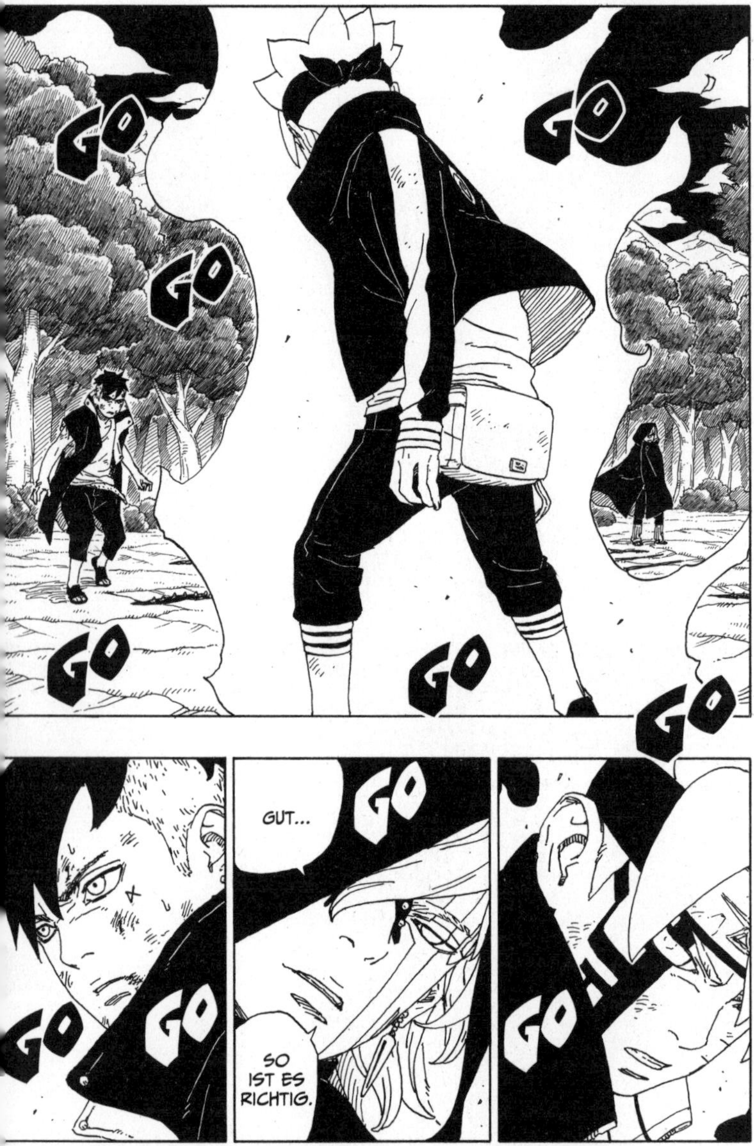
GO
GO
GO
GO
GO
GO
GO
GO
GO
GUT...
SO IST ES RICHTIG.
GO
GO

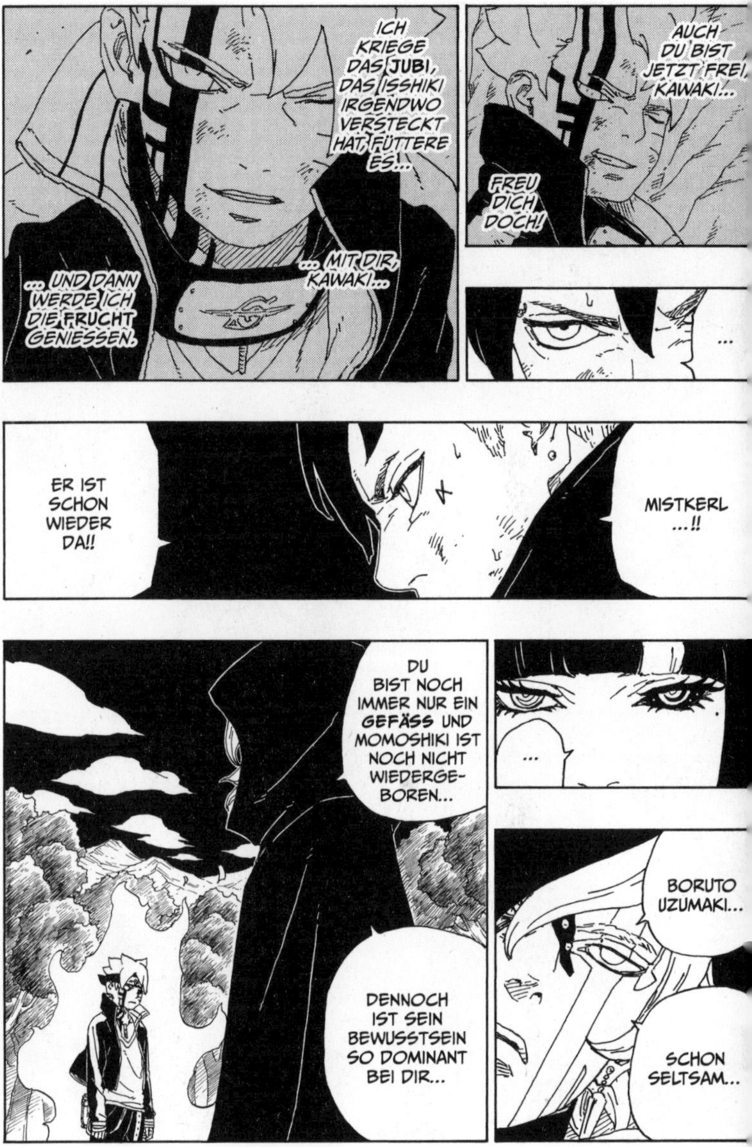
AUCH DU BIST JETZT FREI, KAWAKI...
FREU DICH DOCH!
ICH KRIEGE DAS JUBI, DAS ISSHIKI IRGENDWO VERSTECKT HAT, FÜTTERE ES...
... MIT DIR, KAWAKI...
... UND DANN WERDE ICH DIE FRUCHT GENIESSEN.
...
MISTKERL ...!!
ER IST SCHON WIEDER DA!!
...
BORUTO UZUMAKI...
SCHON SELTSAM...
DU BIST NOCH IMMER NUR EIN GEFÄSS UND MOMOSHIKI IST NOCH NICHT WIEDERGE-BOREN...
DENNOCH IST SEIN BEWUSSTSEIN SO DOMINANT BEI DIR...

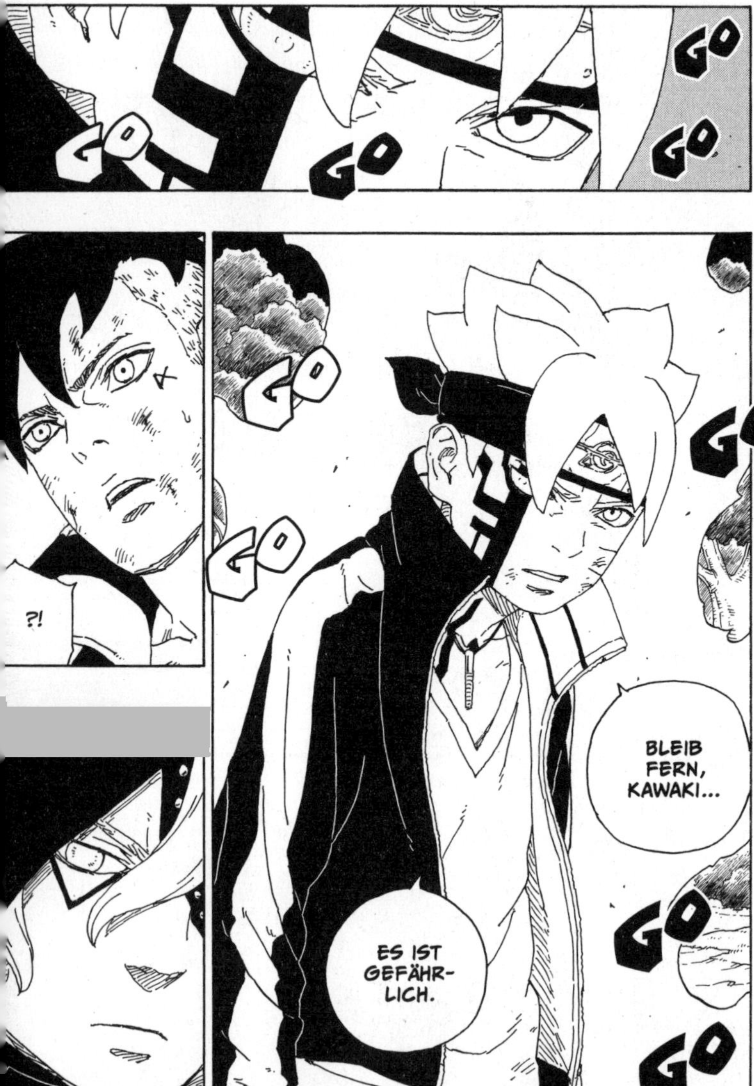
GO
GO
GO
GO
?!
GO
GO
BLEIB FERN, KAWAKI...
ES IST GEFÄHR-LICH.
GO
GO

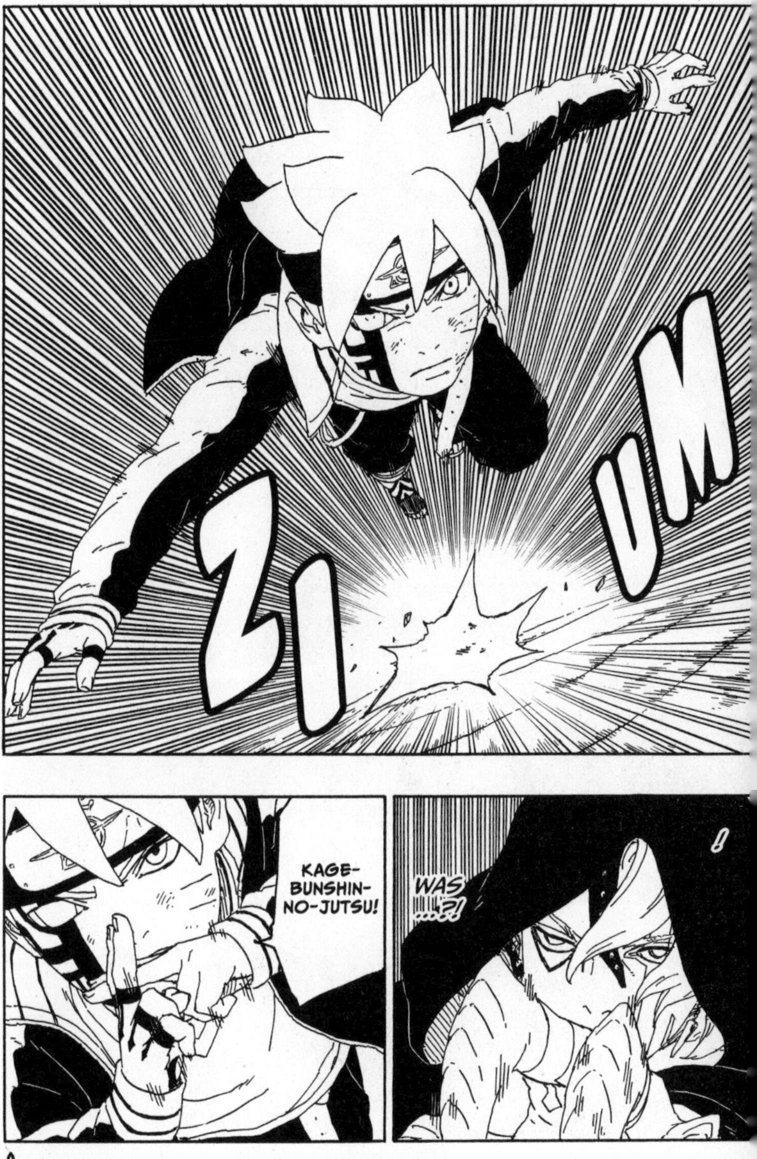
ZI
UUM
KAGE-BUNSHIN-NO-JUTSU!
WAS ...?!
!

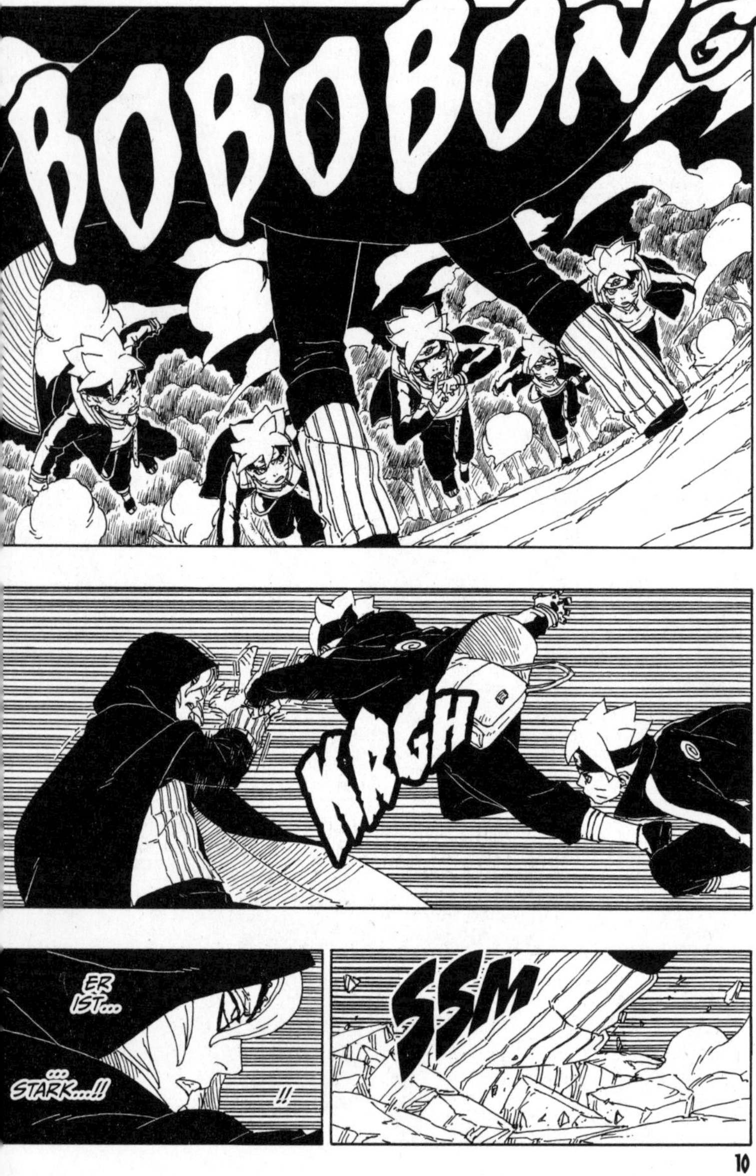
BOBOBONG
KRGH
SSM
ER IST...
... STARK...!!
!!

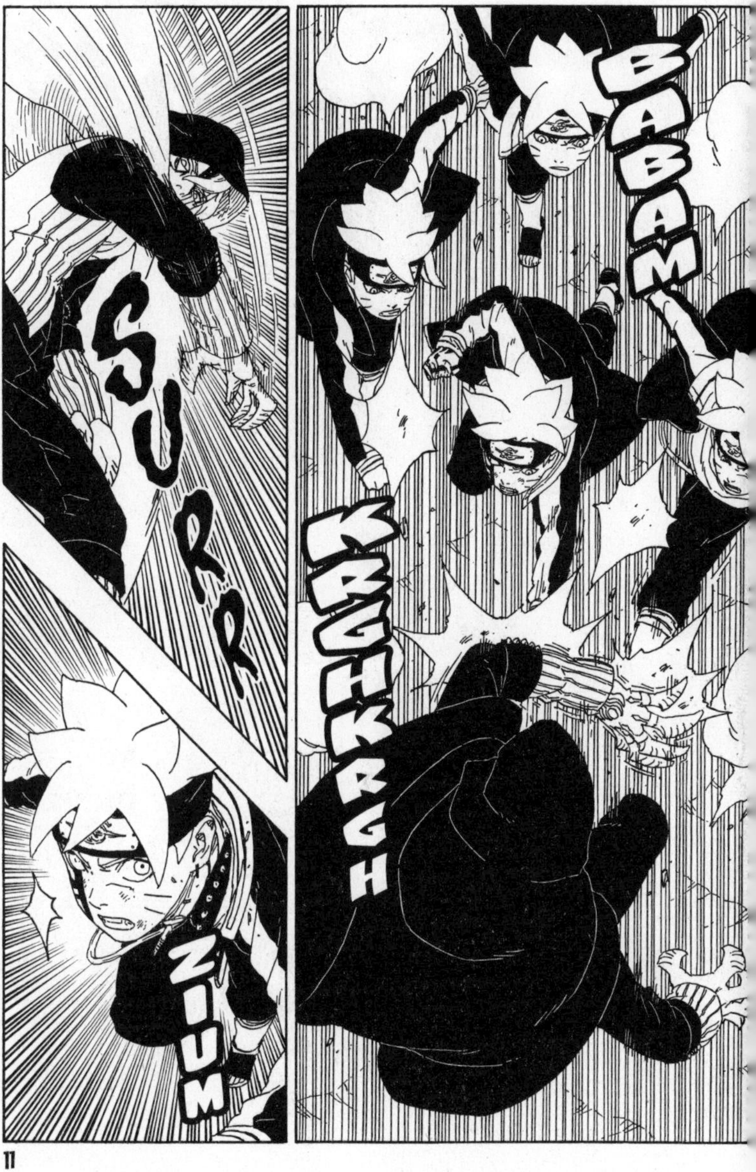
BABAM
KRGHKRGH
SURR
ZIUM

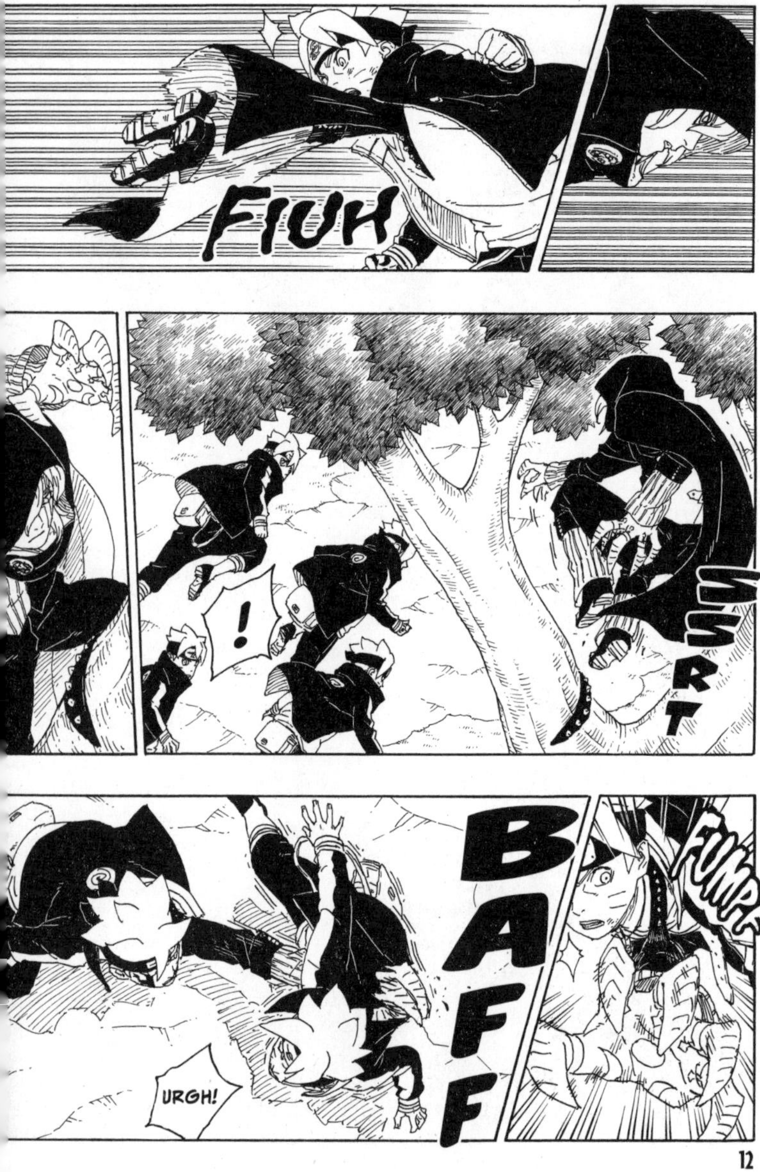
FIUH
SSRT
!
FUMPF
BAFF
URGH!

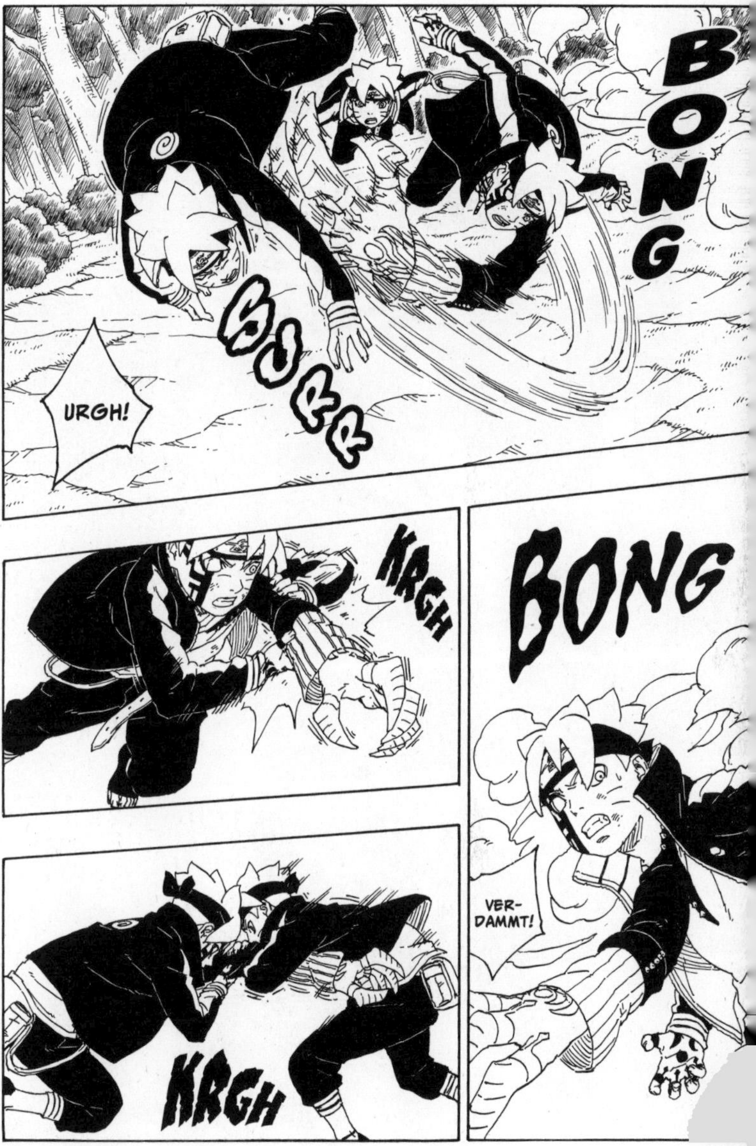

BONG
SURR
URGH!
BONG
VER-
DAMMT!
KRGH
KRGH

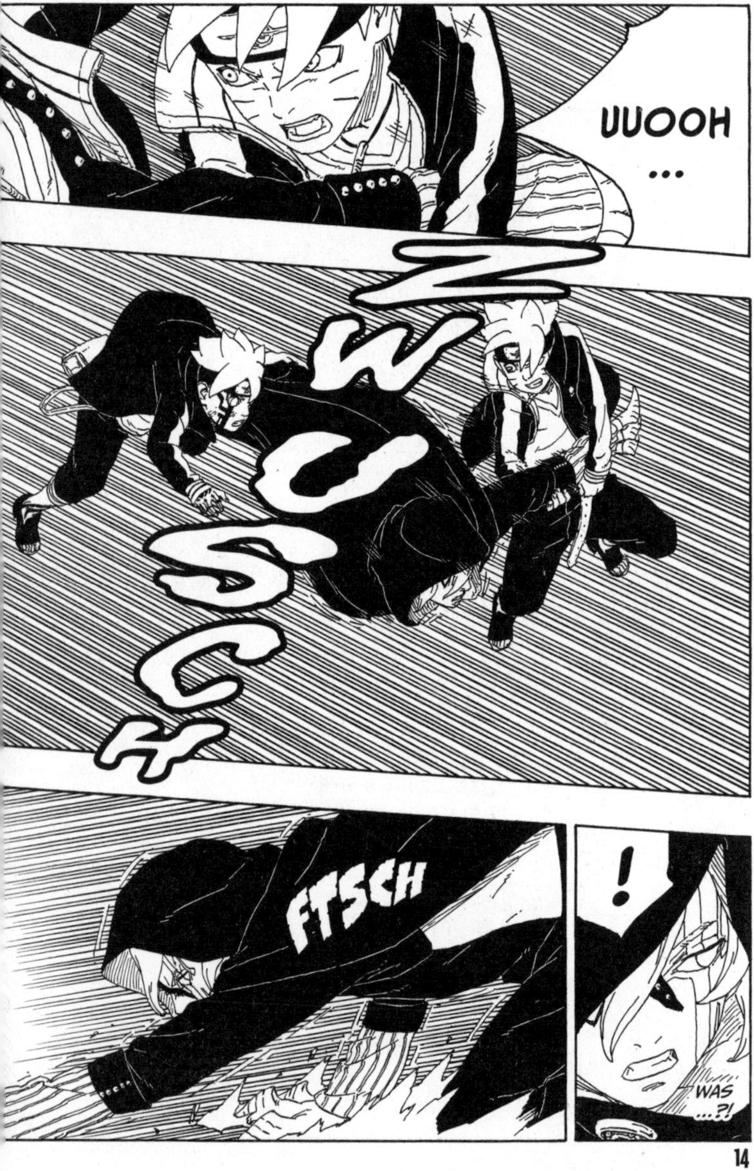
UUOOH ...
ZWUSCH
!
WAS ...?!
FTSCH

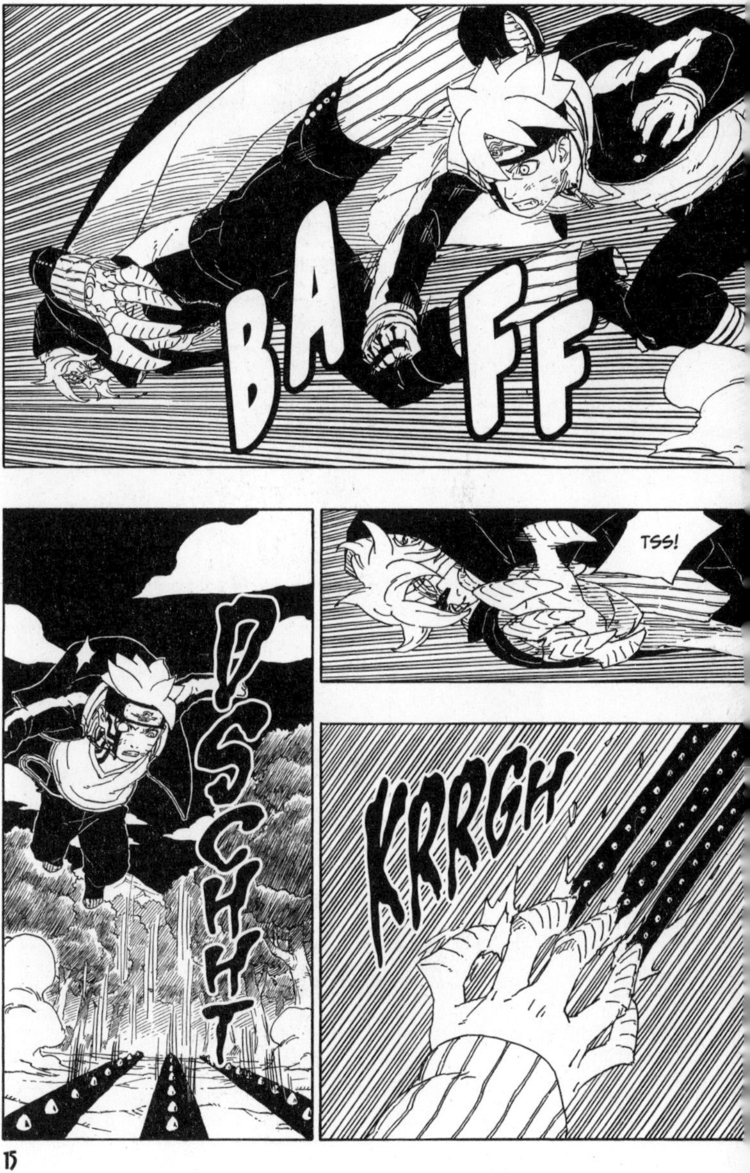
BAFF
TSS!
DSCHHT
KRRGH

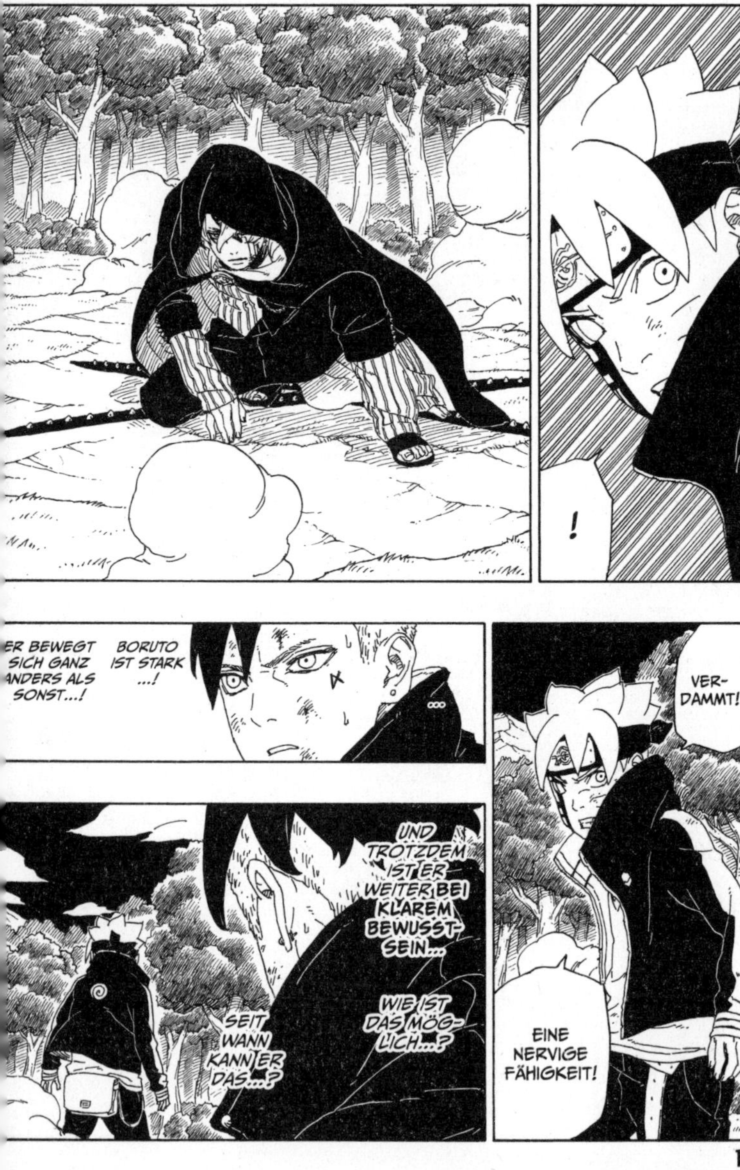
!
BORUTO IST STARK ...!
ER BEWEGT SICH GANZ ANDERS ALS SONST...!
VER-DAMMT!
UND TROTZDEM IST ER WEITER BEI KLAREM BEWUSST-SEIN...
WIE IST DAS MÖG-LICH...?
SEIT WANN KANN ER DAS...?
EINE NERVIGE FÄHIGKEIT!

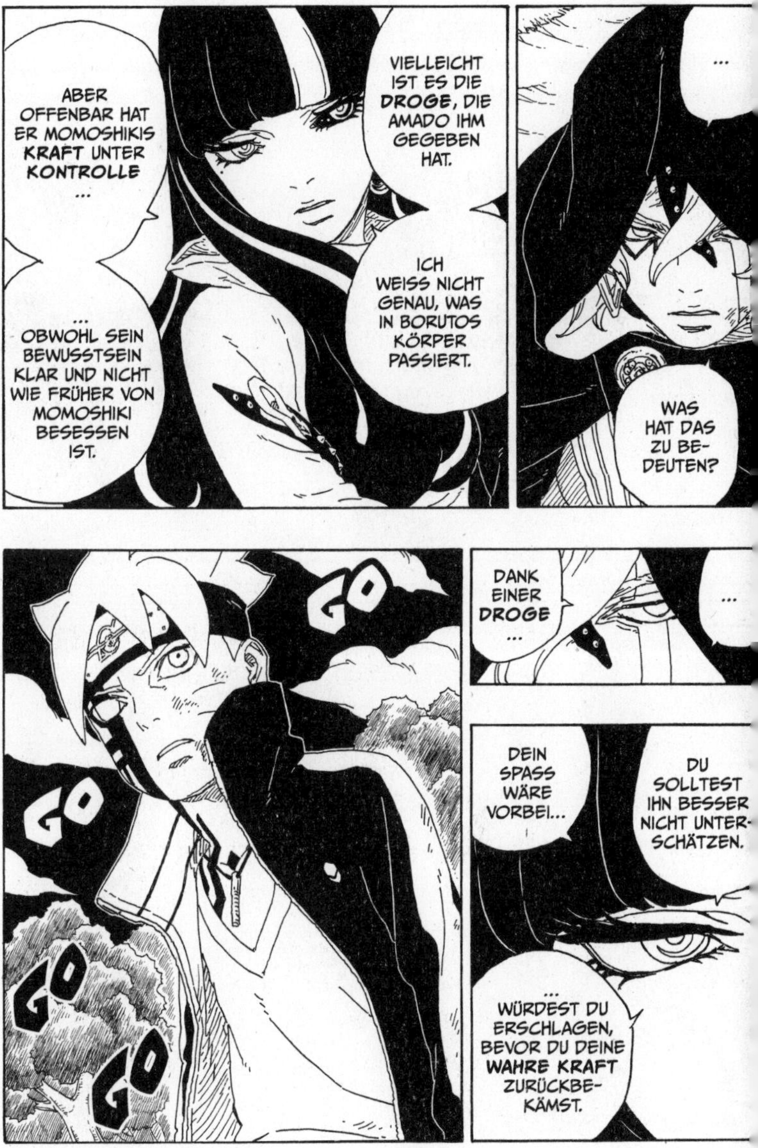
...
WAS HAT DAS ZU BEDEUTEN?
VIELLEICHT IST ES DIE DROGE, DIE AMADO IHM GEGEBEN HAT.
ICH WEISS NICHT GENAU, WAS IN BORUTOS KÖRPER PASSIERT.
ABER OFFENBAR HAT ER MOMOSHIKIS KRAFT UNTER KONTROLLE ...
... OBWOHL SEIN BEWUSSTSEIN KLAR UND NICHT WIE FRÜHER VON MOMOSHIKI BESESSEN IST.
...
DANK EINER DROGE ...
DU SOLLTEST IHN BESSER NICHT UNTERSCHÄTZEN.
DEIN SPASS WÄRE VORBEI...
... WÜRDEST DU ERSCHLAGEN, BEVOR DU DEINE WAHRE KRAFT ZURÜCKBEKÄMST.
GO
GO
GO GO
GO GO

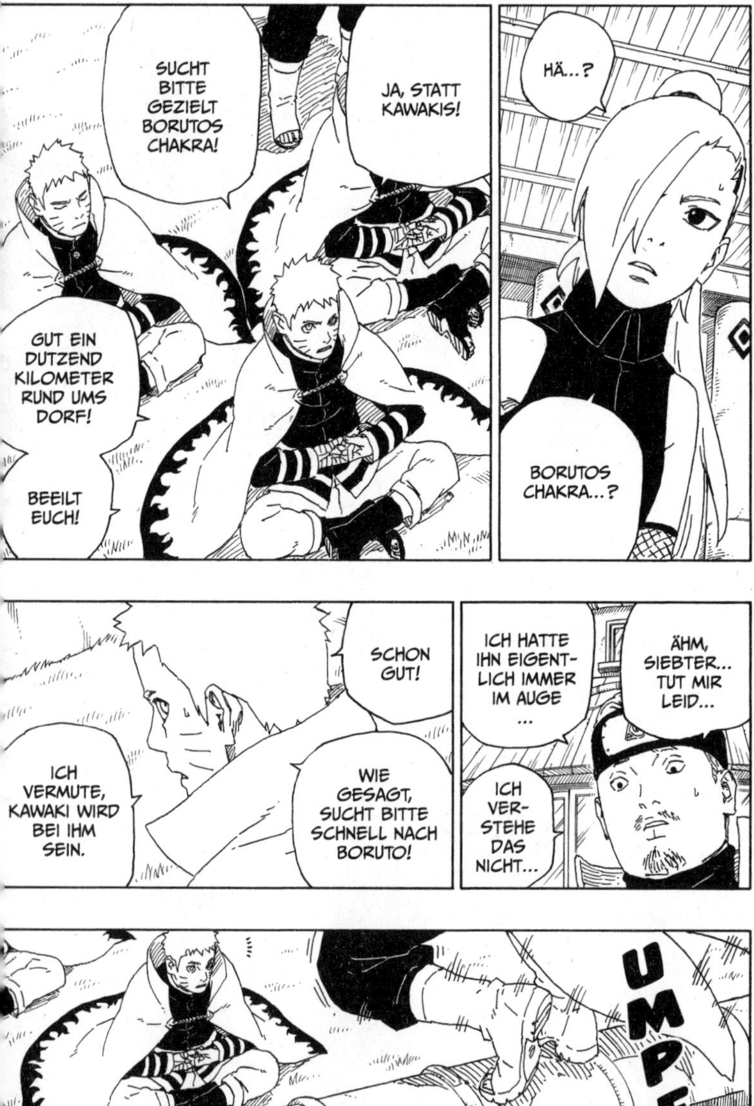
HÄ...?
JA, STATT KAWAKIS!
SUCHT BITTE GEZIELT BORUTOS CHAKRA!
BORUTOS CHAKRA...?
GUT EIN DUTZEND KILOMETER RUND UMS DORF!
BEEILT EUCH!
ÄHM, SIEBTER... TUT MIR LEID...
ICH HATTE IHN EIGENTLICH IMMER IM AUGE ...
ICH VERSTEHE DAS NICHT...
SCHON GUT!
WIE GESAGT, SUCHT BITTE SCHNELL NACH BORUTO!
ICH VERMUTE, KAWAKI WIRD BEI IHM SEIN.
UMPF

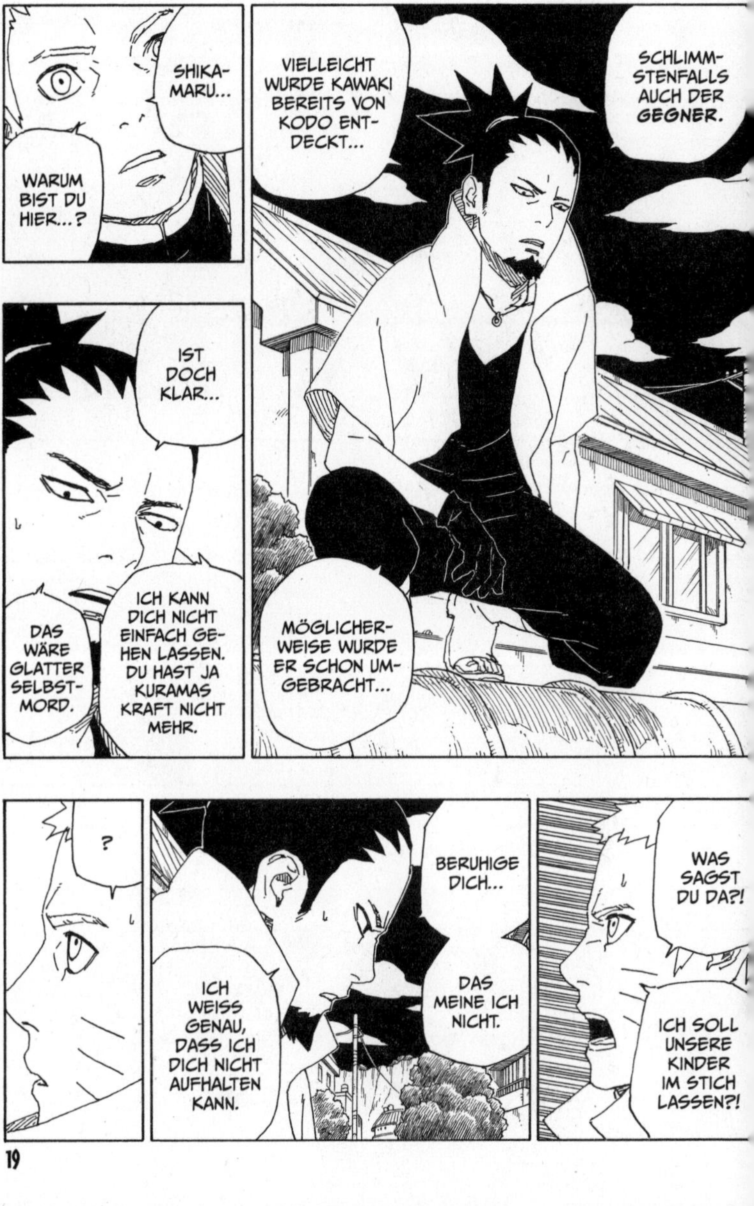
VIELLEICHT WURDE KAWAKI BEREITS VON KODO ENT-DECKT...
SCHLIMM-STENFALLS AUCH DER GEGNER.
MÖGLICHER-WEISE WURDE ER SCHON UM-GEBRACHT...
SHIKA-MARU...
WARUM BIST DU HIER...?
IST DOCH KLAR...
ICH KANN DICH NICHT EINFACH GE-HEN LASSEN. DU HAST JA KURAMAS KRAFT NICHT MEHR.
DAS WÄRE GLATTER SELBST-MORD.
WAS SAGST DU DA?!
ICH SOLL UNSERE KINDER IM STICH LASSEN?!
BERUHIGE DICH...
DAS MEINE ICH NICHT.
ICH WEISS GENAU, DASS ICH DICH NICHT AUFHALTEN KANN.
?

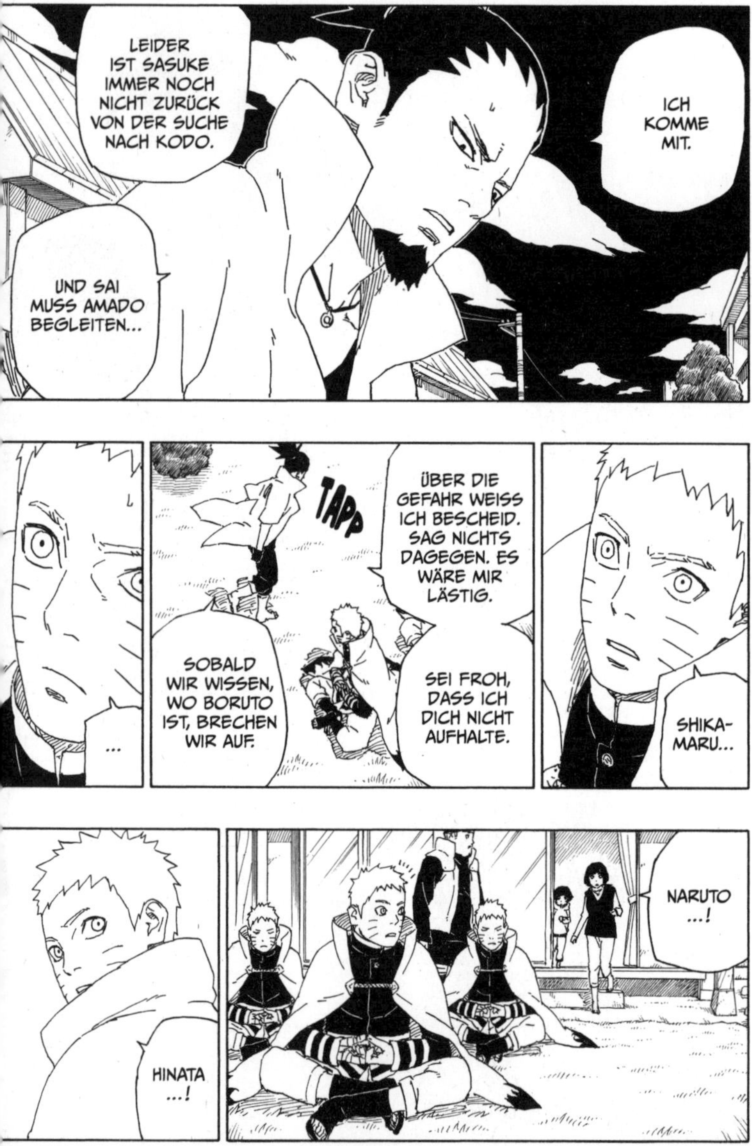
ICH KOMME MIT.
LEIDER IST SASUKE IMMER NOCH NICHT ZURÜCK VON DER SUCHE NACH KODO.
UND SAI MUSS AMADO BEGLEITEN...
SHIKA-MARU...
ÜBER DIE GEFAHR WEISS ICH BESCHEID. SAG NICHTS DAGEGEN. ES WÄRE MIR LÄSTIG.
SEI FROH, DASS ICH DICH NICHT AUFHALTE.
TAPP
SOBALD WIR WISSEN, WO BORUTO IST, BRECHEN WIR AUF.
...
NARUTO ...!
HINATA ...!

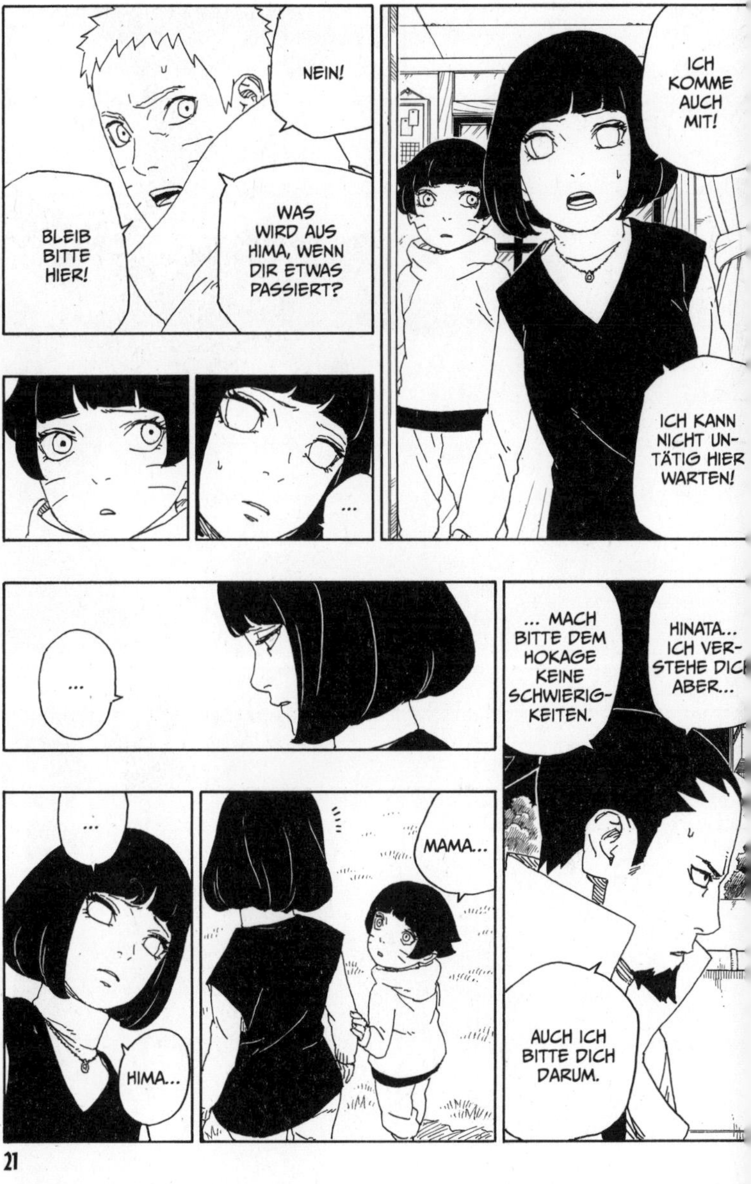
ICH KOMME AUCH MIT!
ICH KANN NICHT UNTÄTIG HIER WARTEN!
NEIN!
WAS WIRD AUS HIMA, WENN DIR ETWAS PASSIERT?
BLEIB BITTE HIER!
...
HINATA... ICH VERSTEHE DICH ABER...
... MACH BITTE DEM HOKAGE KEINE SCHWIERIGKEITEN.
AUCH ICH BITTE DICH DARUM.
...
MAMA...
...
HIMA...

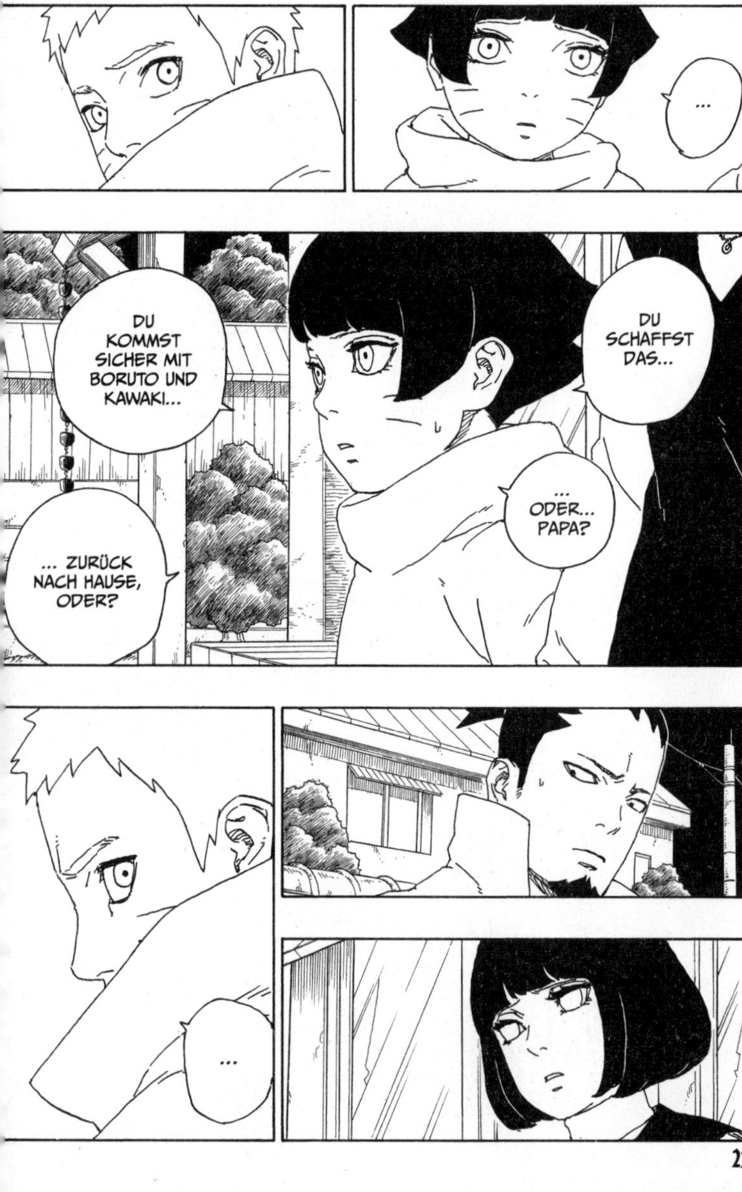
...
DU SCHAFFST DAS...
... ODER... PAPA?
DU KOMMST SICHER MIT BORUTO UND KAWAKI...
... ZURÜCK NACH HAUSE, ODER?
...

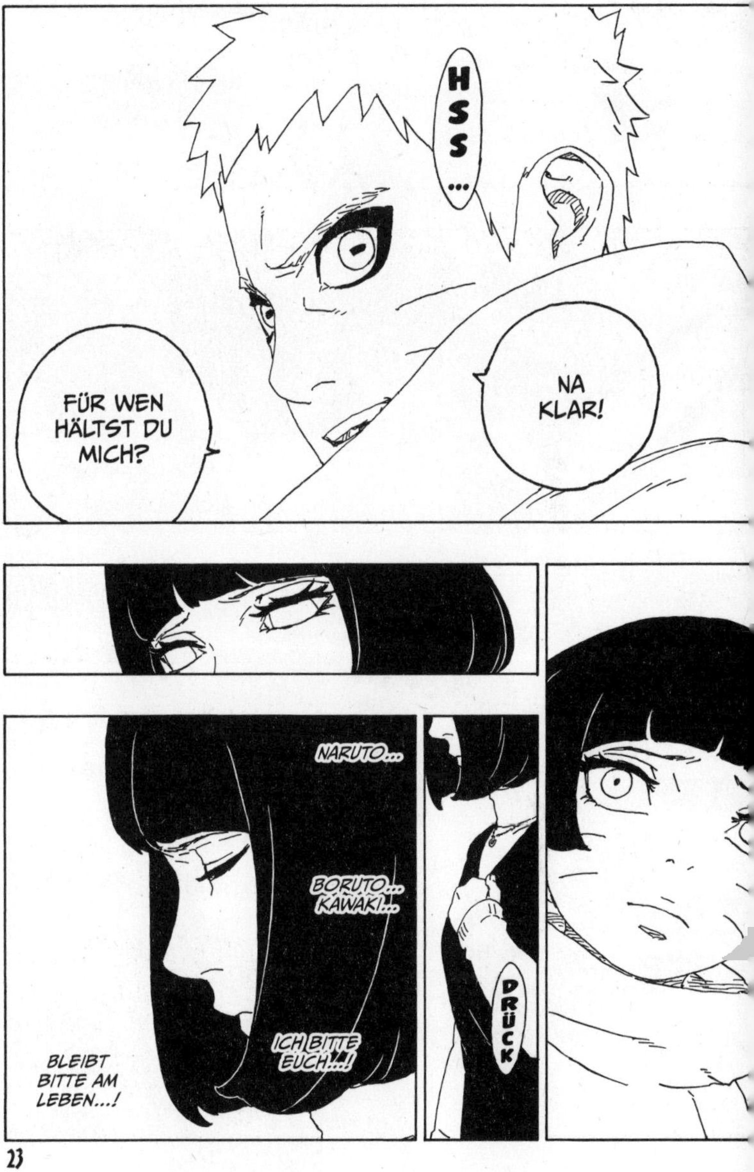
HSS ...
NA KLAR!
FÜR WEN HÄLTST DU MICH?
DRÜCK
NARUTO...
BORUTO... KAWAKI...
ICH BITTE EUCH...!
BLEIBT BITTE AM LEBEN...!

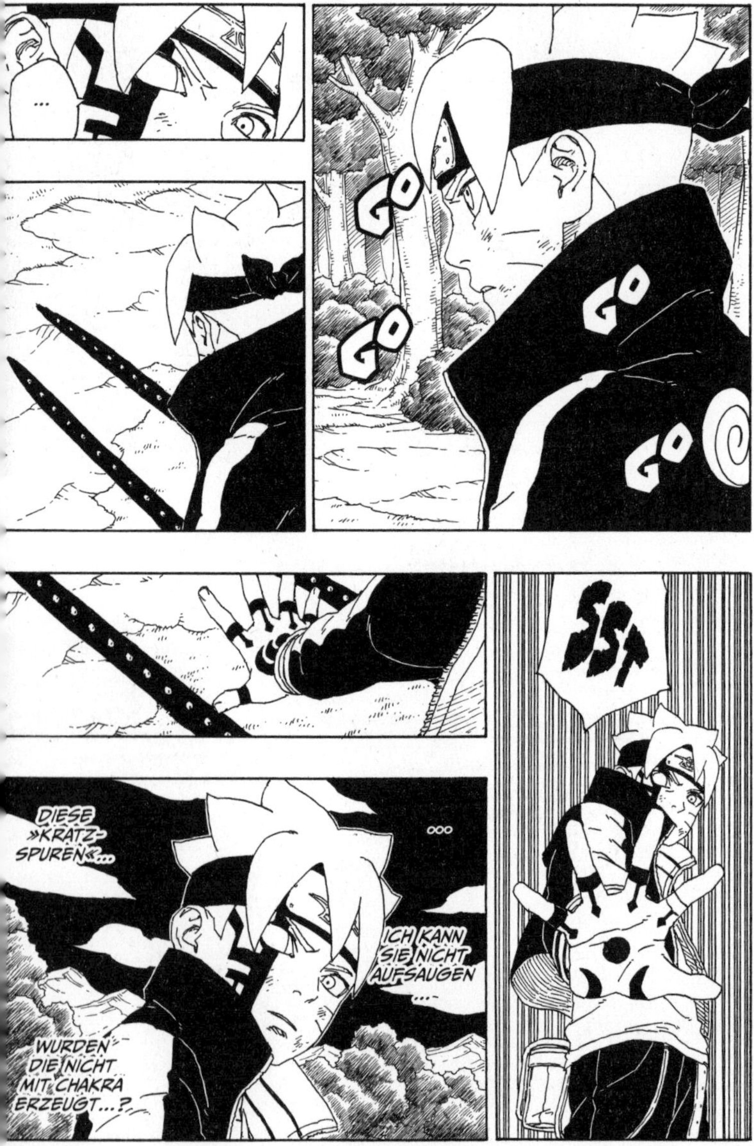
...
GO
GO
GO
GO
SST
DIESE »KRATZ-SPUREN«...
...
ICH KANN SIE NICHT AUFSAUGEN ...
WURDEN DIE NICHT MIT CHAKRA ERZEUGT...?

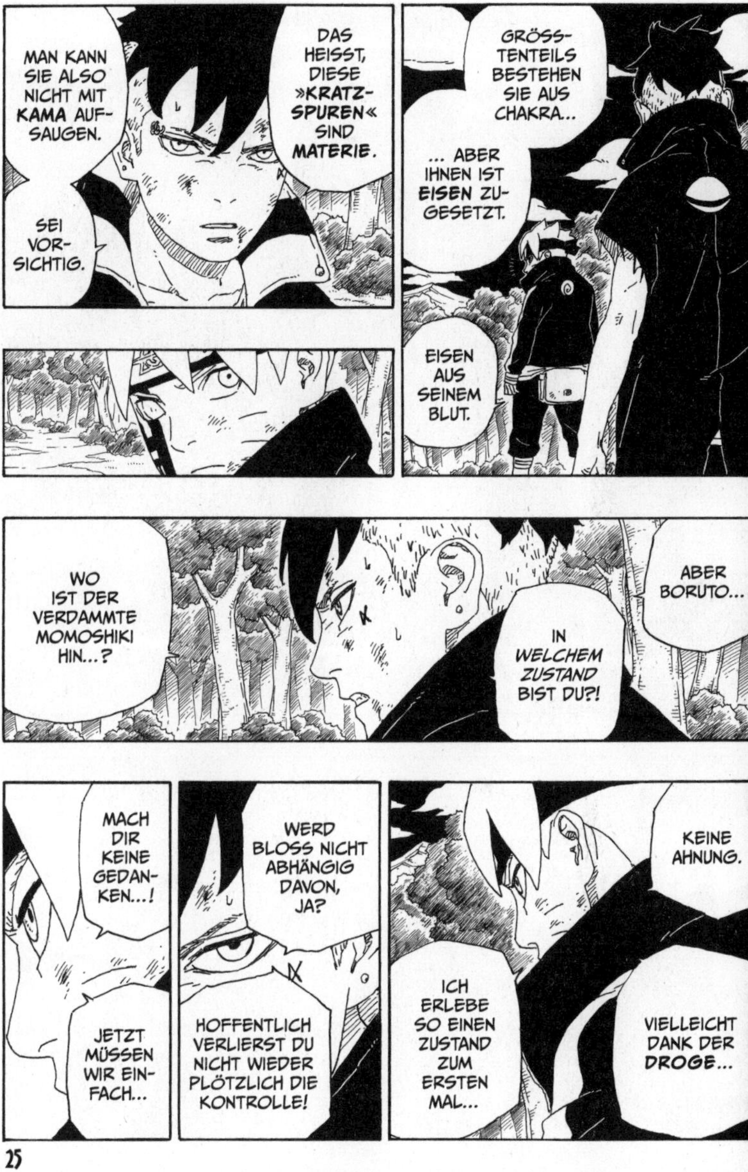
GRÖSSTENTEILS BESTEHEN SIE AUS CHAKRA...
... ABER IHNEN IST EISEN ZUGESETZT.
EISEN AUS SEINEM BLUT.
DAS HEISST, DIESE »KRATZSPUREN« SIND MATERIE.
MAN KANN SIE ALSO NICHT MIT KAMA AUFSAUGEN.
SEI VORSICHTIG.
ABER BORUTO...
IN WELCHEM ZUSTAND BIST DU?!
WO IST DER VERDAMMTE MOMOSHIKI HIN...?
KEINE AHNUNG.
VIELLEICHT DANK DER DROGE...
ICH ERLEBE SO EINEN ZUSTAND ZUM ERSTEN MAL...
WERD BLOSS NICHT ABHÄNGIG DAVON, JA?
HOFFENTLICH VERLIERST DU NICHT WIEDER PLÖTZLICH DIE KONTROLLE!
MACH DIR KEINE GEDANKEN...!
JETZT MÜSSEN WIR EINFACH...

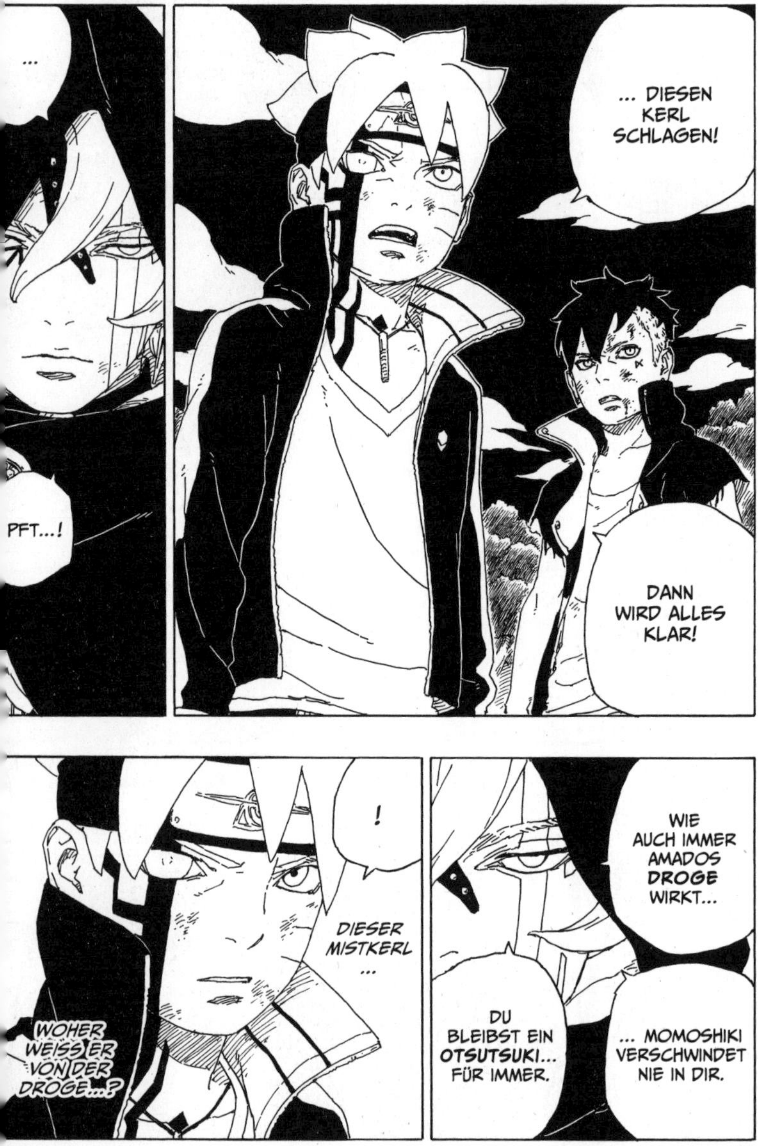
... DIESEN KERL SCHLAGEN!
DANN WIRD ALLES KLAR!
...
PFT...!
WIE AUCH IMMER AMADOS DROGE WIRKT...
... MOMOSHIKI VERSCHWINDET NIE IN DIR.
DU BLEIBST EIN OTSUTSUKI... FÜR IMMER.
!
DIESER MISTKERL ...
WOHER WEISS ER VON DER DROGE...?

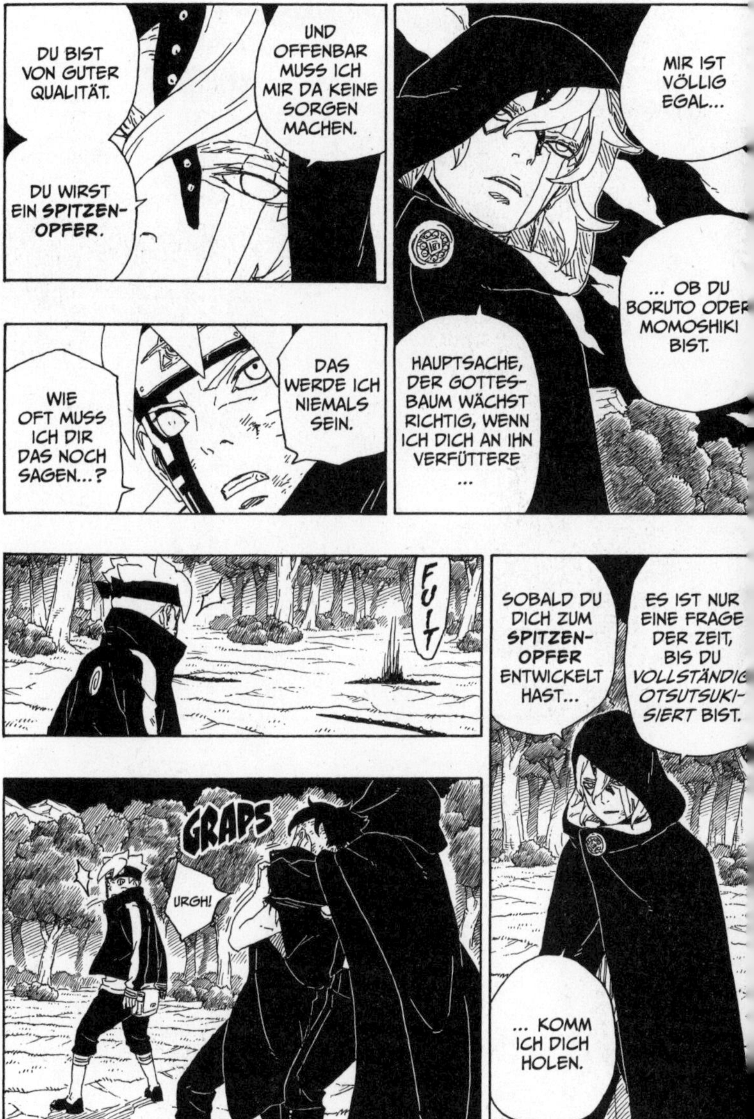
MIR IST VÖLLIG EGAL...
... OB DU BORUTO ODER MOMOSHIKI BIST.
HAUPTSACHE, DER GOTTES-BAUM WÄCHST RICHTIG, WENN ICH DICH AN IHN VERFÜTTERE ...
UND OFFENBAR MUSS ICH MIR DA KEINE SORGEN MACHEN.
DU BIST VON GUTER QUALITÄT.
DU WIRST EIN SPITZEN-OPFER.
DAS WERDE ICH NIEMALS SEIN.
WIE OFT MUSS ICH DIR DAS NOCH SAGEN...?
ES IST NUR EINE FRAGE DER ZEIT, BIS DU VOLLSTÄNDIG OTSUTSUKI-SIERT BIST.
SOBALD DU DICH ZUM SPITZEN-OPFER ENTWICKELT HAST...
FUIT
... KOMM ICH DICH HOLEN.
GRAPS
URGH!

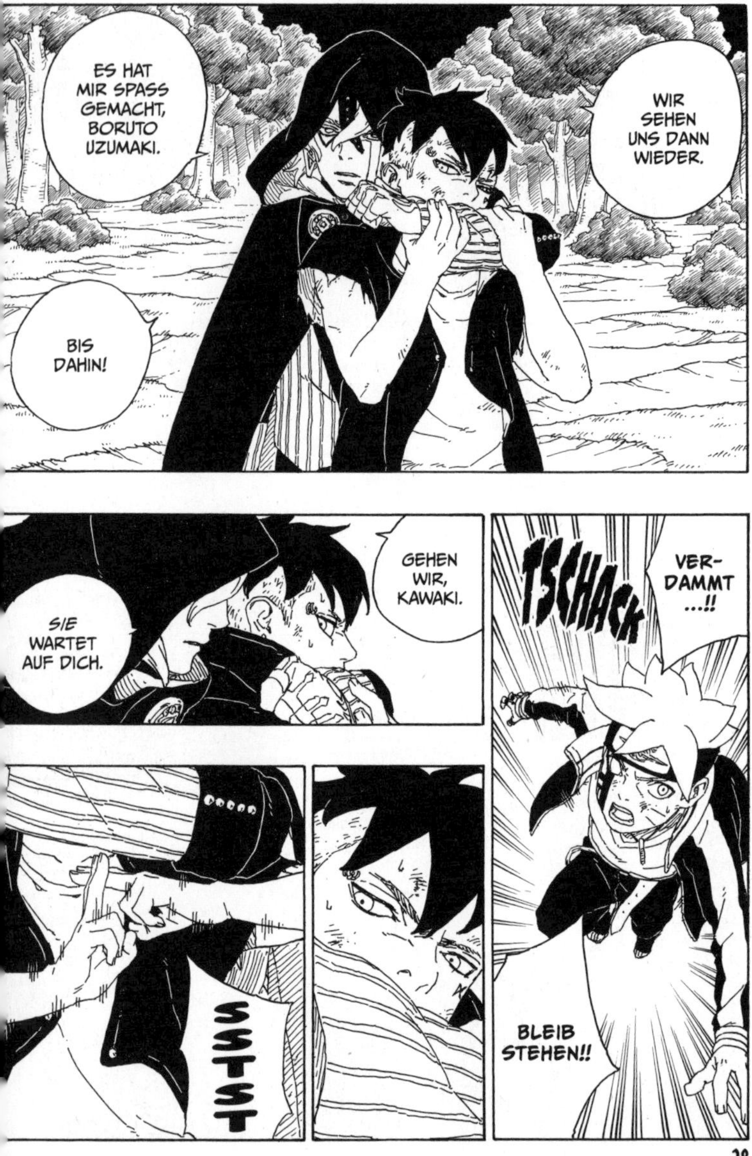
WIR SEHEN UNS DANN WIEDER.
ES HAT MIR SPASS GEMACHT, BORUTO UZUMAKI.
BIS DAHIN!
GEHEN WIR, KAWAKI.
SIE WARTET AUF DICH.
TSCHACK
VER-DAMMT ...!!
BLEIB STEHEN!!
SSTST

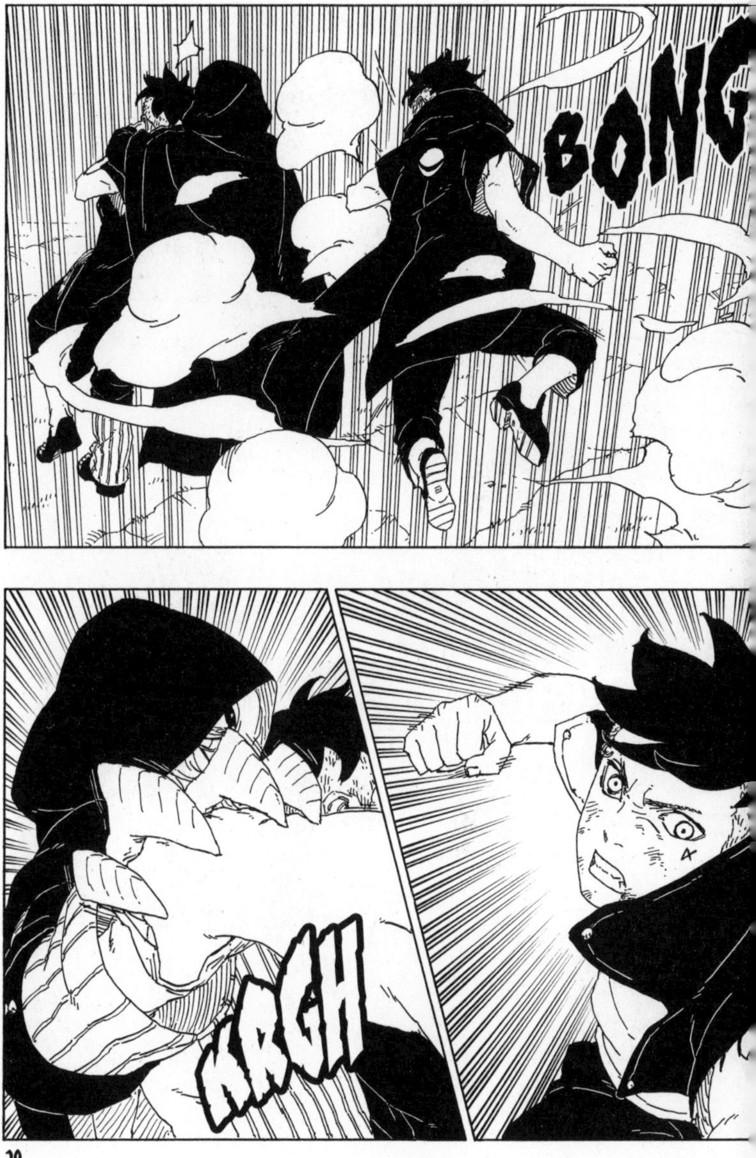
BONG
KRGH

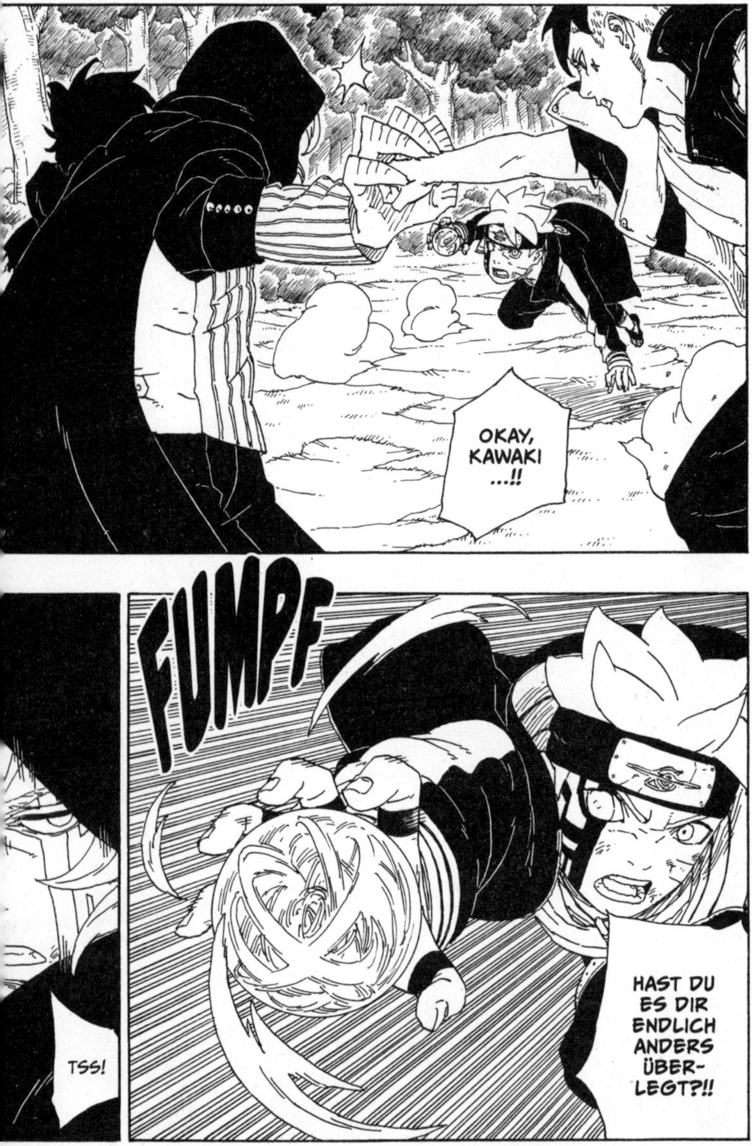
OKAY, KAWAKI ...!!
FUMPF
HAST DU ES DIR ENDLICH ANDERS ÜBER-LEGT?!!
TSS!

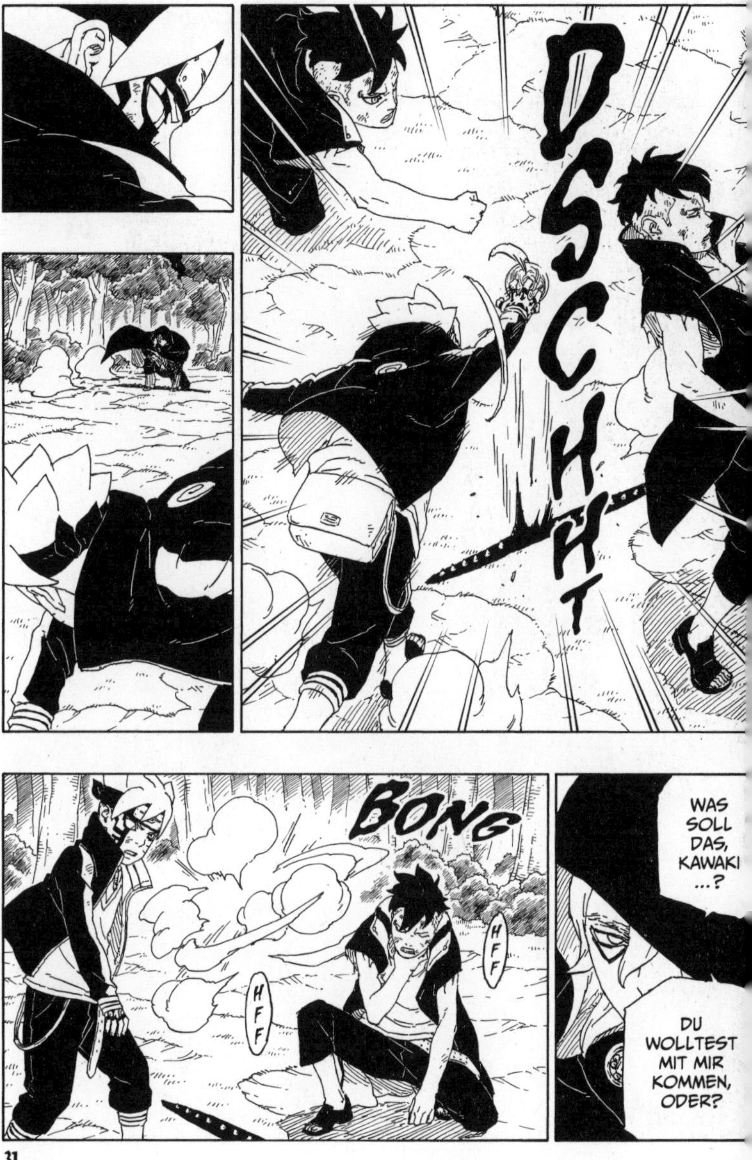
DSCHHT
BONG
HFF
HFF
WAS SOLL DAS, KAWAKI ...?
DU WOLLTEST MIT MIR KOMMEN, ODER?

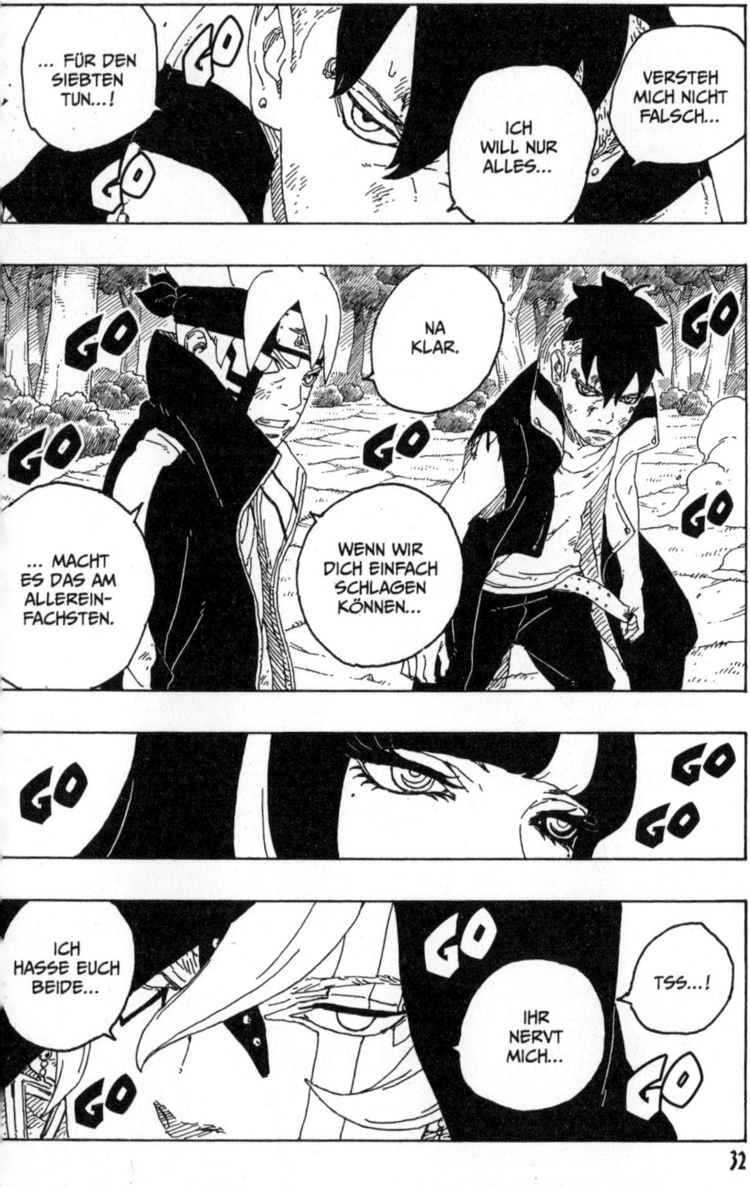
VERSTEH MICH NICHT FALSCH...
ICH WILL NUR ALLES...
... FÜR DEN SIEBTEN TUN...!
GO GO
GO GO GO GO
NA KLAR.
WENN WIR DICH EINFACH SCHLAGEN KÖNNEN...
... MACHT ES DAS AM ALLEREIN-FACHSTEN.
GO GO GO
TSS...!
IHR NERVT MICH...
ICH HASSE EUCH BEIDE...
GO GO GO

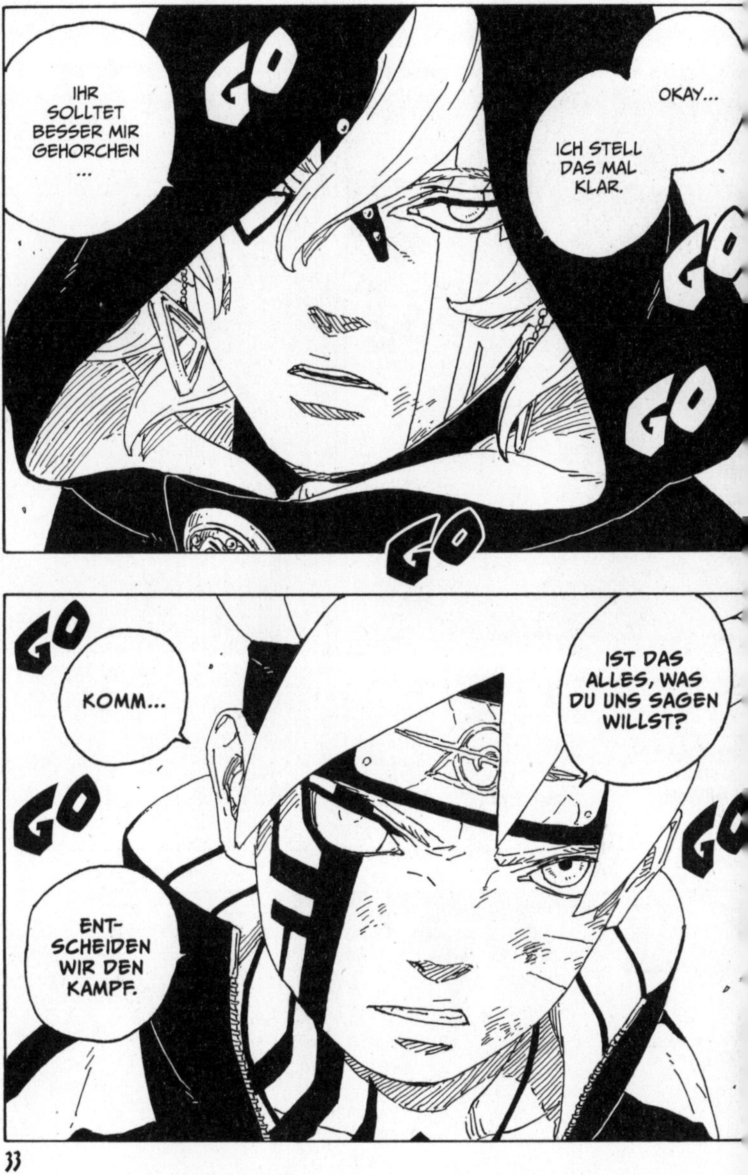
OKAY...
ICH STELL DAS MAL KLAR.
GO GO GO
IHR SOLLTET BESSER MIR GEHORCHEN ...
GO
IST DAS ALLES, WAS DU UNS SAGEN WILLST?
GO GO
KOMM...
ENT-SCHEIDEN WIR DEN KAMPF.

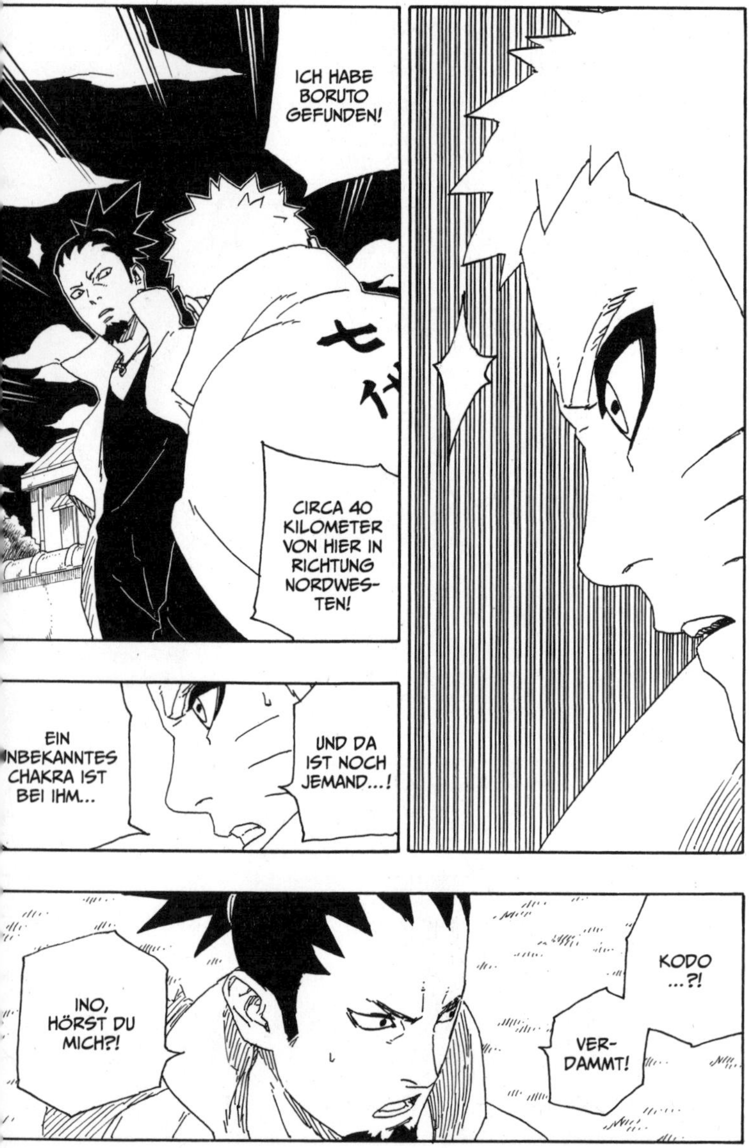
ICH HABE BORUTO GEFUNDEN!
CIRCA 40 KILOMETER VON HIER IN RICHTUNG NORDWESTEN!
UND DA IST NOCH JEMAND...!
EIN UNBEKANNTES CHAKRA IST BEI IHM...
KODO ...?!
VER-DAMMT!
INO, HÖRST DU MICH?!

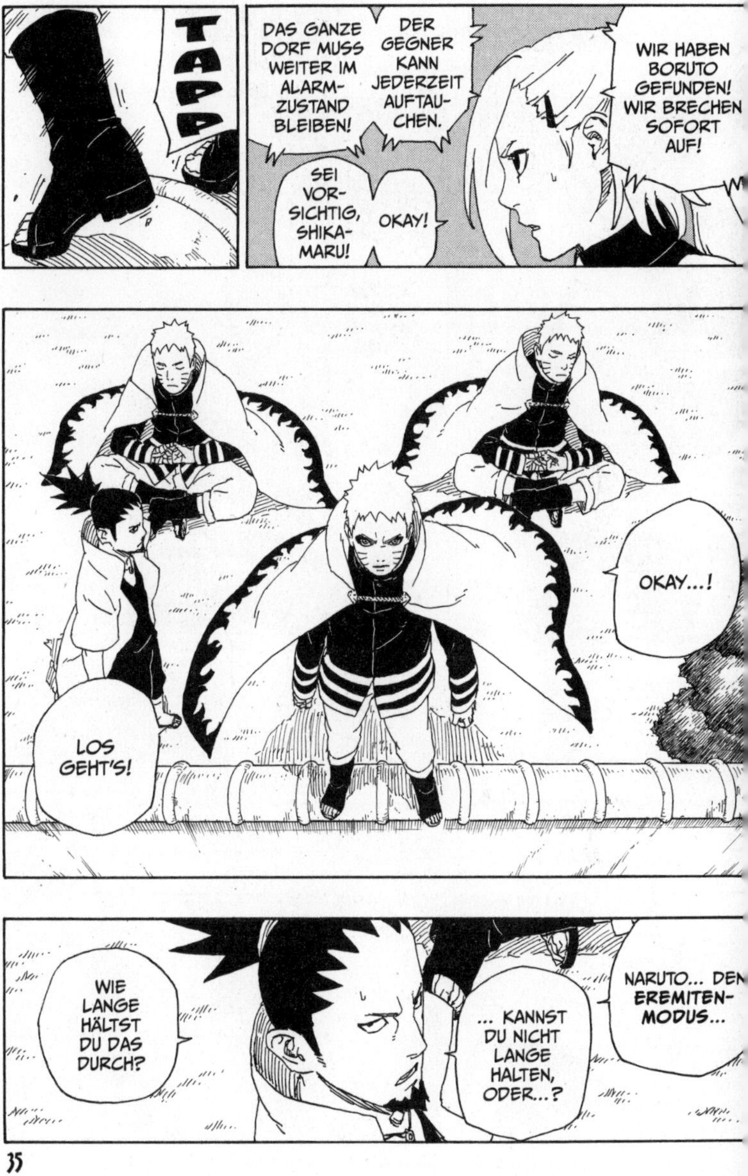
WIR HABEN BORUTO GEFUNDEN! WIR BRECHEN SOFORT AUF!
DER GEGNER KANN JEDERZEIT AUFTAUCHEN.
DAS GANZE DORF MUSS WEITER IM ALARM-ZUSTAND BLEIBEN!
OKAY!
SEI VOR-SICHTIG, SHIKA-MARU!
TAPP
OKAY...!
LOS GEHT'S!
NARUTO... DEN EREMITEN-MODUS...
... KANNST DU NICHT LANGE HALTEN, ODER...?
WIE LANGE HÄLTST DU DAS DURCH?

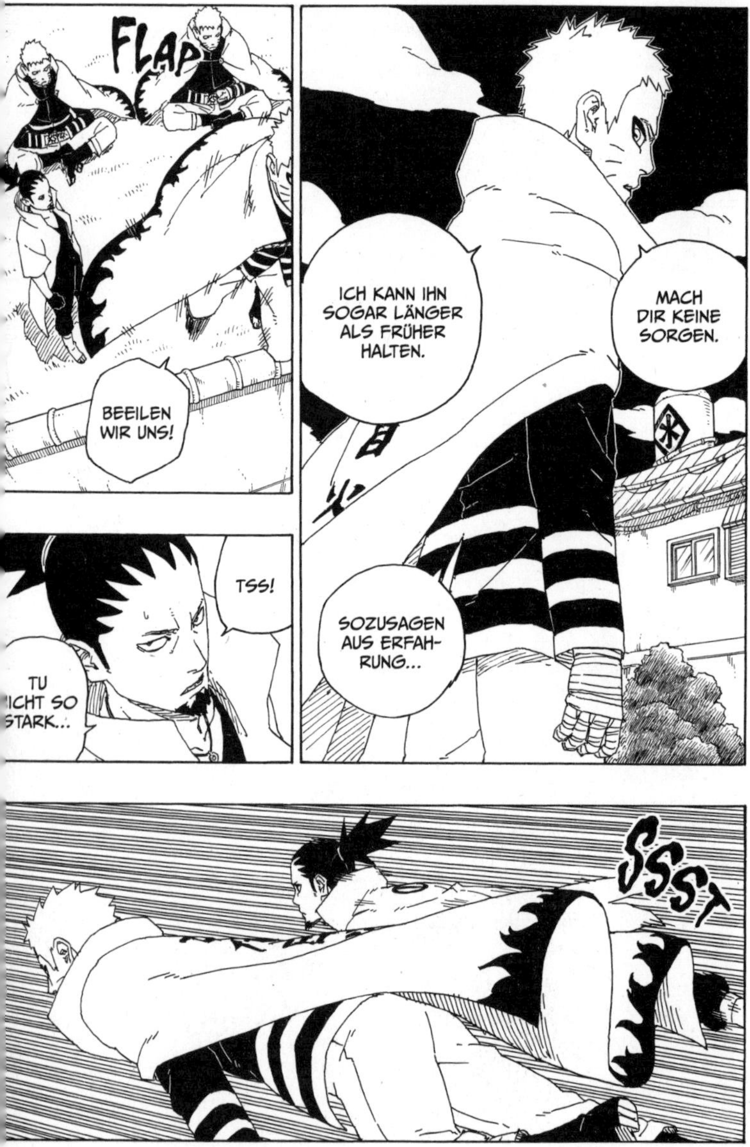
FLAP
BEEILEN WIR UNS!
TSS!
TU ICHT SO STARK...
MACH DIR KEINE SORGEN.
ICH KANN IHN SOGAR LÄNGER ALS FRÜHER HALTEN.
SOZUSAGEN AUS ERFAHRUNG...
SSST

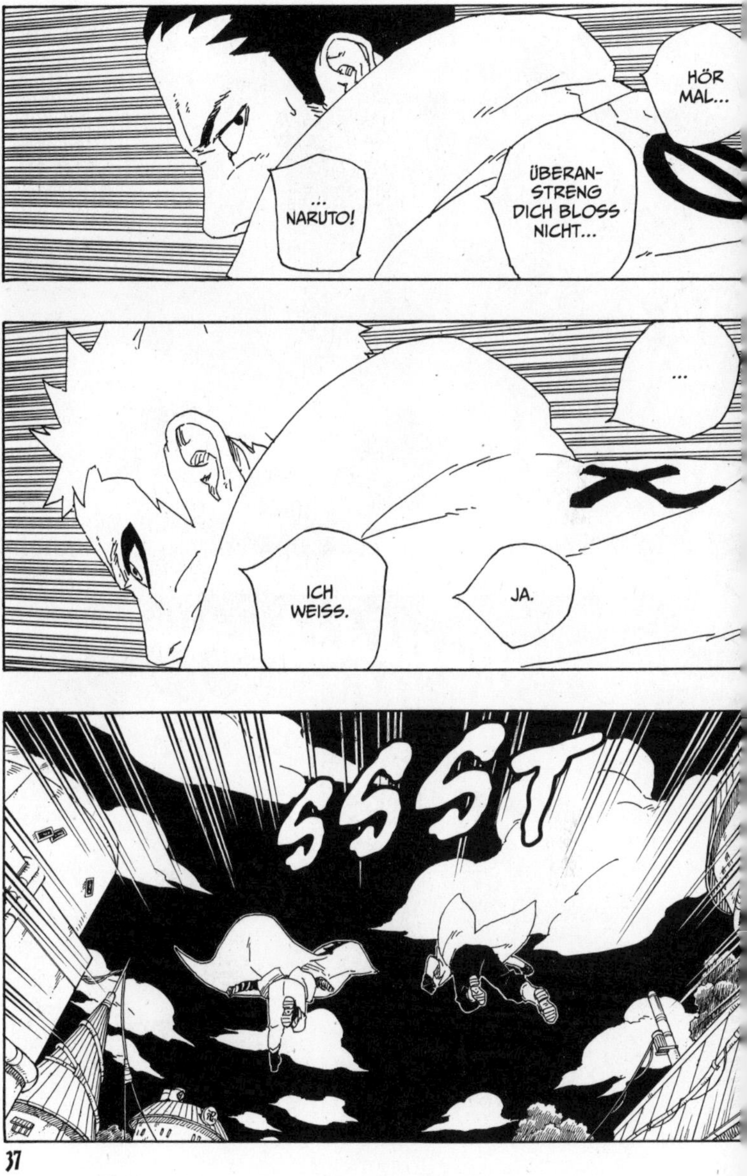
HÖR MAL...
ÜBERAN-STRENG DICH BLOSS NICHT...
... NARUTO!
...
JA.
ICH WEISS.
SSST

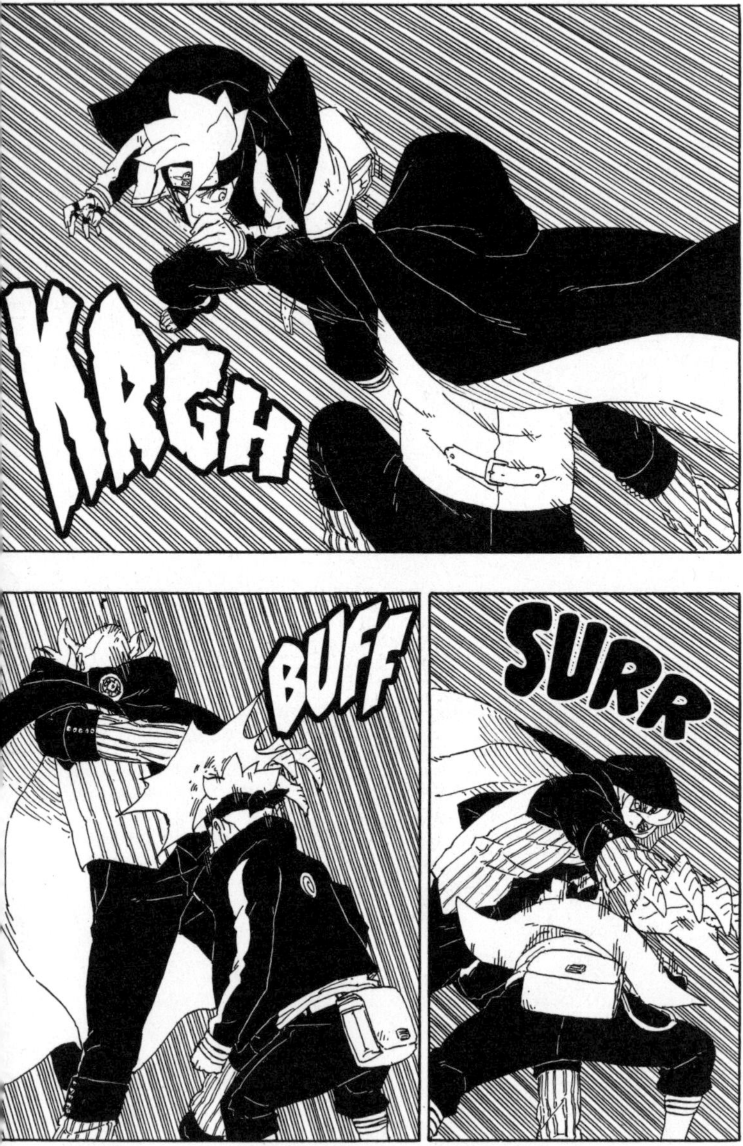
KRGH
SURR
BUFF

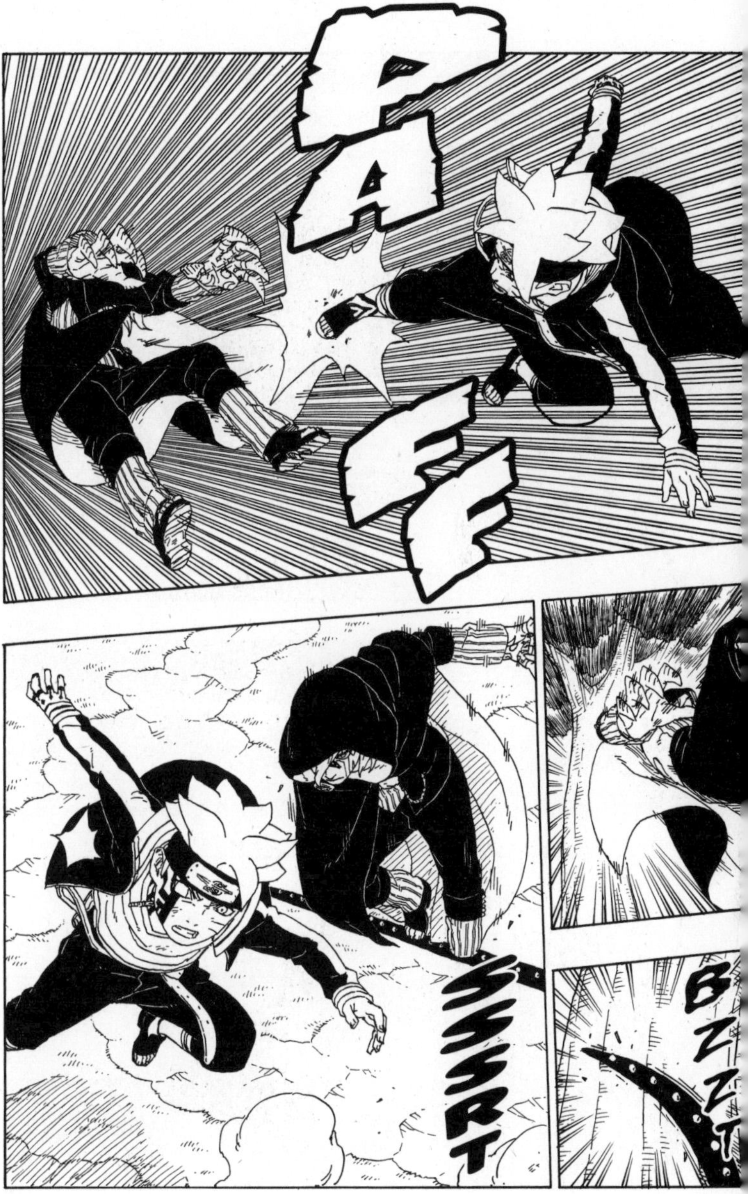
PAFF
BZZT
SSSRT

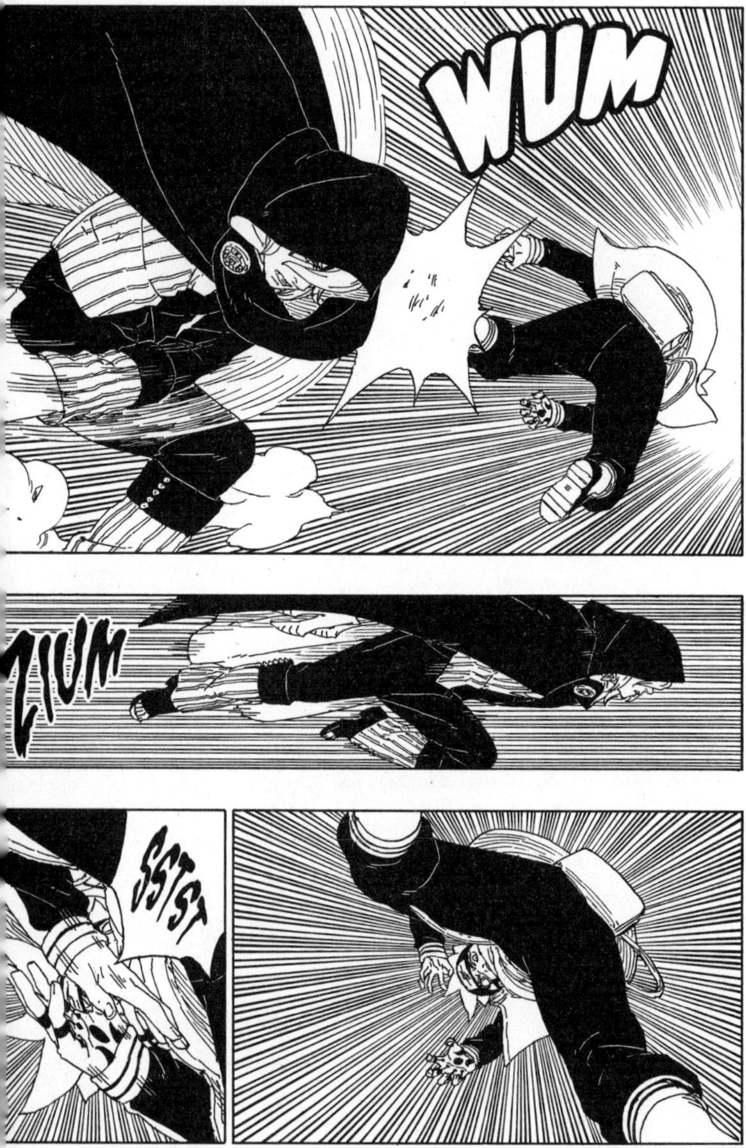
WUM
ZIUM
SSTST

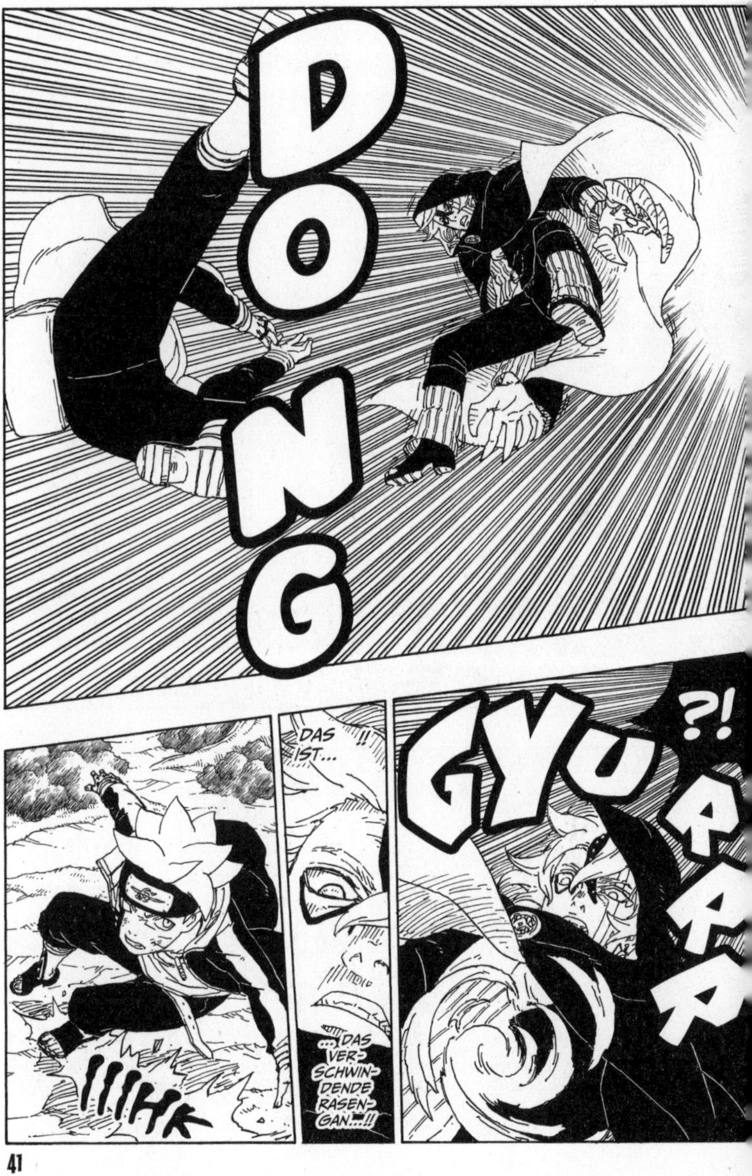
DONG
GYURARA
?!
DAS IST... !!
...DAS VERSCHWINDENDE RASENGAN...!!
IIIHK

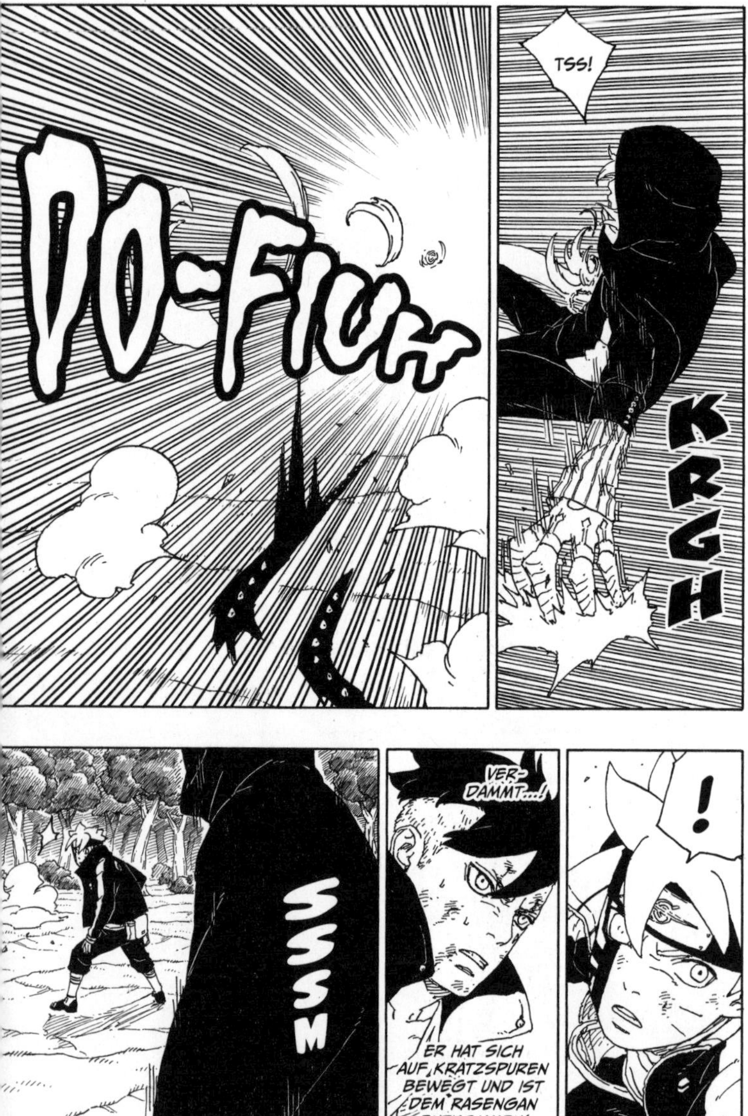
TSS!
KRGH
DO-FIUH
!
VER-DAMMT...!
ER HAT SICH AUF KRATZSPUREN BEWEGT UND IST DEM RASENGAN ENTKOMMEN!
SSSM

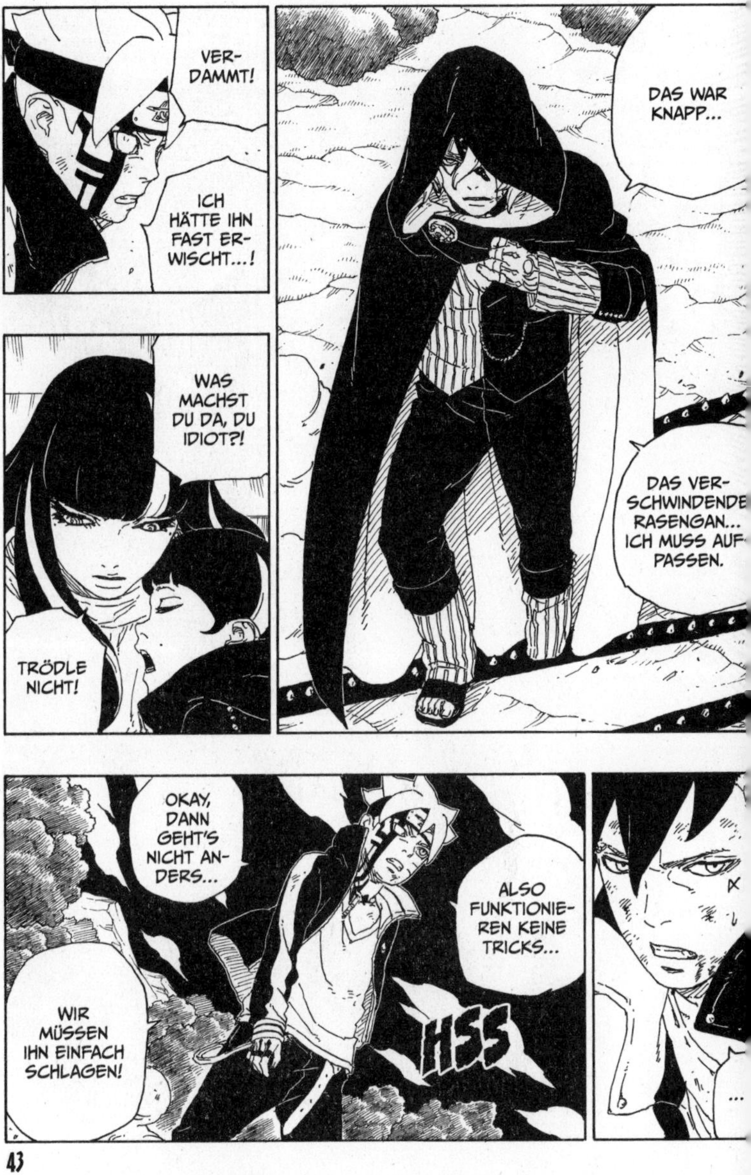
DAS WAR KNAPP...
DAS VERSCHWINDENDE RASENGAN... ICH MUSS AUFPASSEN.
VERDAMMT!
ICH HÄTTE IHN FAST ERWISCHT...!
WAS MACHST DU DA, DU IDIOT?!
TRÖDLE NICHT!
ALSO FUNKTIONIEREN KEINE TRICKS...
OKAY, DANN GEHT'S NICHT ANDERS...
HSS
WIR MÜSSEN IHN EINFACH SCHLAGEN!

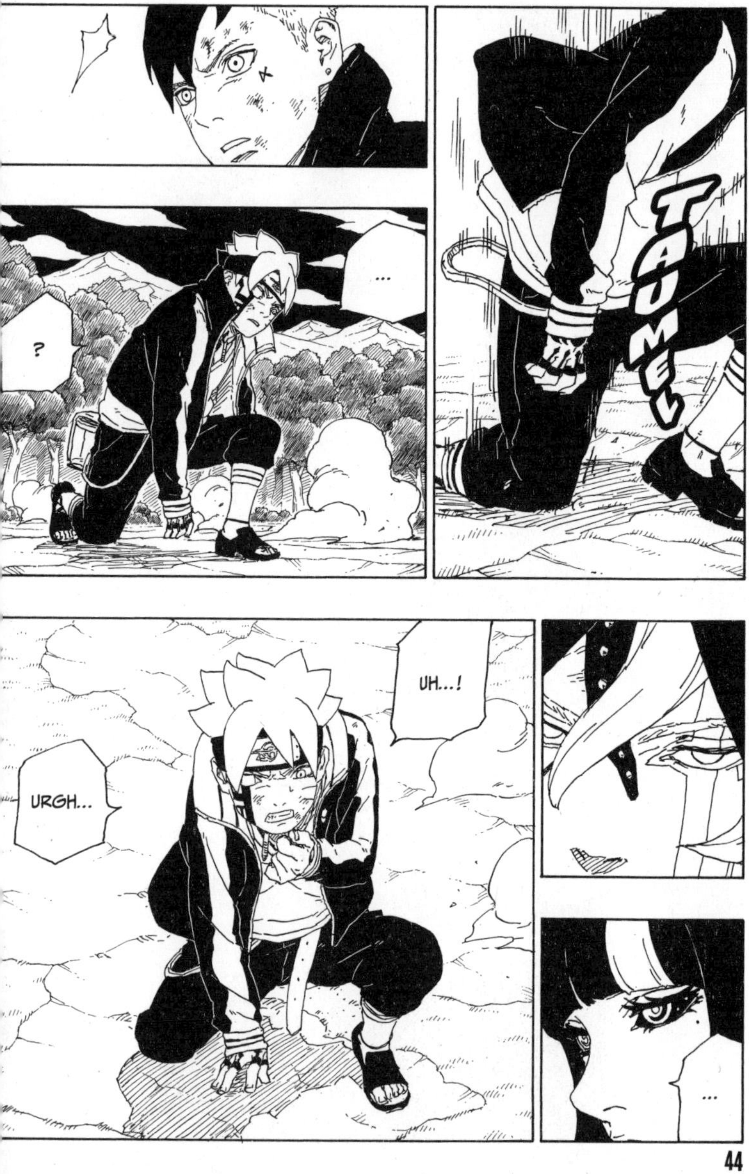
...
TAUMEL
?
UH...!
URGH...
...

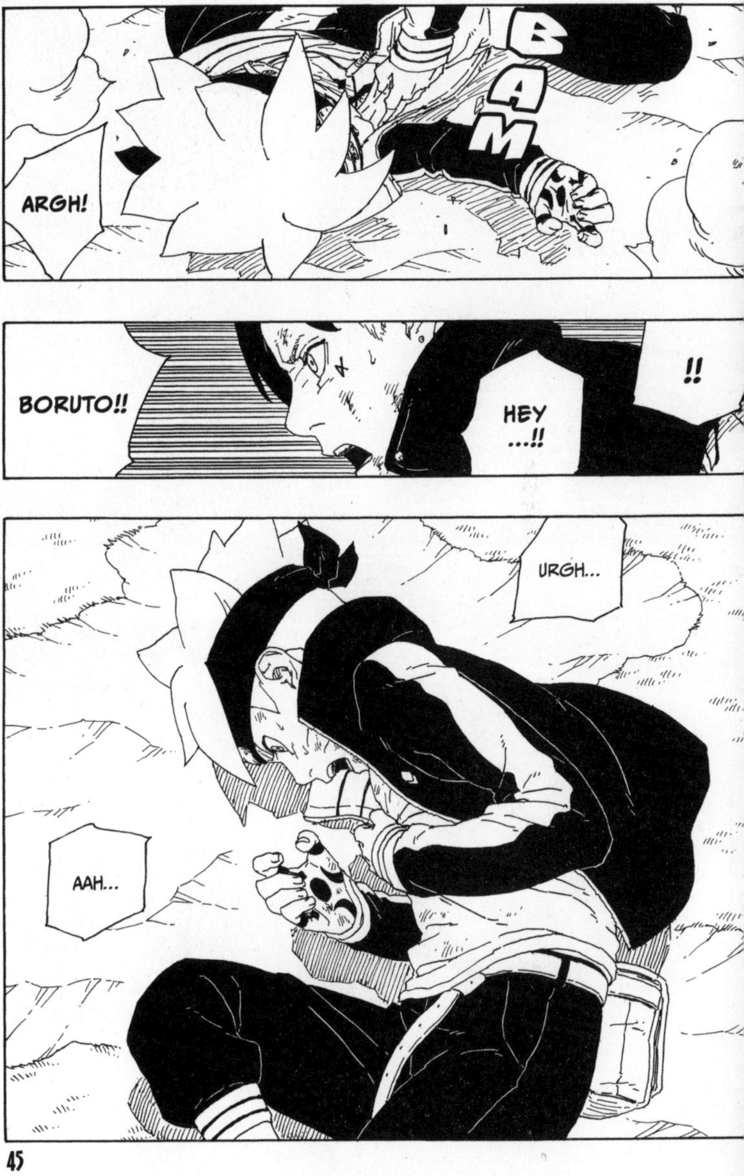
BAM
ARGH!
!!
HEY ...!!
BORUTO!!
URGH...
AAH...

BORu-GANG

CHARAKTERDESIGN BY BORU-FANS – NACHGEZEICHNET VON MEISTER IKEMOTO!!

MEISTER IKEMOTO!!

FÜR DIE »WEEKLY SHONEN JUMP«-KOLUMNE »BORU-GANG« ZEICHNET MEISTER IKEMOTO DIE ORIGINELLSTEN BORUTO-CHARAKTERE NACH, DIE VON FANS ENTWORFEN WURDEN!!

DER NAME DES CHARAKTERS:

TSUME NEKOZUKA

ENTWORFEN VON:

TACCHIN AUS TOKYO

BEWERTUNG DER JURY:

DIE INFO, WIE SEIN CLAN NACH EINEM STREIT MIT DEM INUZUKA-CLAN INS DORF SUNAGAKURE GEZOGEN IST, GIBT UNS EINEN HINWEIS, WIE ALT SEIN CLAN SEIN MUSS!! ER KANN SICH SICHERLICH MIT RAIGAMARU ANFREUNDEN!!

RAIGAMARU WIRD AUF SEITE 90 VON MEISTER IKEMOTO ILLUSTRIERT!!

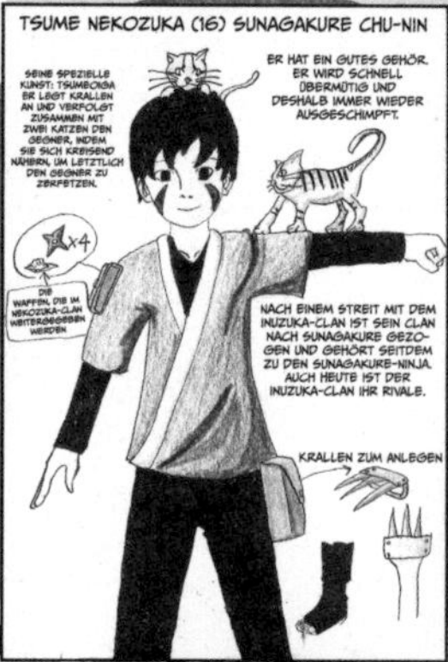

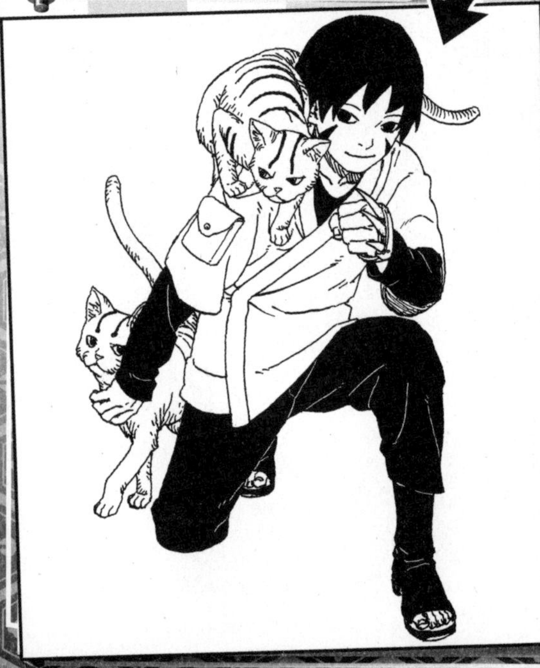

TADAA!! UND HIER IST MEISTER IKEMOTOS ZEICHNUNG!!

ICH FINDE BEIDE KATZEN, TAMA UND SUZU, TOTAL SÜSS!! ICH DENKE, ES GIBT KEINE BÖSEN MENSCHEN UNTER KATZENLIEBHABERN. ABER SEINE KUNST, DEN GEGNER ZU VERFOLGEN, BIS ER IHN MIT DEN ANGELEGTEN KRALLEN ZERFETZT, INDEM ER SICH KREISEND BEWEGT, KLINGT FÜRCHTERLICH... ES IST BESSER, IHN NICHT ZU VERÄRGERN.

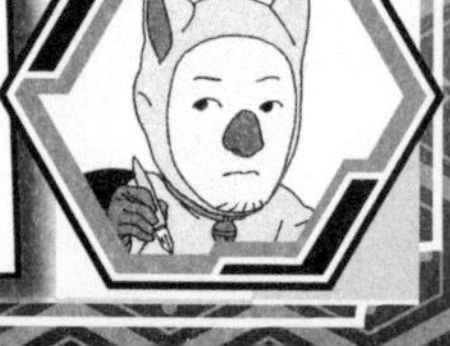

65: Kama-Kraf

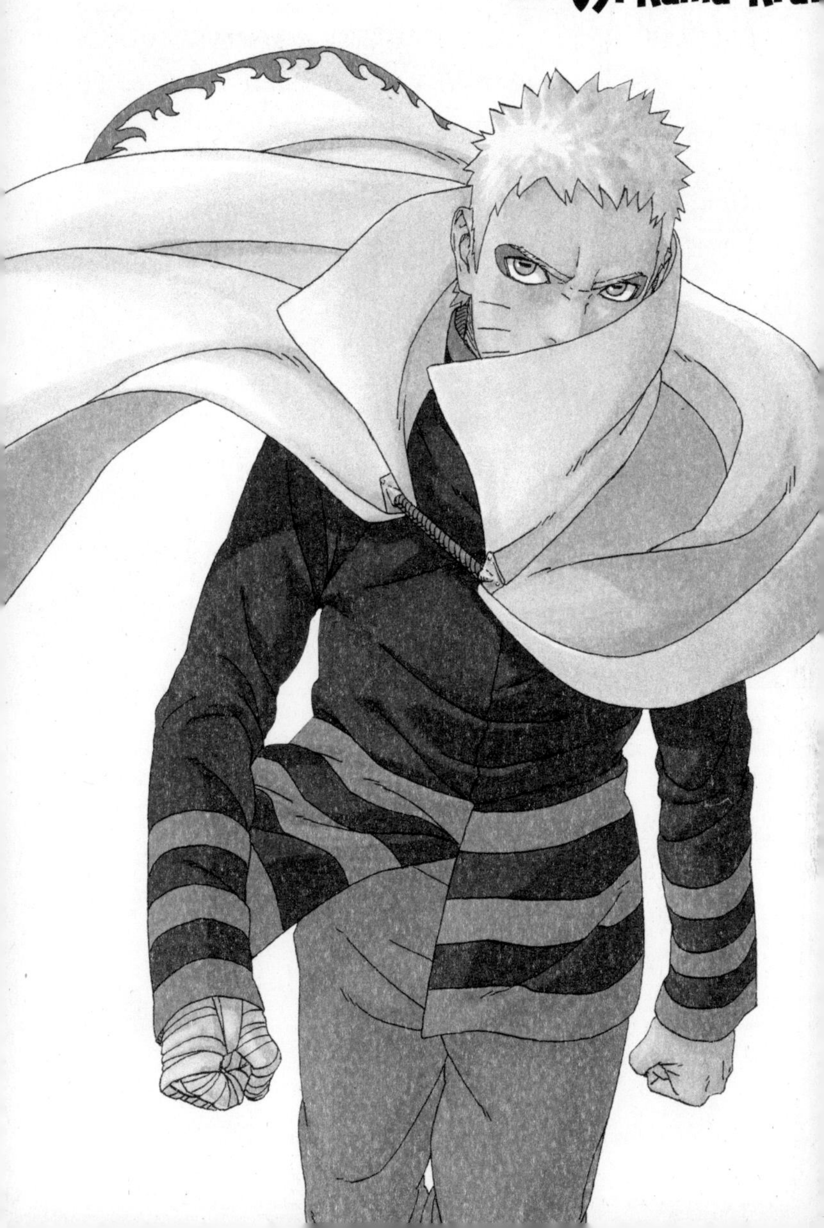

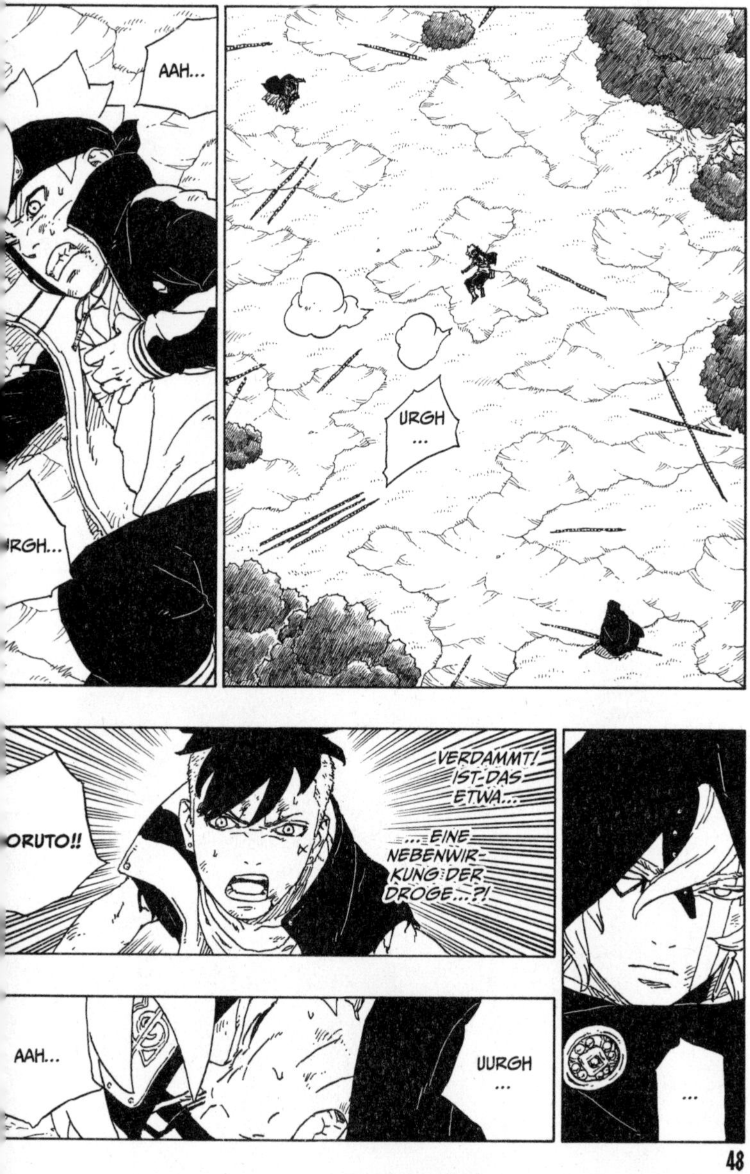
URGH ...
AAH...
RGH...
...
VERDAMMT! IST DAS ETWA...
... EINE NEBENWIR-KUNG DER DROGE...?!
ORUTO!!
UURGH ...
AAH...

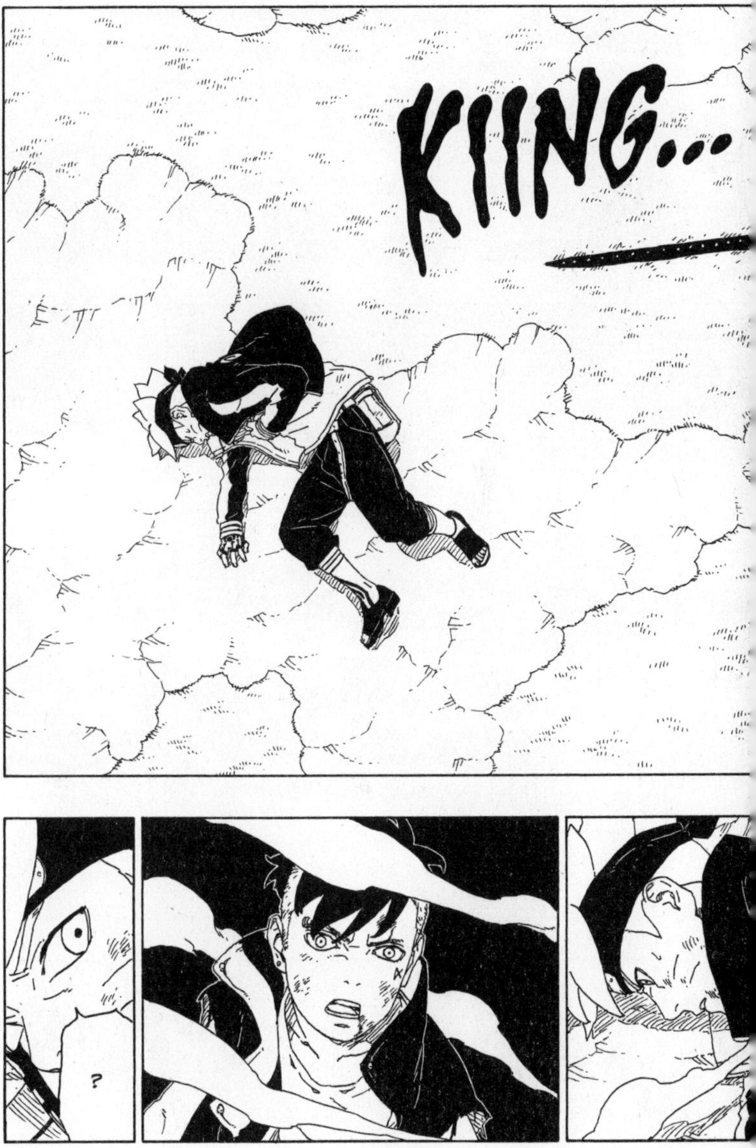
KIING...
?

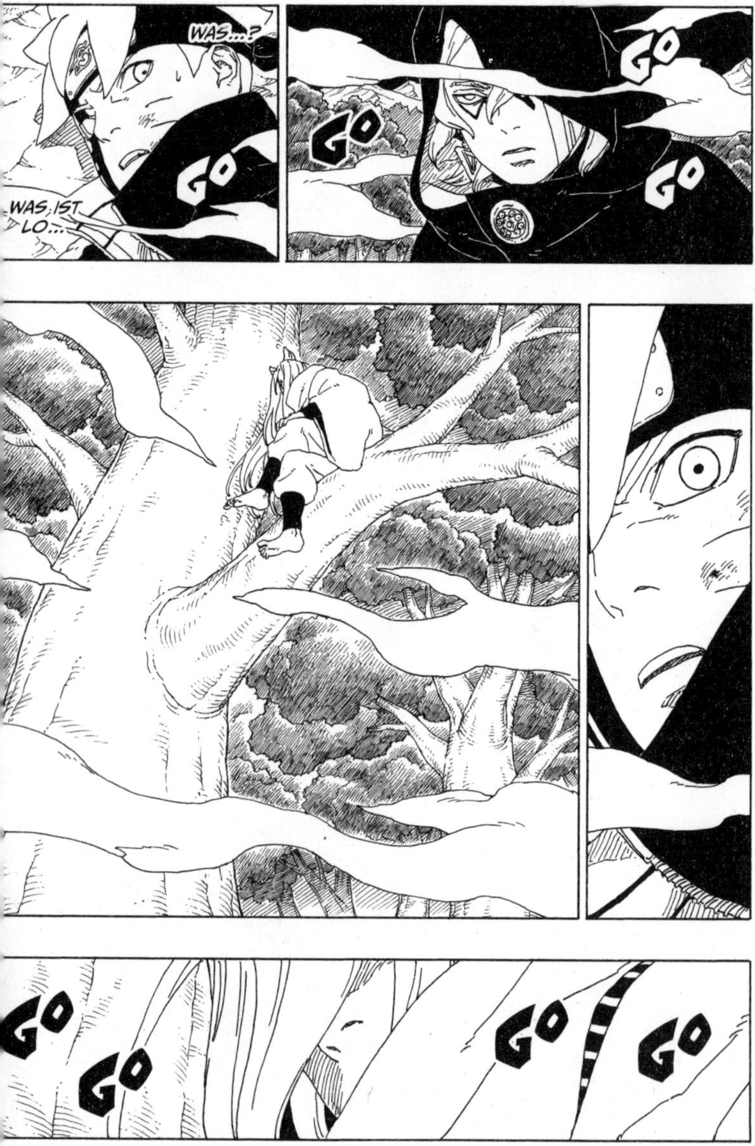
GO
GO
GO
WAS...?
WAS IST LO...
GO
GO
GO
GO
GO

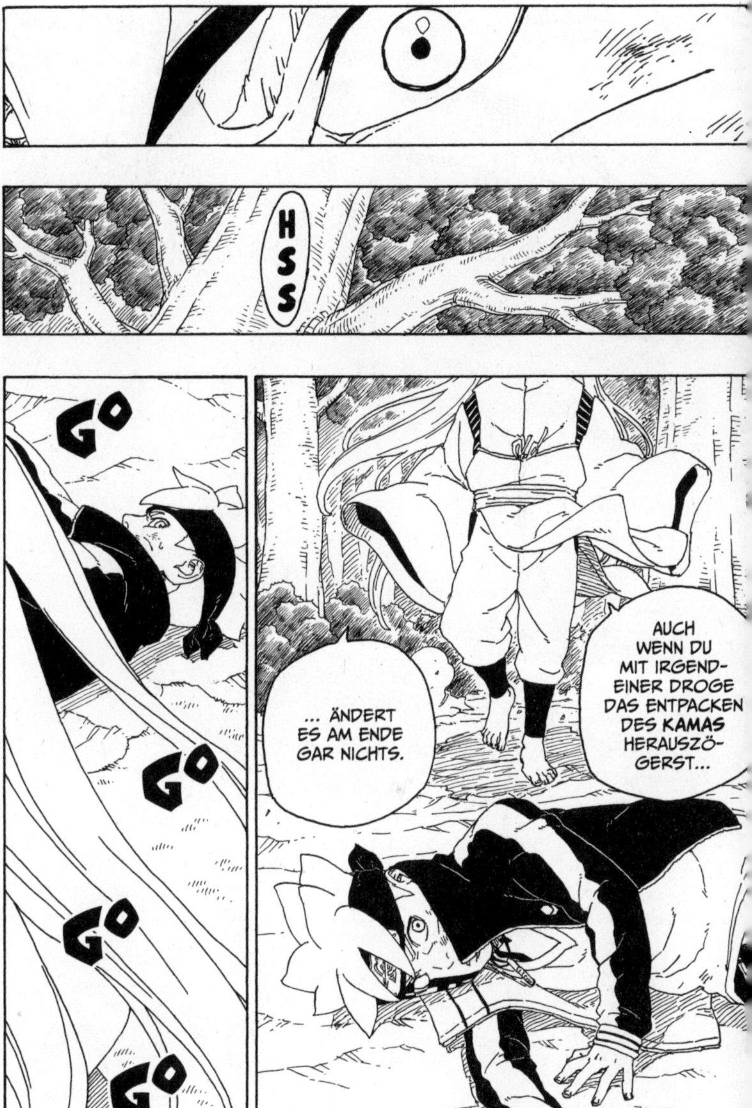
HSS
AUCH WENN DU MIT IRGEND-EINER DROGE DAS ENTPACKEN DES KAMAS HERAUSZÖGERST...
... ÄNDERT ES AM ENDE GAR NICHTS.
GO
GO
GO
GO

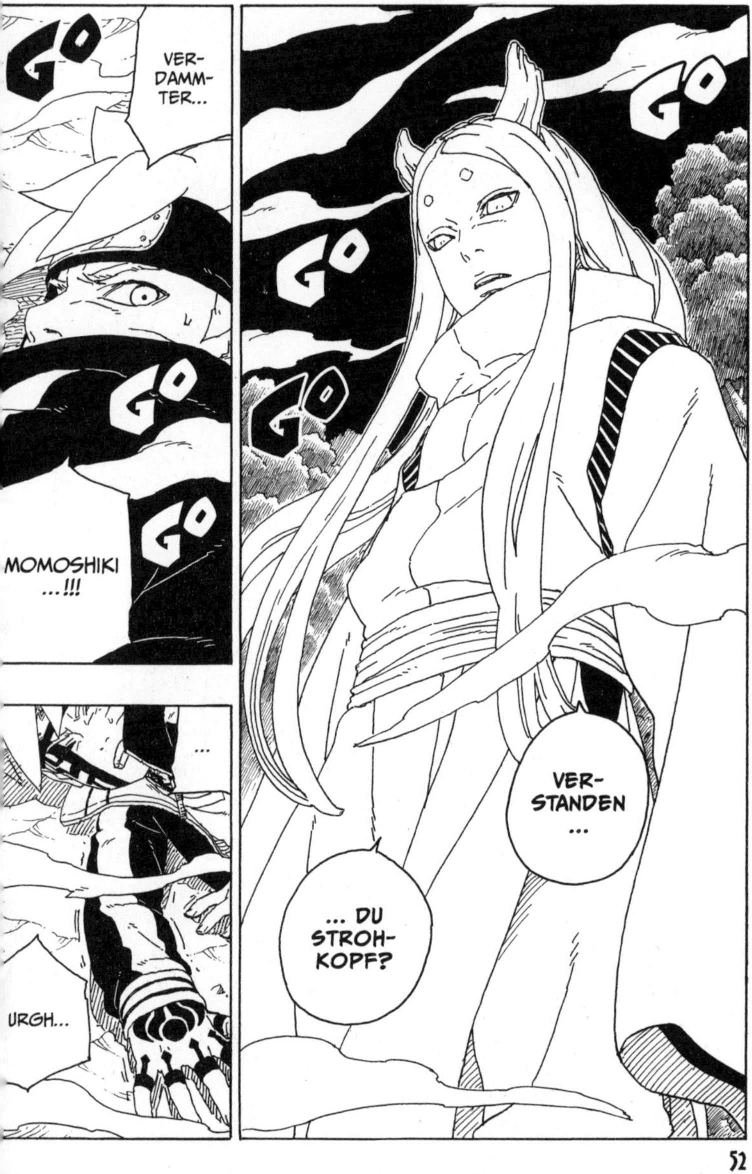
GO
GO
GO
VER-
STANDEN
...
... DU
STROH-
KOPF?
GO
VER-
DAMM-
TER...
GO
GO
MOMOSHIKI
...!!!
...
URGH...

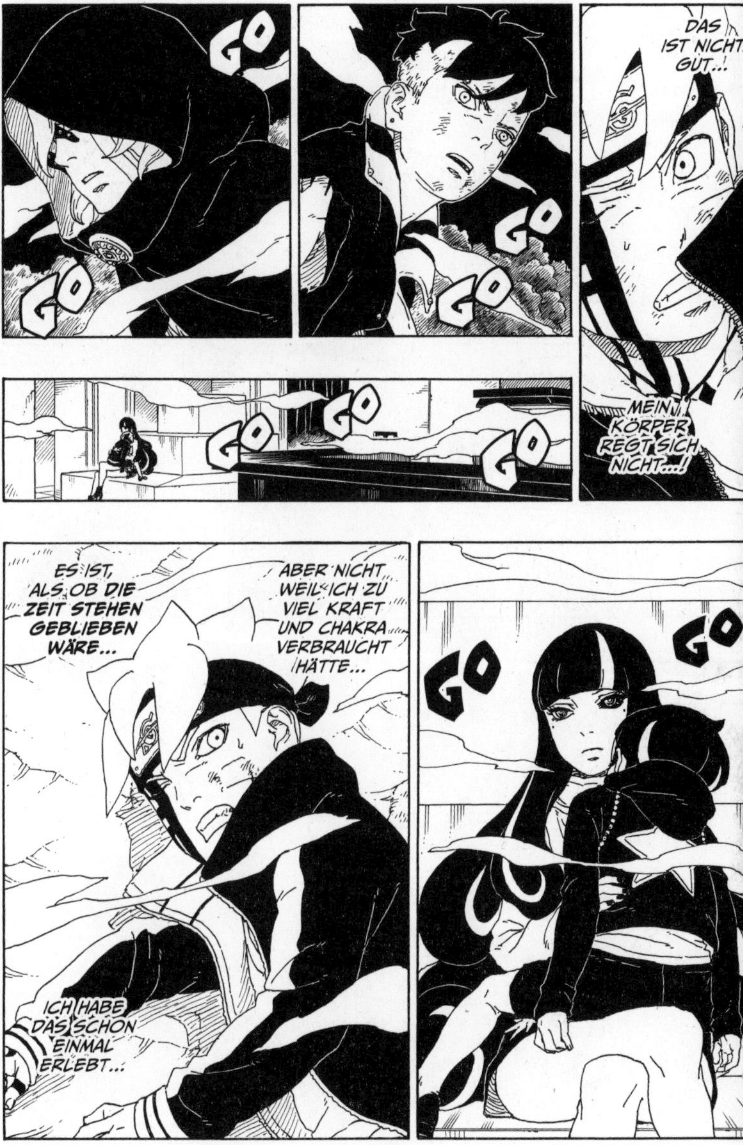
DAS IST NICHT GUT...!
MEIN KÖRPER REGT SICH NICHT...!
GO GO
GO GO
GO GO GO
GO GO
ABER NICHT WEIL ICH ZU VIEL KRAFT UND CHAKRA VERBRAUCHT HÄTTE...
ES IST, ALS OB DIE ZEIT STEHEN GEBLIEBEN WÄRE...
ICH HABE DAS SCHON EINMAL ERLEBT...

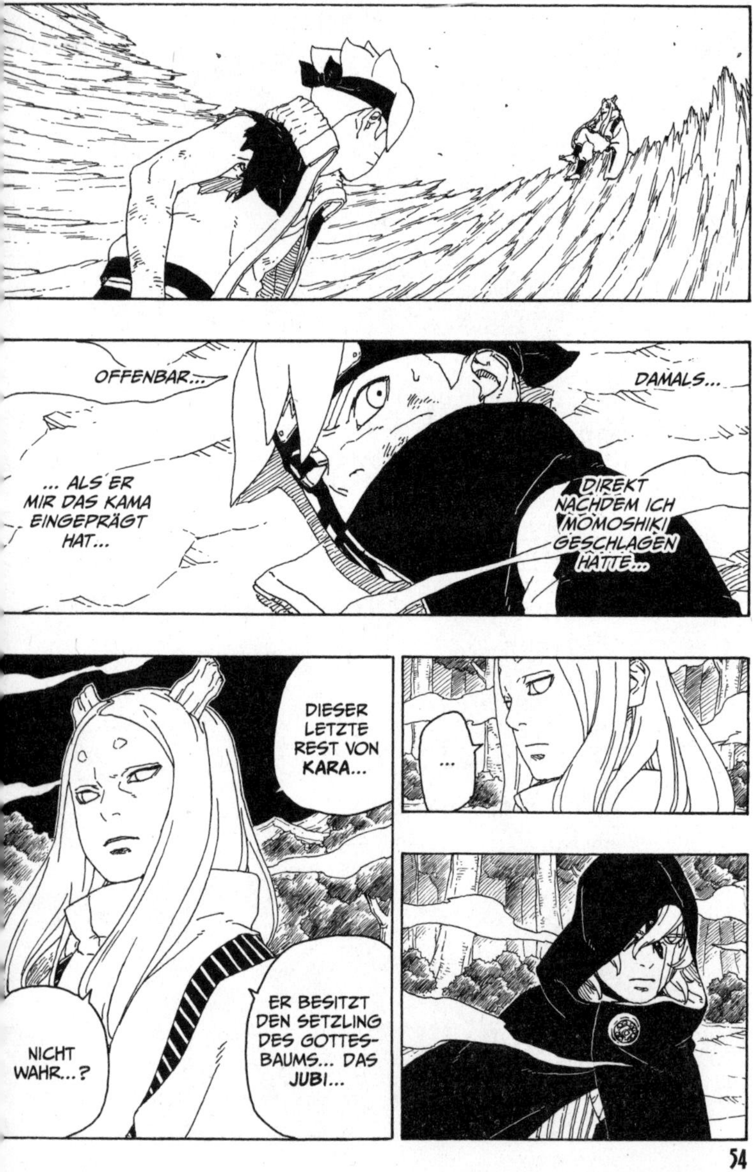
DAMALS...
DIREKT NACHDEM ICH MOMOSHIKI GESCHLAGEN HATTE...
OFFENBAR...
... ALS ER MIR DAS KAMA EINGEPRÄGT HAT...
DIESER LETZTE REST VON KARA...
ER BESITZT DEN SETZLING DES GOTTES-BAUMS... DAS JUBI...
NICHT WAHR...?
...

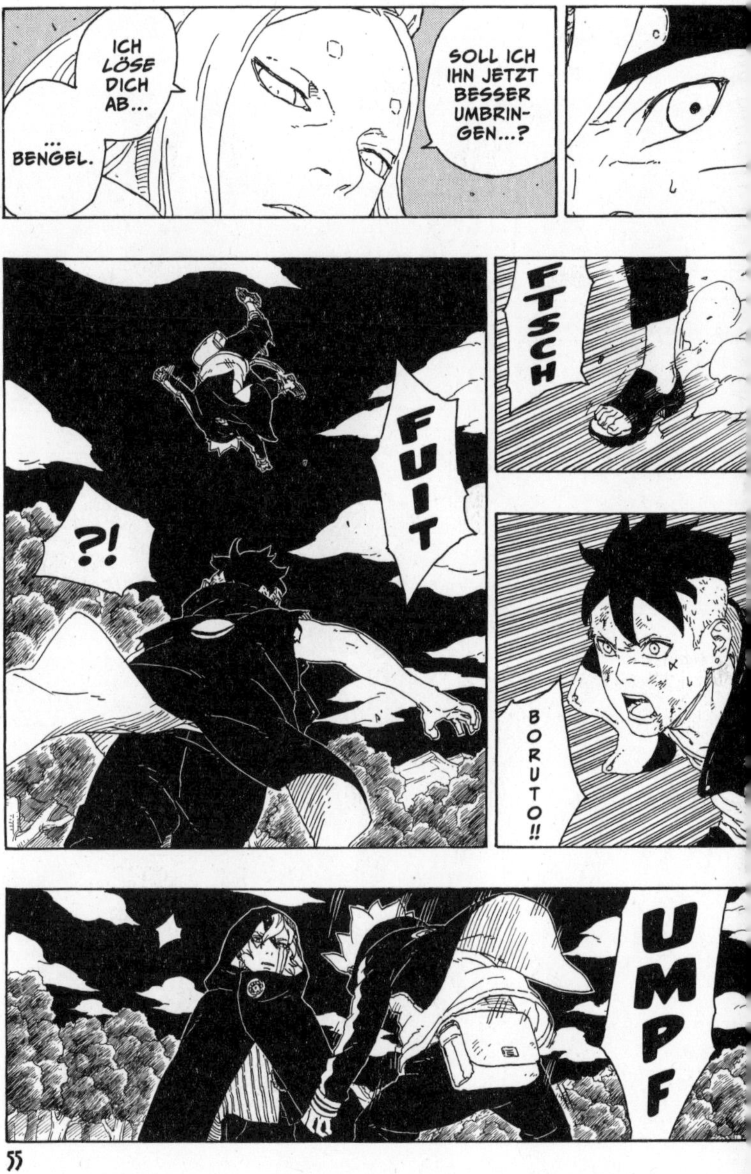
SOLL ICH IHN JETZT BESSER UMBRINGEN...?
ICH LÖSE DICH AB...
... BENGEL.
FTSCH
BORUTO!!
FUIT
?!
UMPF

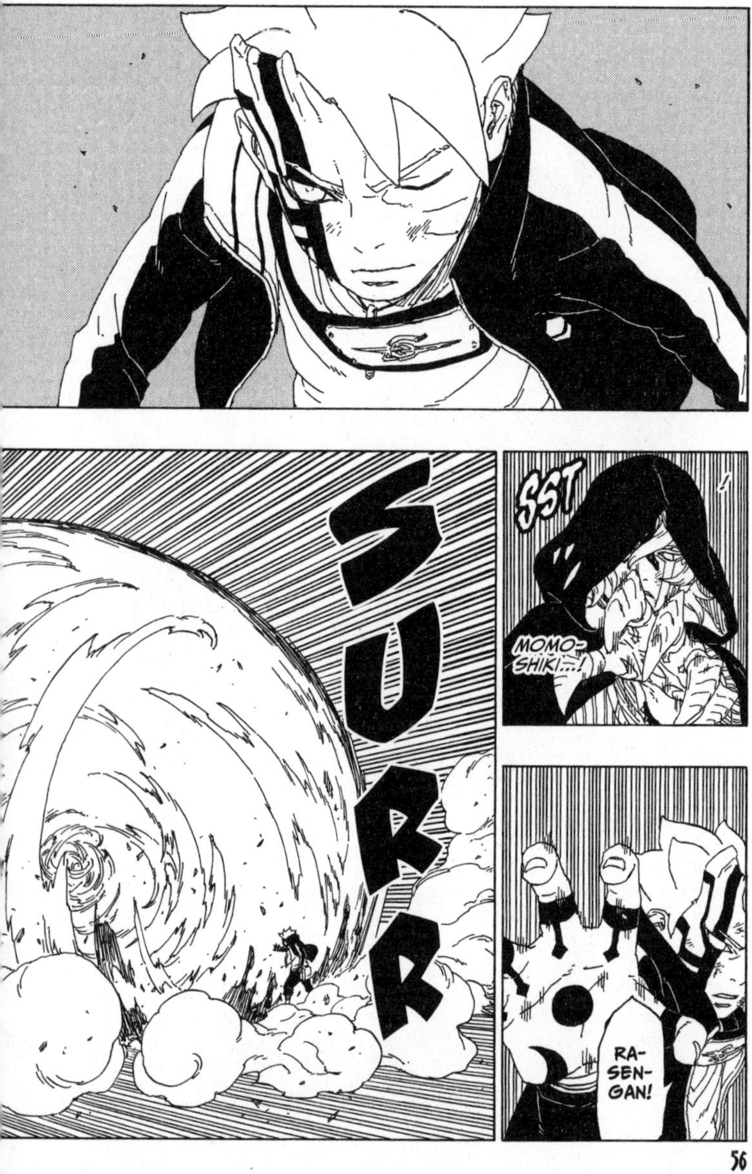
SURR
SST
MOMO-SHIKI...!
RA-SEN-GAN!

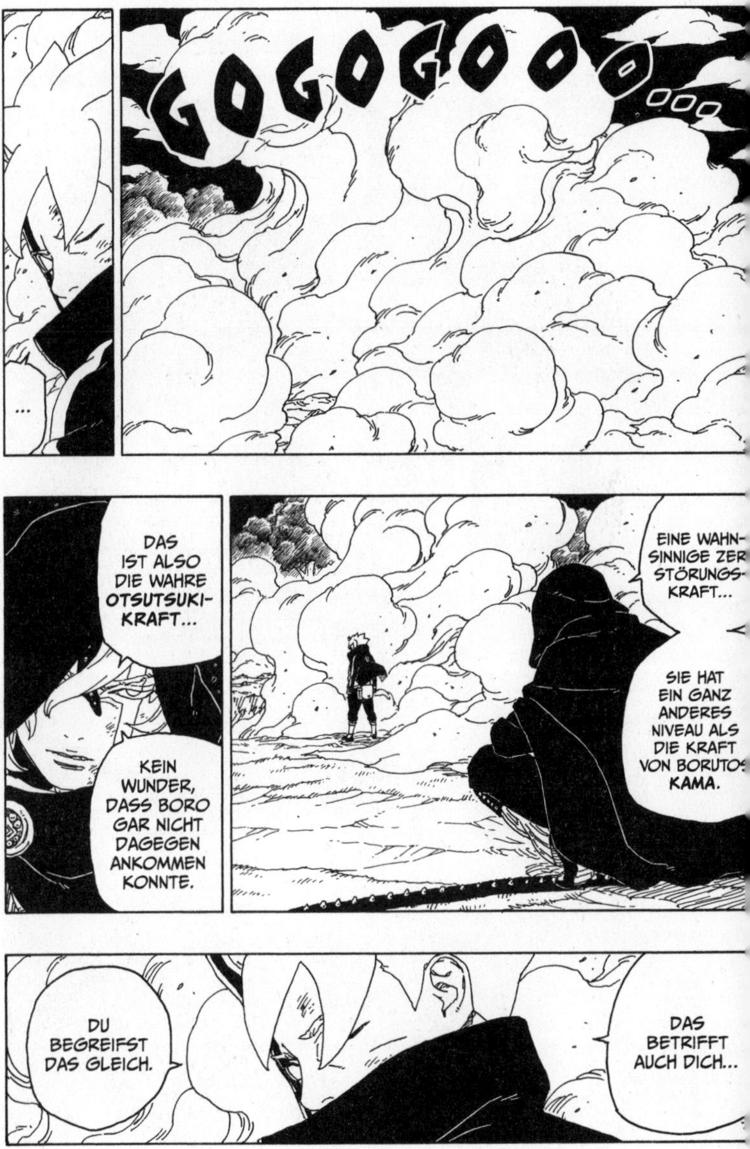
GOGOGOOO...
...
EINE WAHNSINNIGE ZER STÖRUNGSKRAFT...
SIE HAT EIN GANZ ANDERES NIVEAU ALS DIE KRAFT VON BORUTOS KAMA.
DAS IST ALSO DIE WAHRE OTSUTSUKI-KRAFT...
KEIN WUNDER, DASS BORO GAR NICHT DAGEGEN ANKOMMEN KONNTE.
DAS BETRIFFT AUCH DICH...
DU BEGREIFST DAS GLEICH.

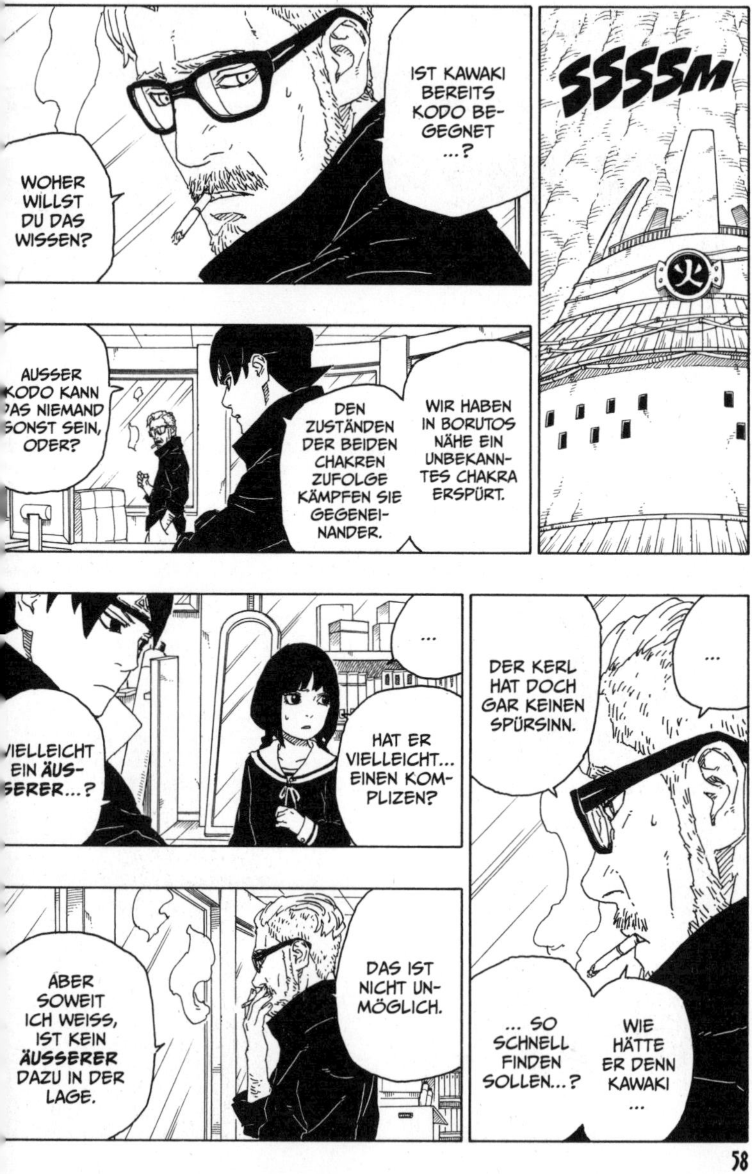
SSSSM
IST KAWAKI BEREITS KODO BEGEGNET ...?
WOHER WILLST DU DAS WISSEN?
WIR HABEN IN BORUTOS NÄHE EIN UNBEKANNTES CHAKRA ERSPÜRT.
DEN ZUSTÄNDEN DER BEIDEN CHAKREN ZUFOLGE KÄMPFEN SIE GEGENEINANDER.
AUSSER KODO KANN DAS NIEMAND SONST SEIN, ODER?
...
DER KERL HAT DOCH GAR KEINEN SPÜRSINN.
...
HAT ER VIELLEICHT... EINEN KOMPLIZEN?
VIELLEICHT EIN ÄUSSERER...?
WIE HÄTTE ER DENN KAWAKI ...
... SO SCHNELL FINDEN SOLLEN...?
DAS IST NICHT UNMÖGLICH.
ABER SOWEIT ICH WEISS, IST KEIN ÄUSSERER DAZU IN DER LAGE.

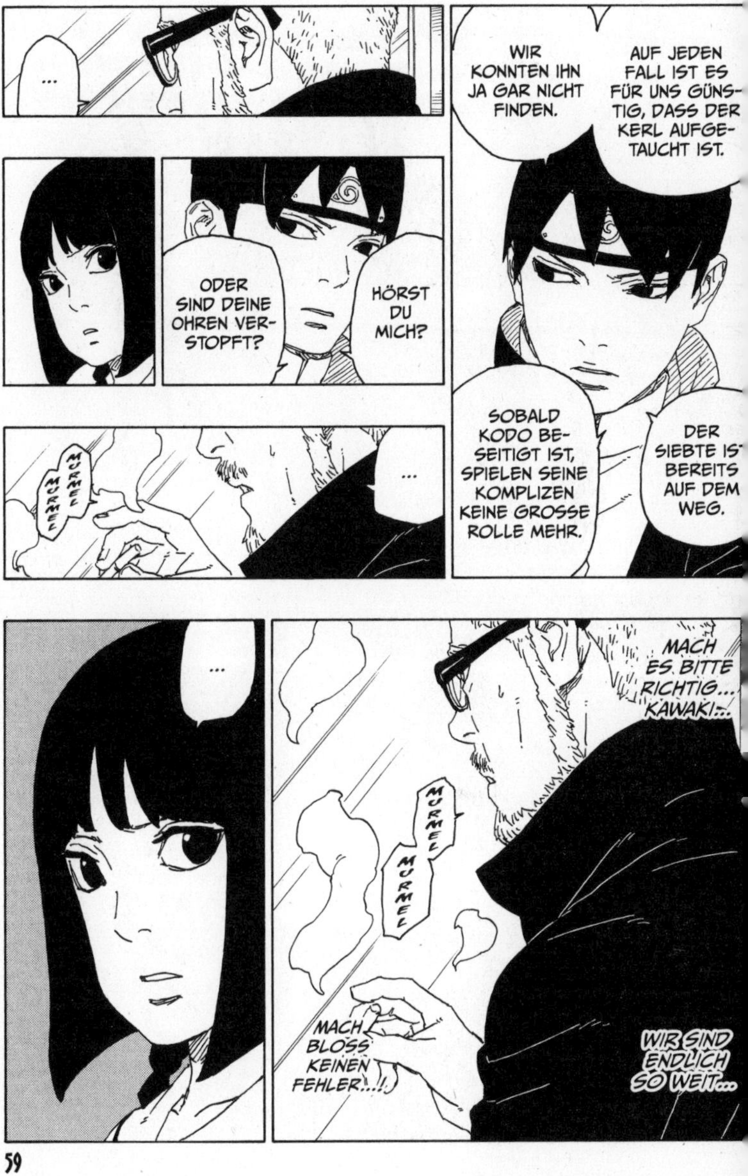

AUF JEDEN FALL IST ES FÜR UNS GÜNS-TIG, DASS DER KERL AUFGE-TAUCHT IST.
WIR KONNTEN IHN JA GAR NICHT FINDEN.
...
HÖRST DU MICH?
ODER SIND DEINE OHREN VER-STOPFT?
DER SIEBTE IST BEREITS AUF DEM WEG.
SOBALD KODO BE-SEITIGT IST, SPIELEN SEINE KOMPLIZEN KEINE GROSSE ROLLE MEHR.
...
MURMEL
MURMEL
MACH ES BITTE RICHTIG... KAWAKI...
WIR SIND ENDLICH SO WEIT...
MURMEL
MURMEL
MACH BLOSS KEINEN FEHLER...!
...

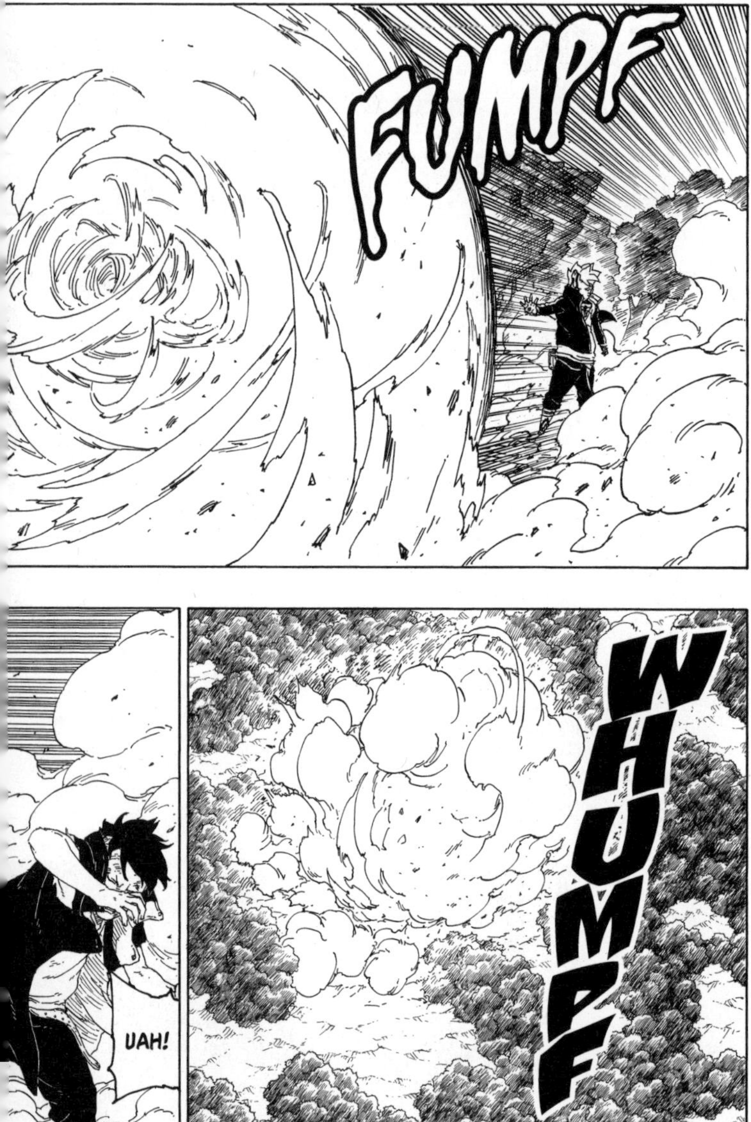
FUMPF
WHUMPF
UAH!

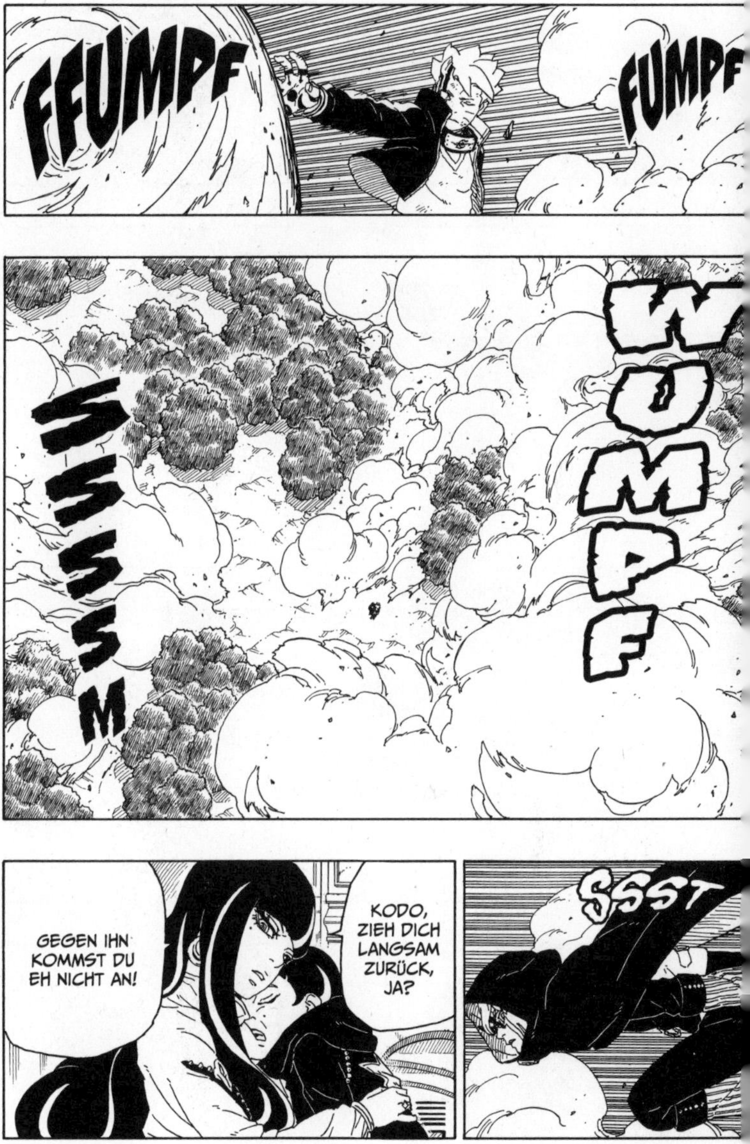
FUMPF
FFUMPF
WUMPF
SSSSM
SSST
KODO, ZIEH DICH LANGSAM ZURÜCK, JA?
GEGEN IHN KOMMST DU EH NICHT AN!

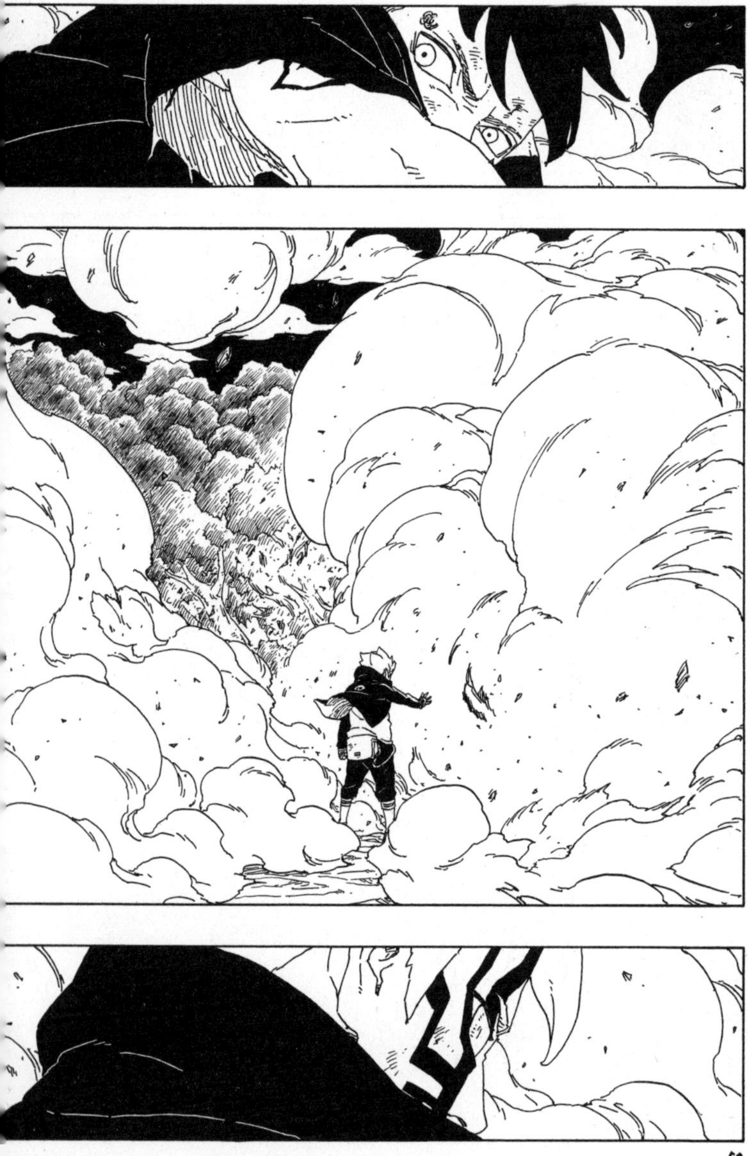

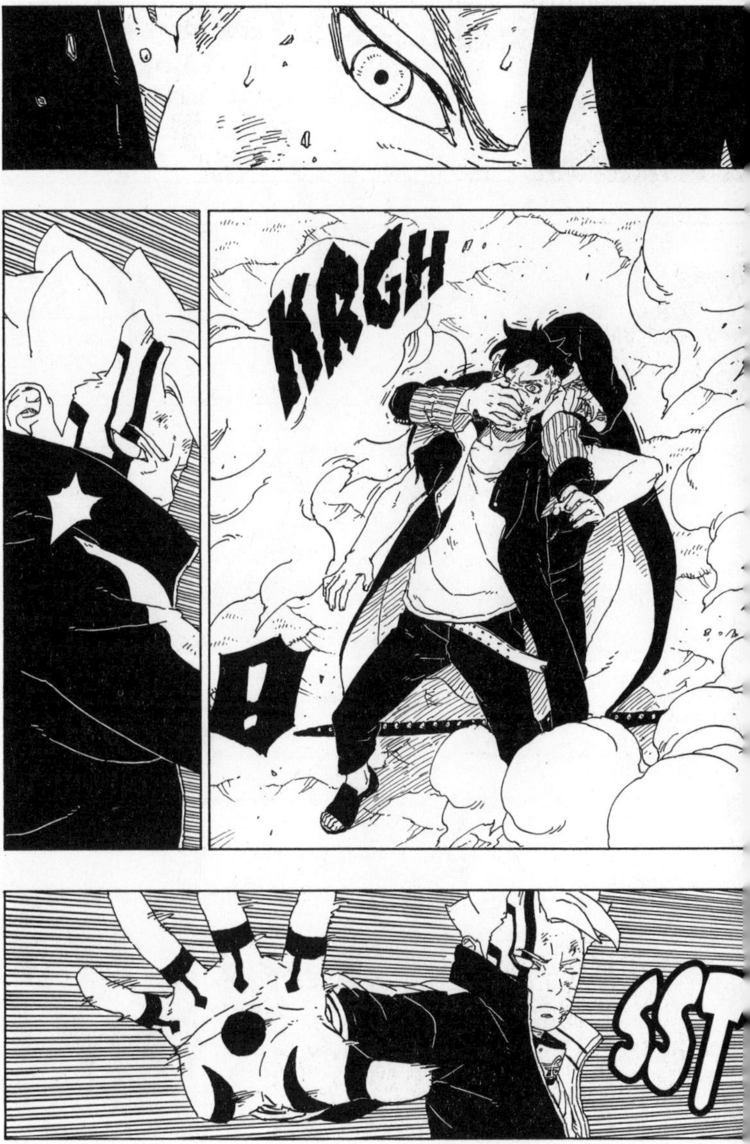
KRGH
!
SST

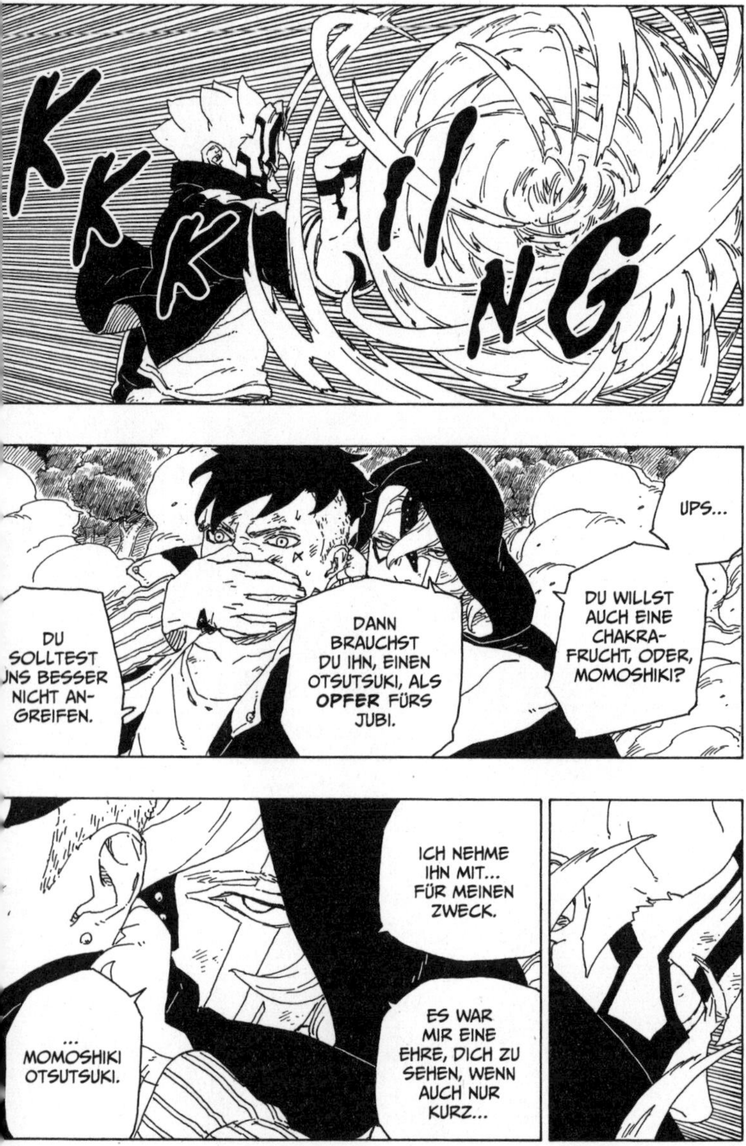
KKKIIING
UPS...
DU WILLST AUCH EINE CHAKRA-FRUCHT, ODER, MOMOSHIKI?
DANN BRAUCHST DU IHN, EINEN OTSUTSUKI, ALS OPFER FÜRS JUBI.
DU SOLLTEST UNS BESSER NICHT AN-GREIFEN.
ICH NEHME IHN MIT... FÜR MEINEN ZWECK.
ES WAR MIR EINE EHRE, DICH ZU SEHEN, WENN AUCH NUR KURZ...
... MOMOSHIKI OTSUTSUKI.

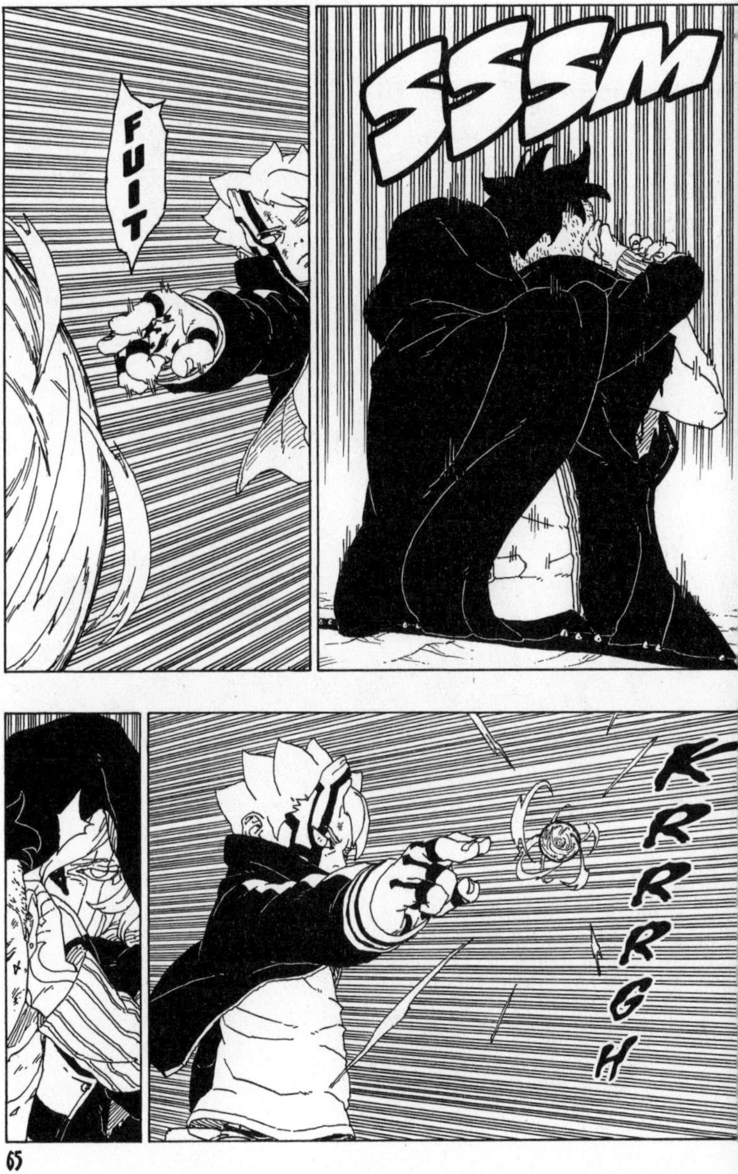
SSSM
FUIT
KRRRGH

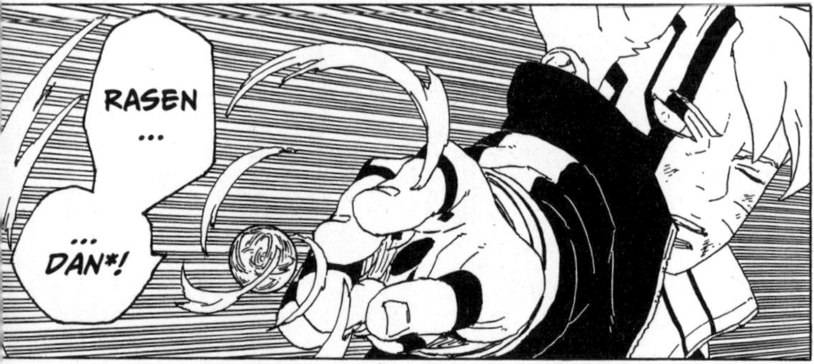

AN = GESCHOSS/SCHUSS

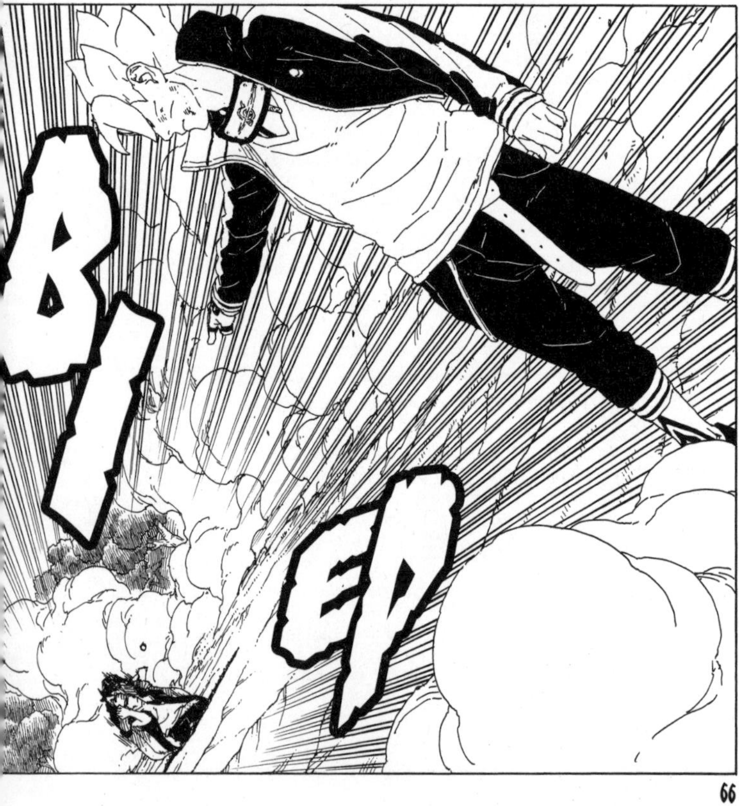

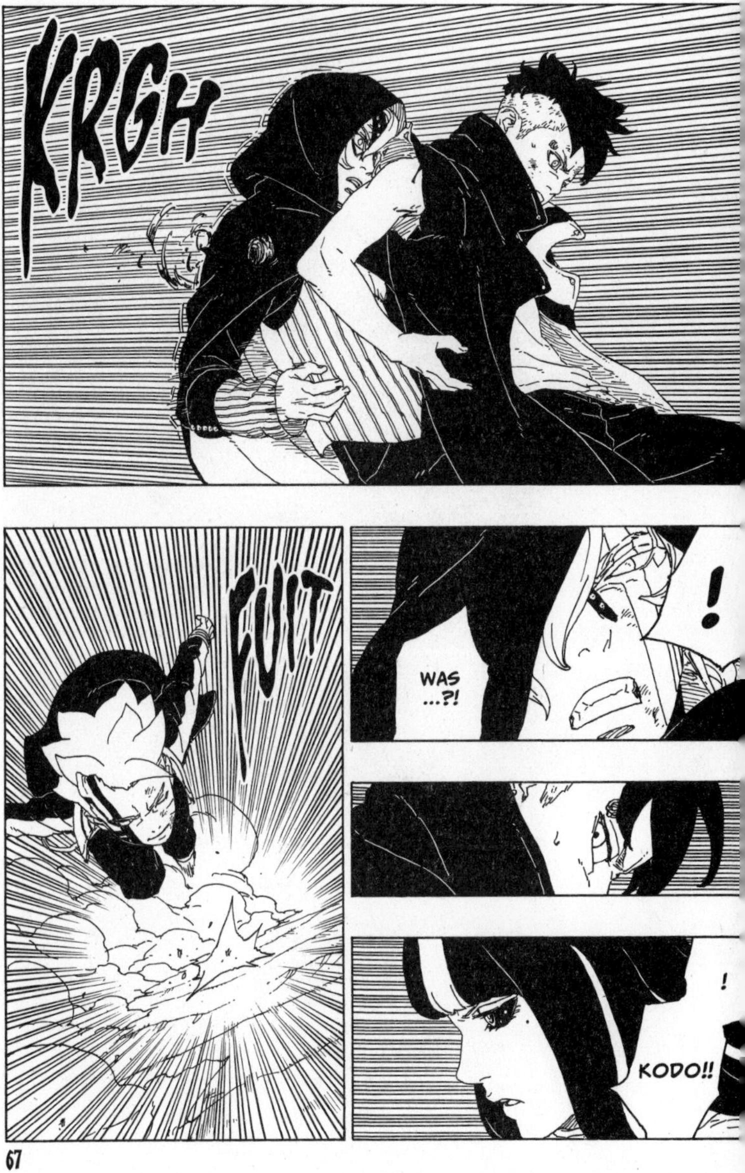
KRGH
!
WAS ...?!
FUIT
!
KODO!!

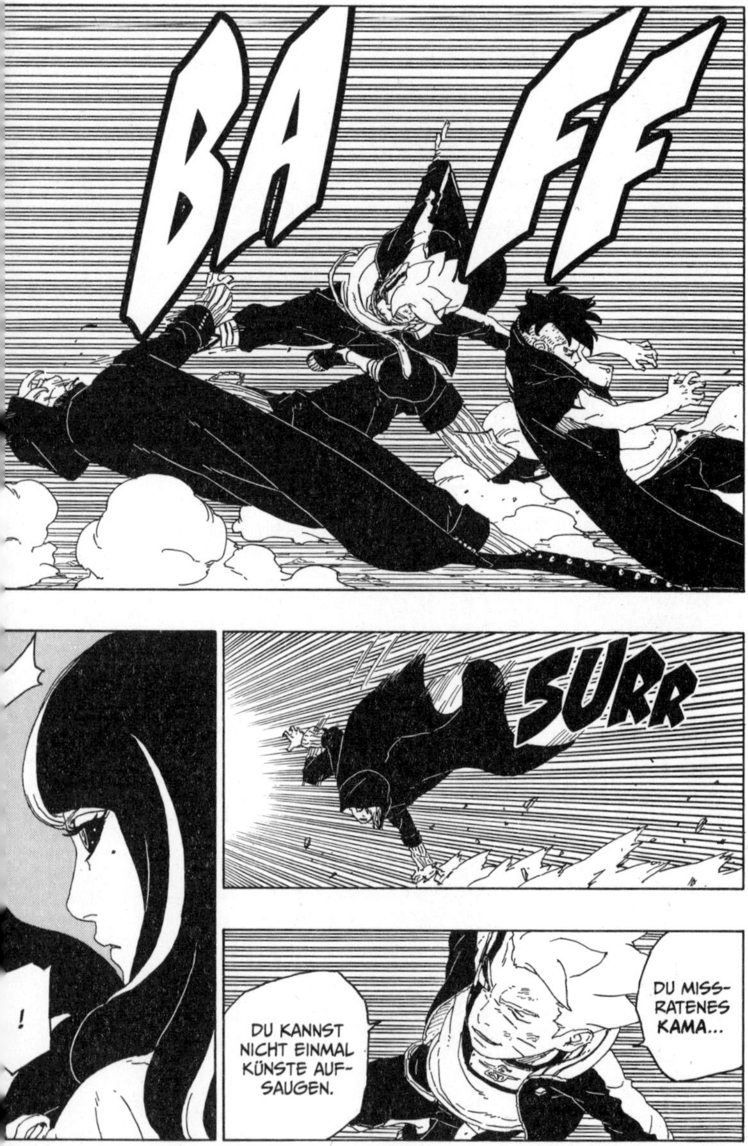
BAFF
SURR
!
DU MISS-RATENES KAMA...
DU KANNST NICHT EINMAL KÜNSTE AUF-SAUGEN.

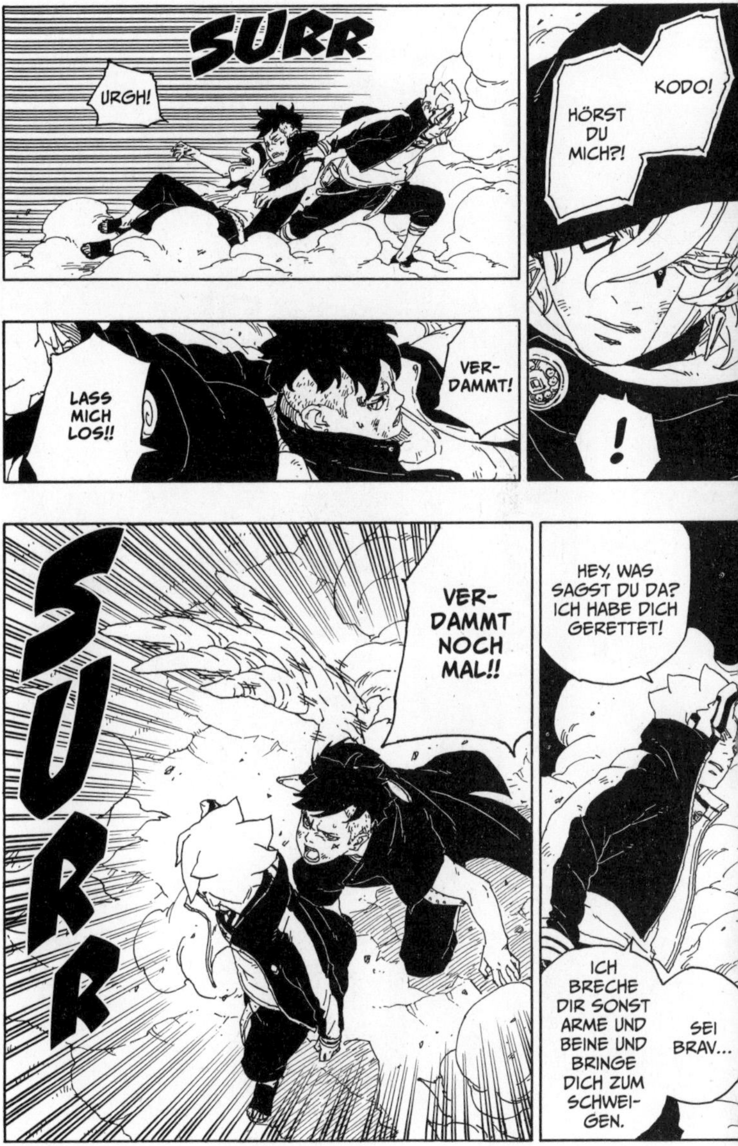
KODO!
HÖRST DU MICH?!
!
SURR
URGH!
VERDAMMT!
LASS MICH LOS!!
HEY, WAS SAGST DU DA? ICH HABE DICH GERETTET!
SEI BRAV...
ICH BRECHE DIR SONST ARME UND BEINE UND BRINGE DICH ZUM SCHWEIGEN.
VERDAMMT NOCH MAL!!
SURR

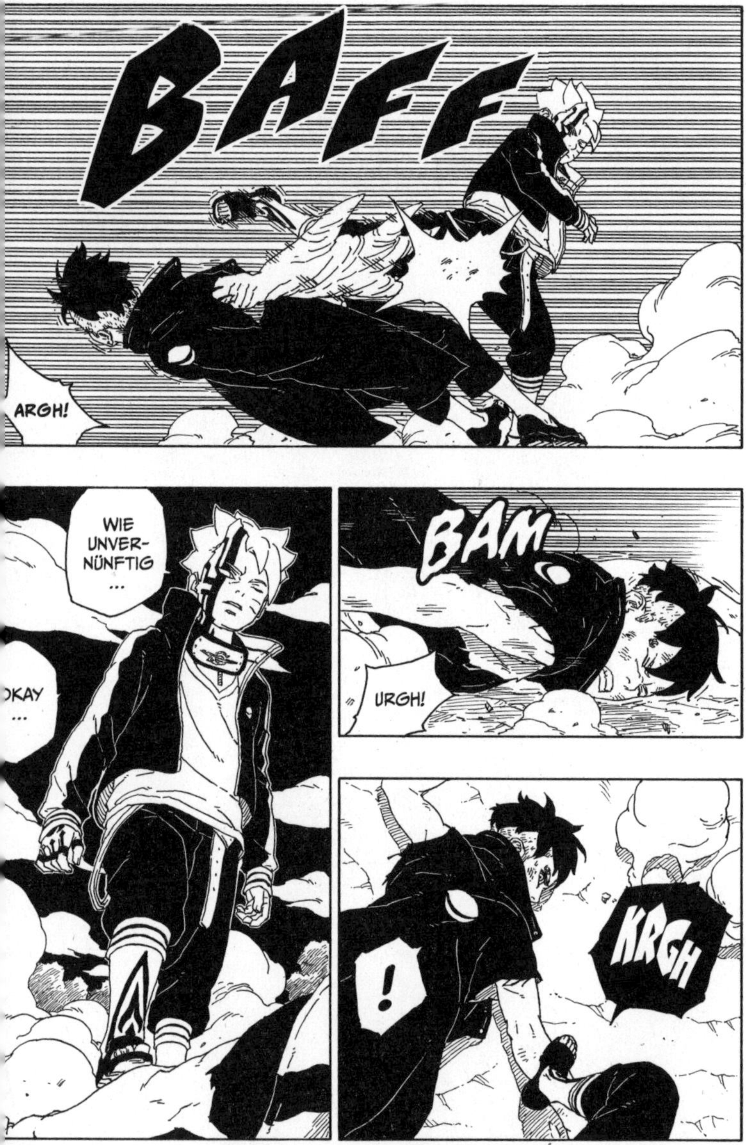
BAFF
ARGH!
BAM
URGH!
!
KRGH
WIE UNVERNÜNFTIG ...
KAY ...

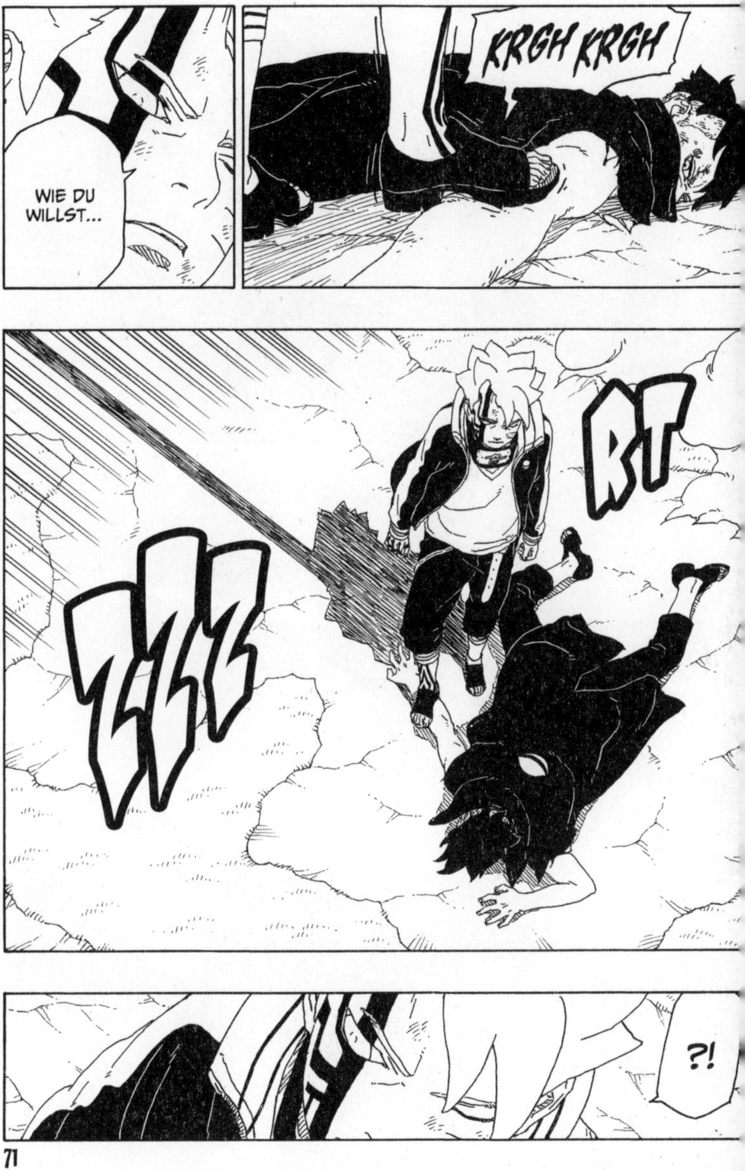
KRGH KRGH
WIE DU WILLST...
RT
ZZZZ
?!

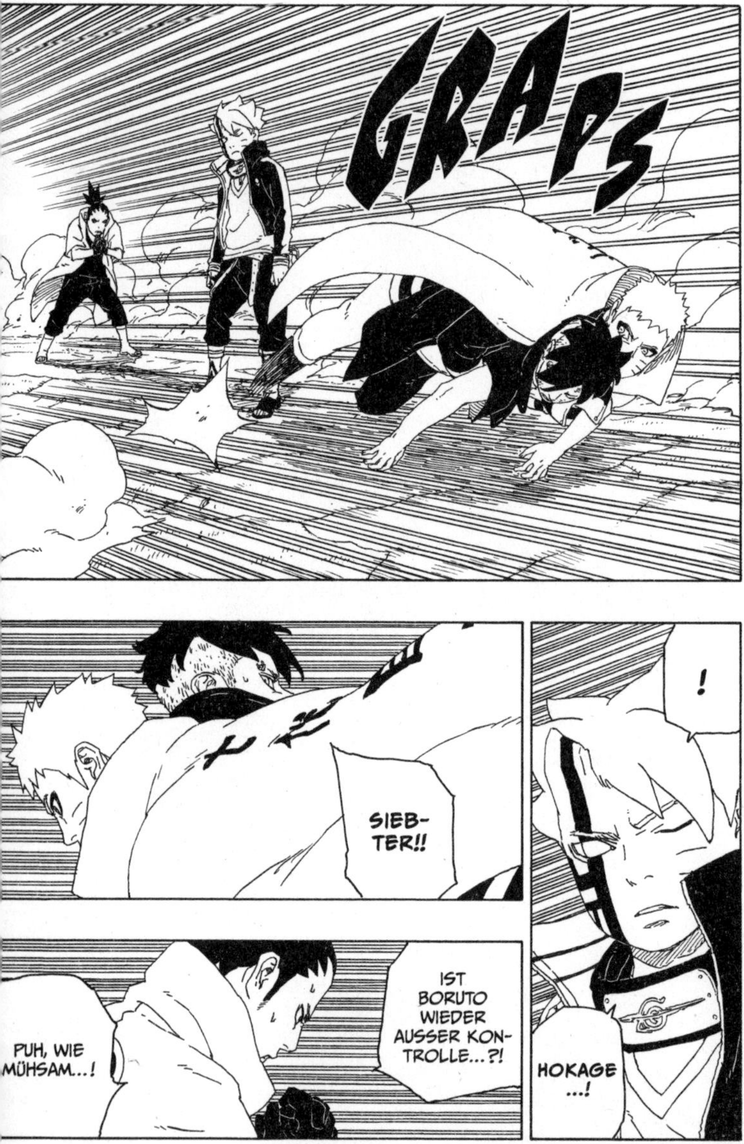
GRAPS
!
SIEB-
TER!!
HOKAGE
...!
IST
BORUTO
WIEDER
AUSSER KON-
TROLLE...?!
PUH, WIE
MÜHSAM...!

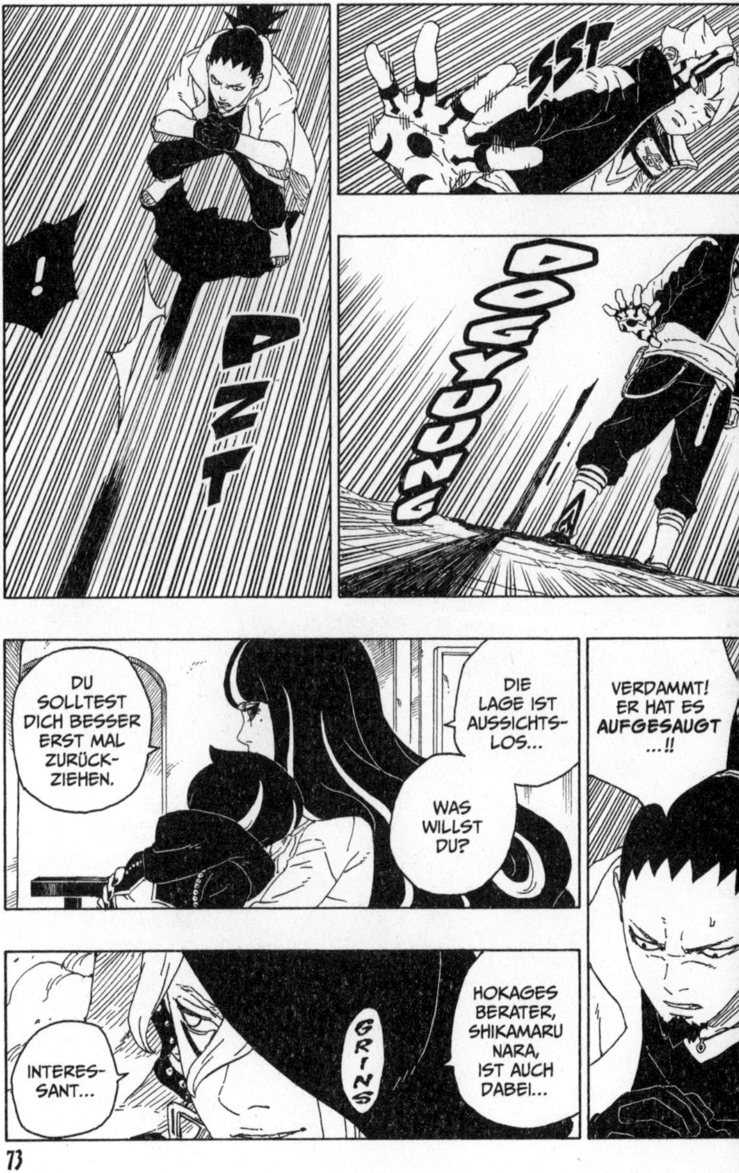
SST
DOGWUNG
!
PZZT
VERDAMMT! ER HAT ES AUFGESAUGT ...!!
DIE LAGE IST AUSSICHTS-LOS...
WAS WILLST DU?
DU SOLLTEST DICH BESSER ERST MAL ZURÜCK-ZIEHEN.
HOKAGES BERATER, SHIKAMARU NARA, IST AUCH DABEI...
GRINS
INTERES-SANT...

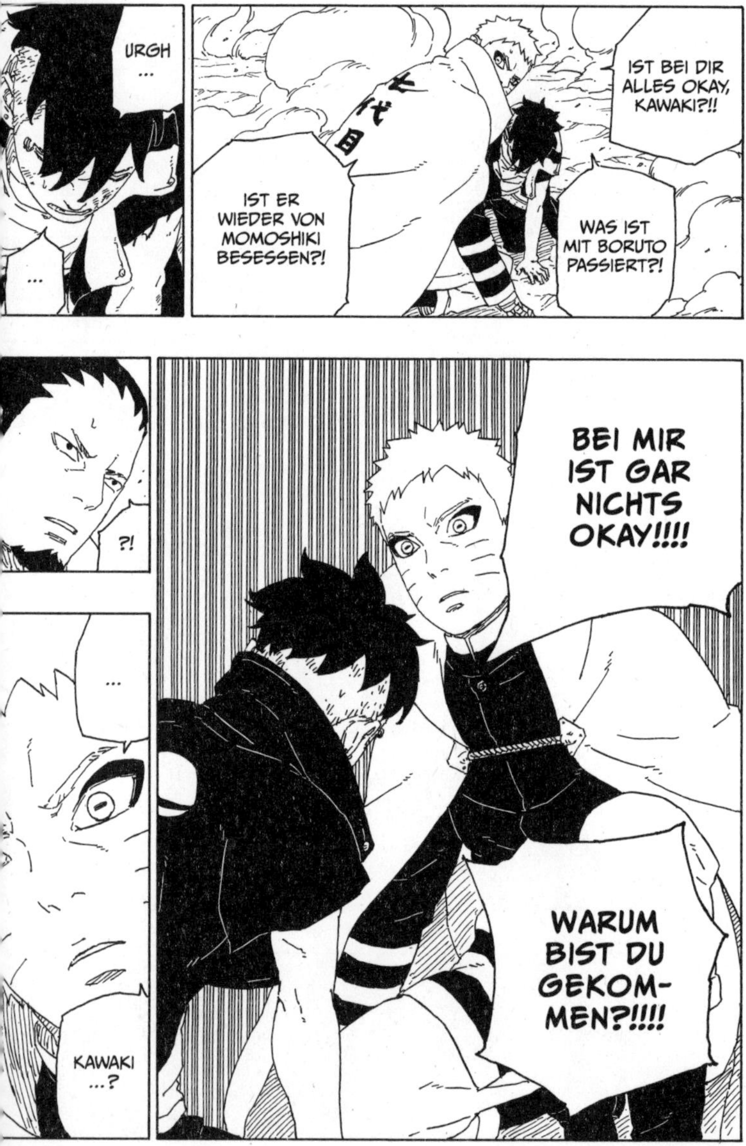
IST BEI DIR ALLES OKAY, KAWAKI?!!
WAS IST MIT BORUTO PASSIERT?!
七代目
IST ER WIEDER VON MOMOSHIKI BESESSEN?!
URGH ...
...
BEI MIR IST GAR NICHTS OKAY!!!!
WARUM BIST DU GEKOM-MEN?!!!!
?!
...
KAWAKI ...?

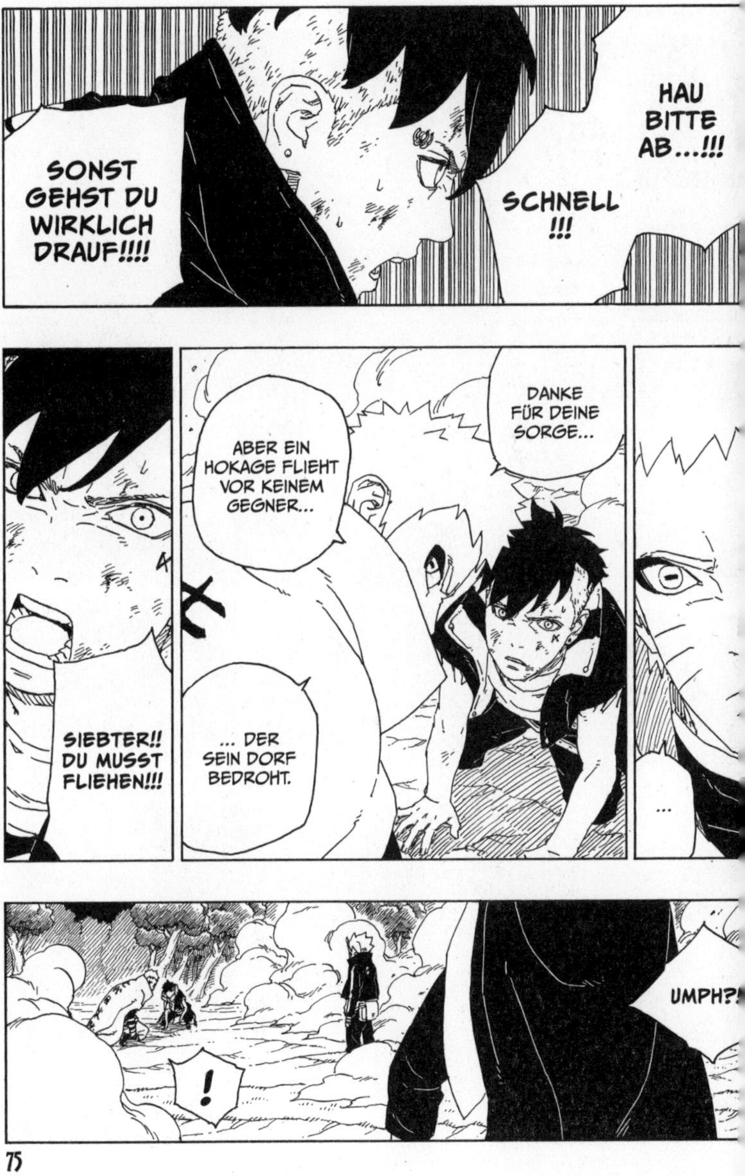
HAU BITTE AB...!!!
SCHNELL !!!
SONST GEHST DU WIRKLICH DRAUF!!!!
...
DANKE FÜR DEINE SORGE...
ABER EIN HOKAGE FLIEHT VOR KEINEM GEGNER...
... DER SEIN DORF BEDROHT.
SIEBTER!! DU MUSST FLIEHEN!!!
UMPH?!
!

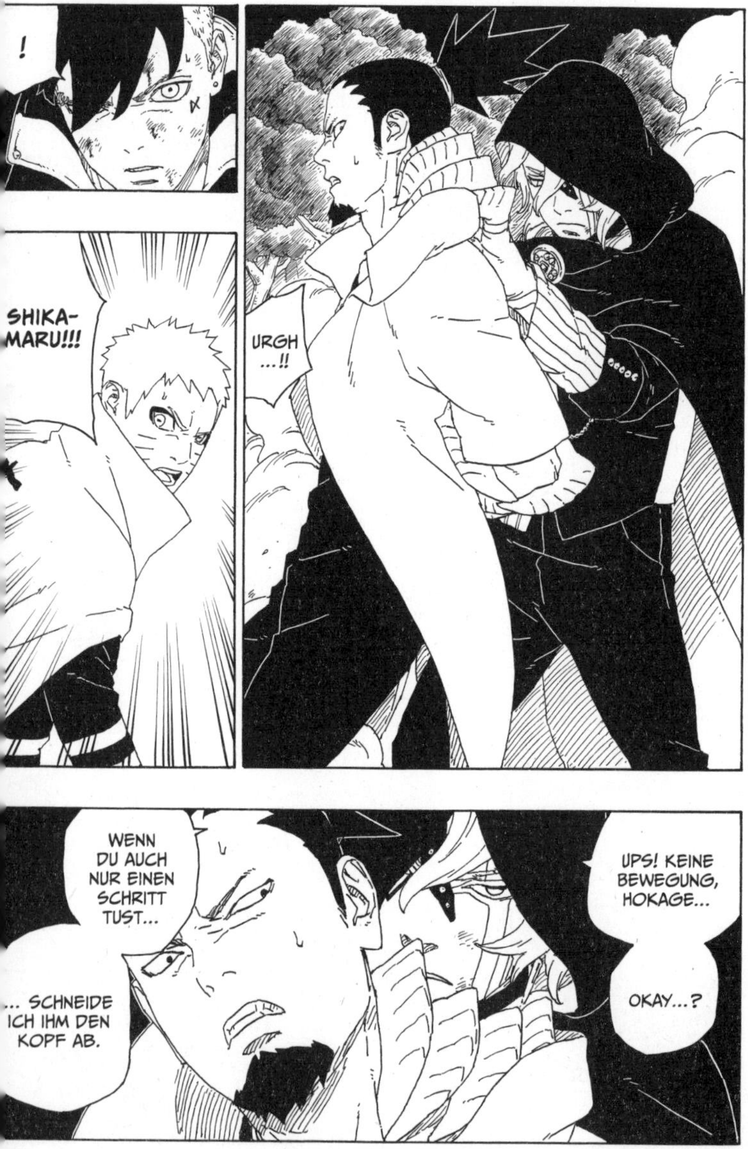
URGH ...!!
!
SHIKA-MARU!!!
UPS! KEINE BEWEGUNG, HOKAGE...
OKAY...?
WENN DU AUCH NUR EINEN SCHRITT TUST...
... SCHNEIDE ICH IHM DEN KOPF AB.

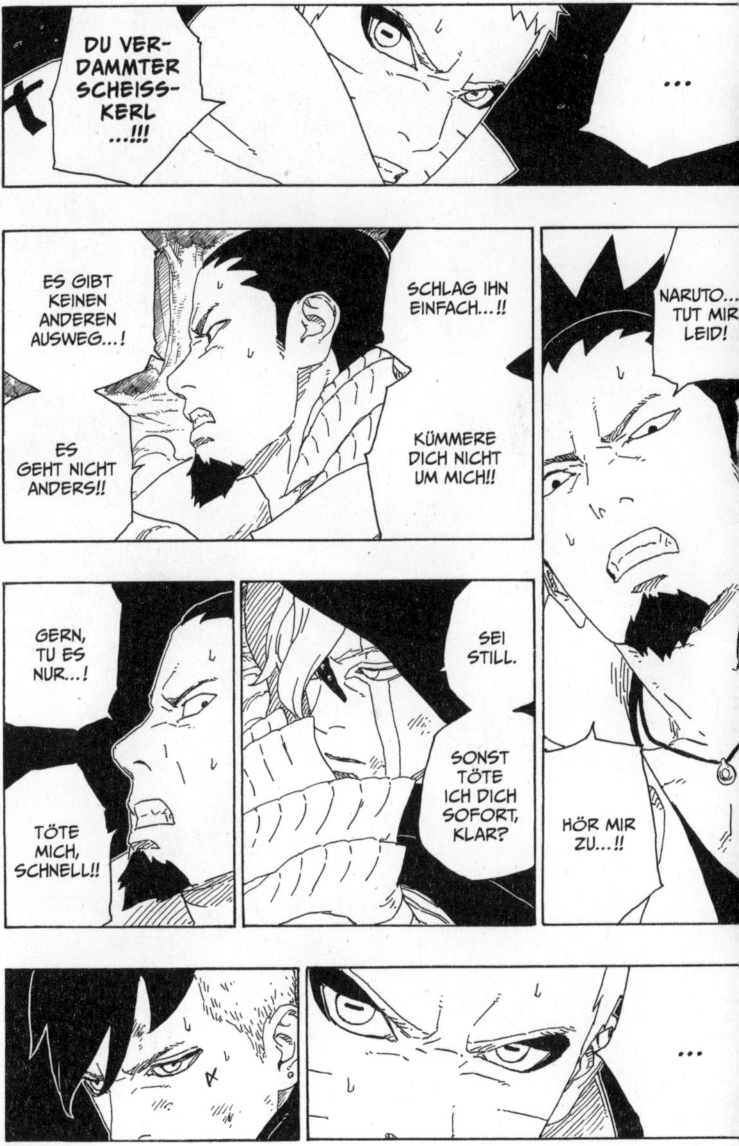
...
DU VER-
DAMMTER
SCHEISS-
KERL
...!!!
NARUTO...
TUT MIR
LEID!
SCHLAG IHN
EINFACH...!!
KÜMMERE
DICH NICHT
UM MICH!!
ES GIBT
KEINEN
ANDEREN
AUSWEG...!
ES
GEHT NICHT
ANDERS!!
HÖR MIR
ZU...!!
SEI
STILL.
SONST
TÖTE
ICH DICH
SOFORT,
KLAR?
GERN,
TU ES
NUR...!
TÖTE
MICH,
SCHNELL!!
...

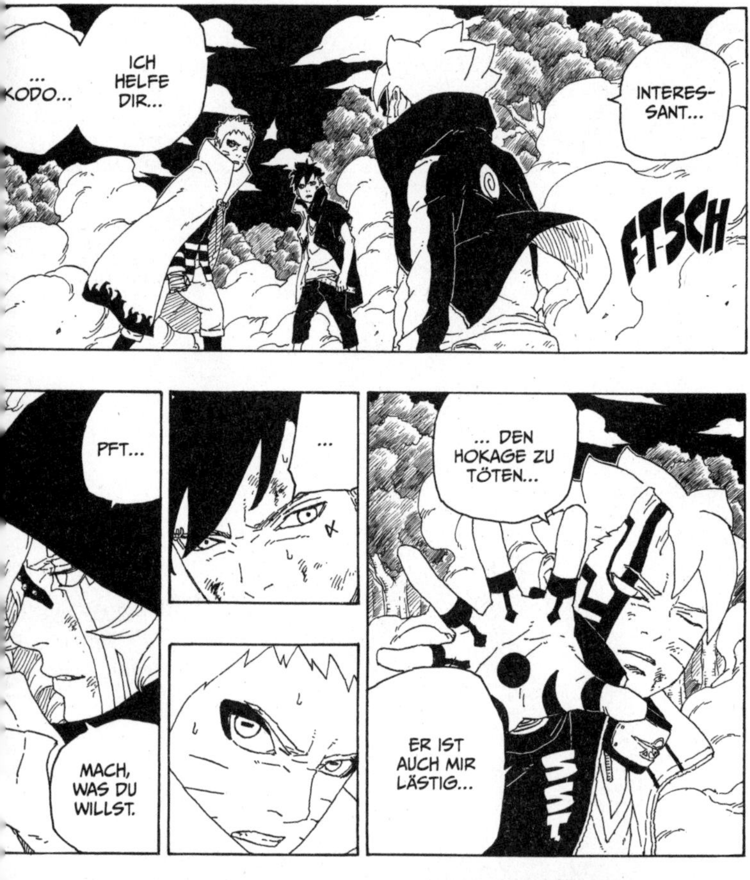
INTERES-
SANT...
FTSCH
ICH
HELFE
DIR...
...
KODO...
... DEN
HOKAGE ZU
TÖTEN...
ER IST
AUCH MIR
LÄSTIG...
...
PFT...
MACH,
WAS DU
WILLST.
VER-
DAMMT!!
SCHLAG
IHN, NARUTO!!
KÄMPFE!!
SCHLAG
IHN!!

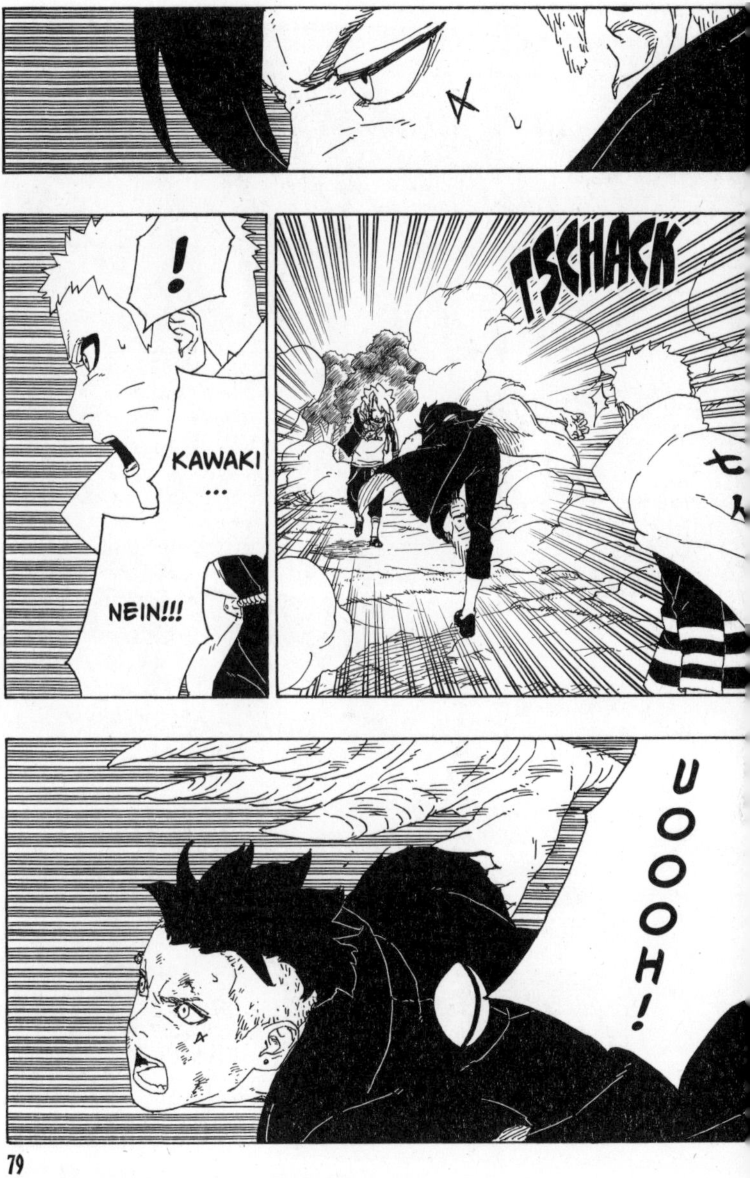
!
KAWAKI ...
NEIN!!!
TSCHACK
UOOOOH!

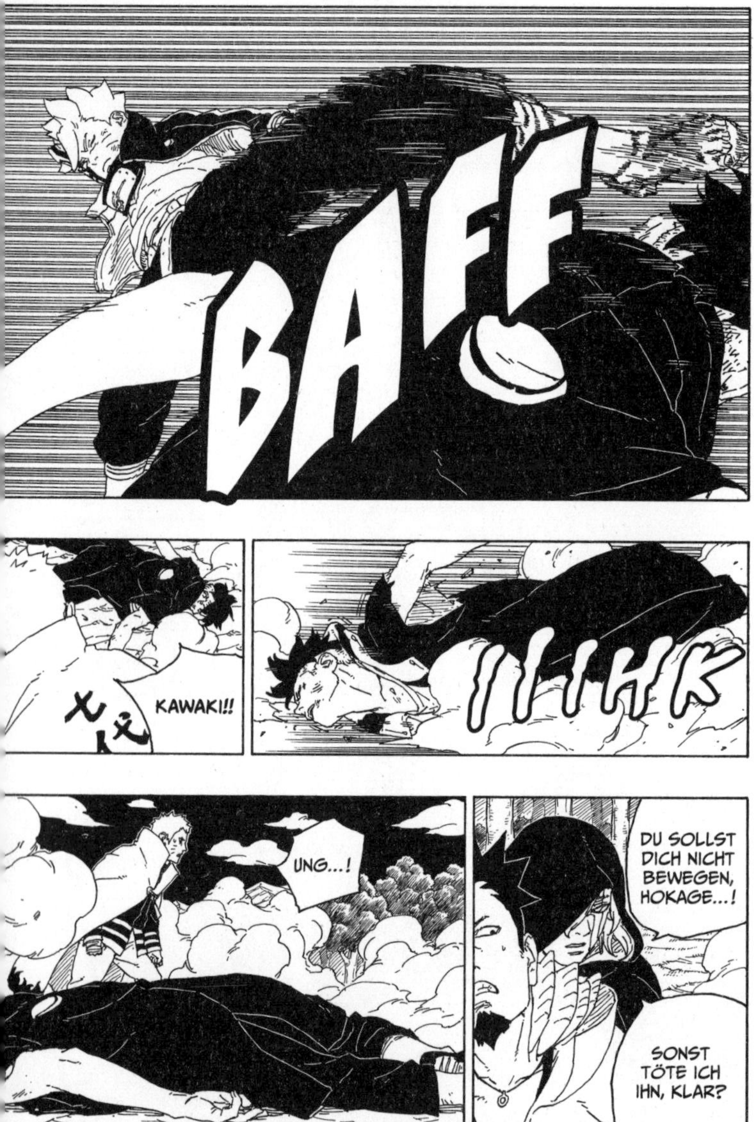
BAFF
KAWAKI!!
IIIHK
UNG...!
DU SOLLST DICH NICHT BEWEGEN, HOKAGE...!
SONST TÖTE ICH IHN, KLAR?

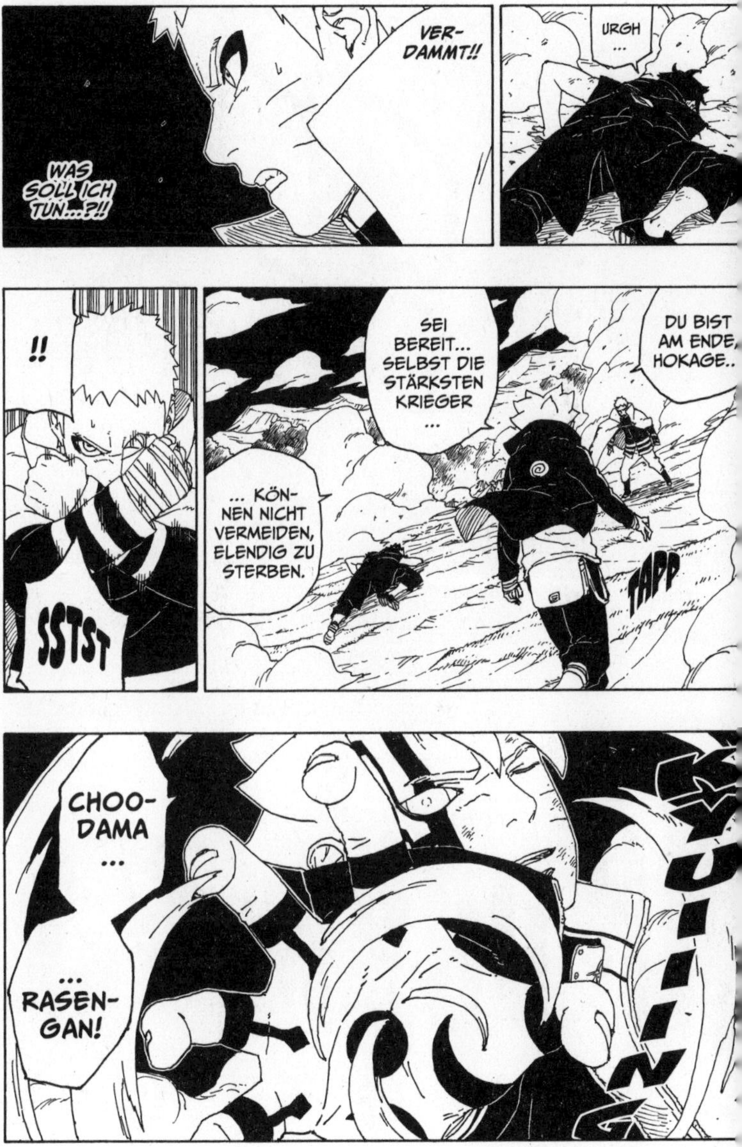
URGH ...
VER-DAMMT!!
WAS SOLL ICH TUN...?!!
DU BIST AM ENDE, HOKAGE..
SEI BEREIT... SELBST DIE STÄRKSTEN KRIEGER ...
... KÖNNEN NICHT VERMEIDEN, ELENDIG ZU STERBEN.
TAPP
!!
SSTST
CHOO-DAMA ...
... RASEN-GAN!

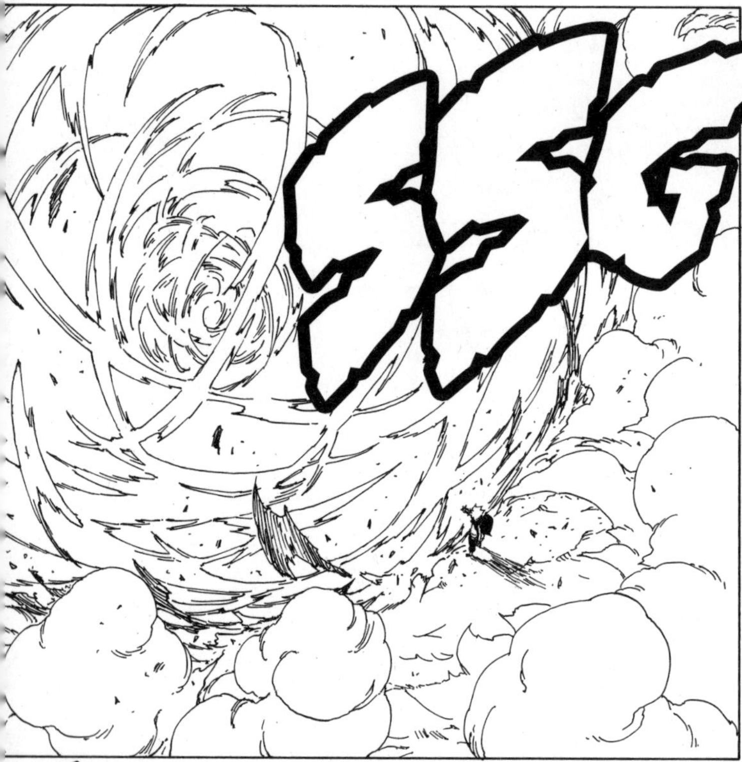
SSG

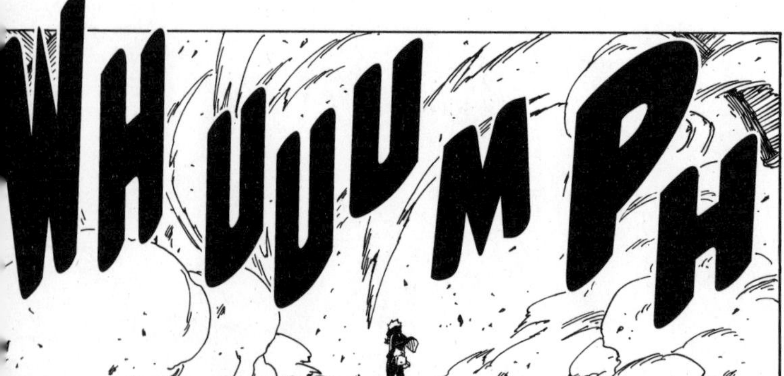
WHUUUMPH

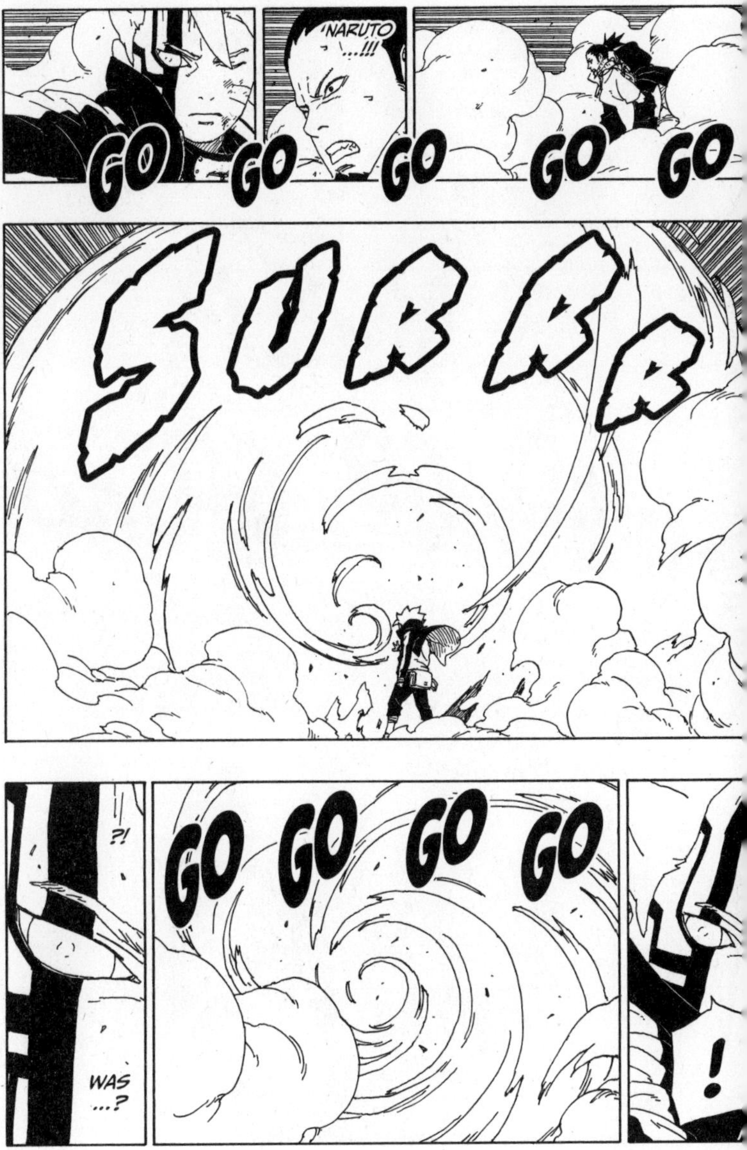
GO GO GO GO GO
NARUTO ...!!!
SUBRA
!
GO GO GO GO
?!
WAS ...?

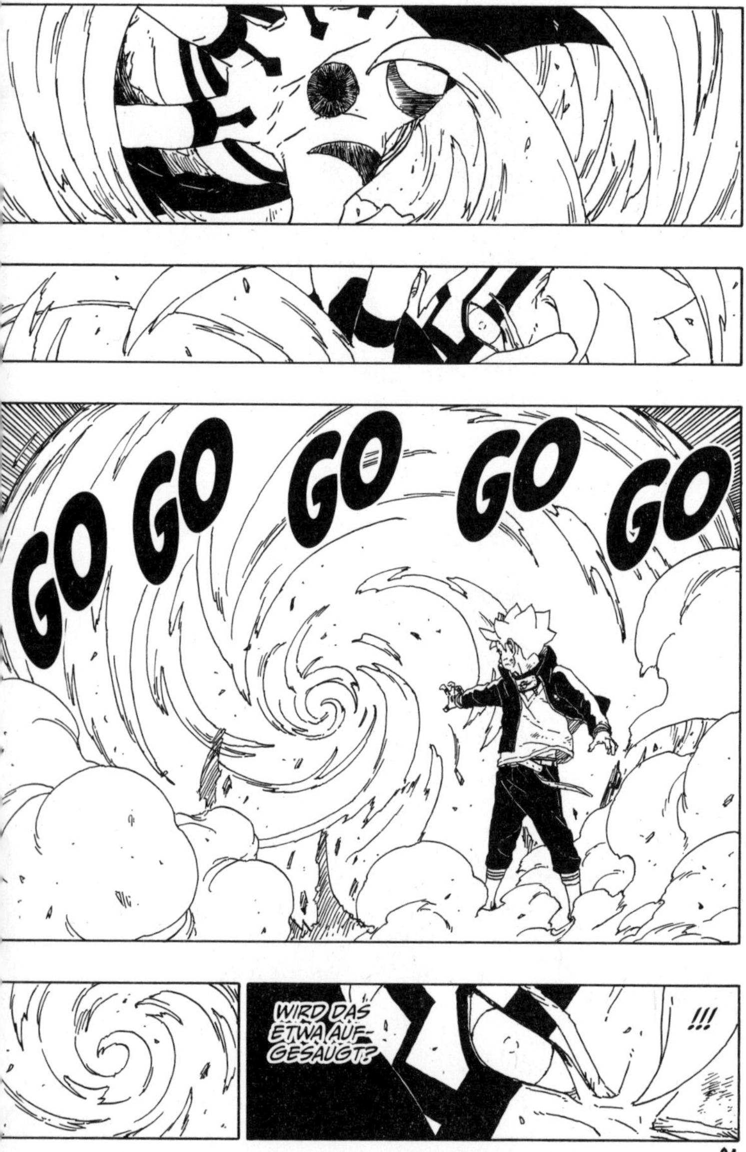
GO GO GO GO GO GO
!!!
WIRD DAS ETWA AUF-GESAUGT?

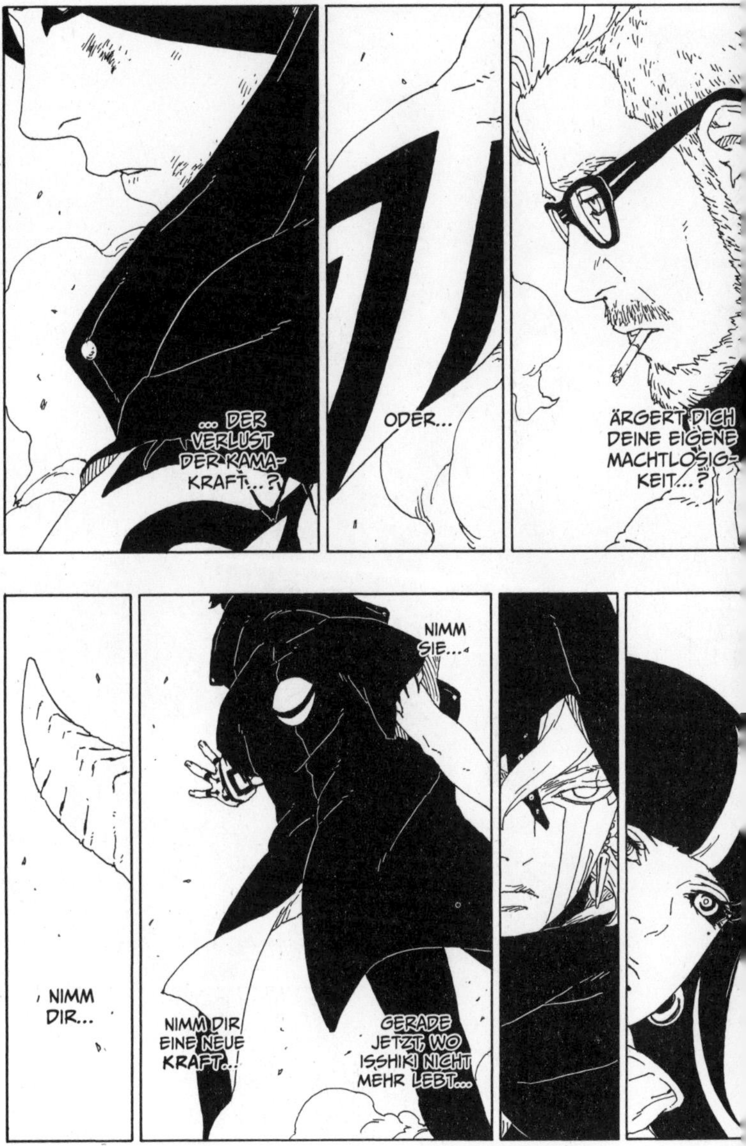
ÄRGERT DICH DEINE EIGENE MACHTLOSIG-KEIT...?
ODER...
... DER VERLUST DER KAMA-KRAFT...?
NIMM SIE...
GERADE JETZT, WO ISSHIKI NICHT MEHR LEBT...
NIMM DIR EINE NEUE KRAFT...
NIMM DIR...

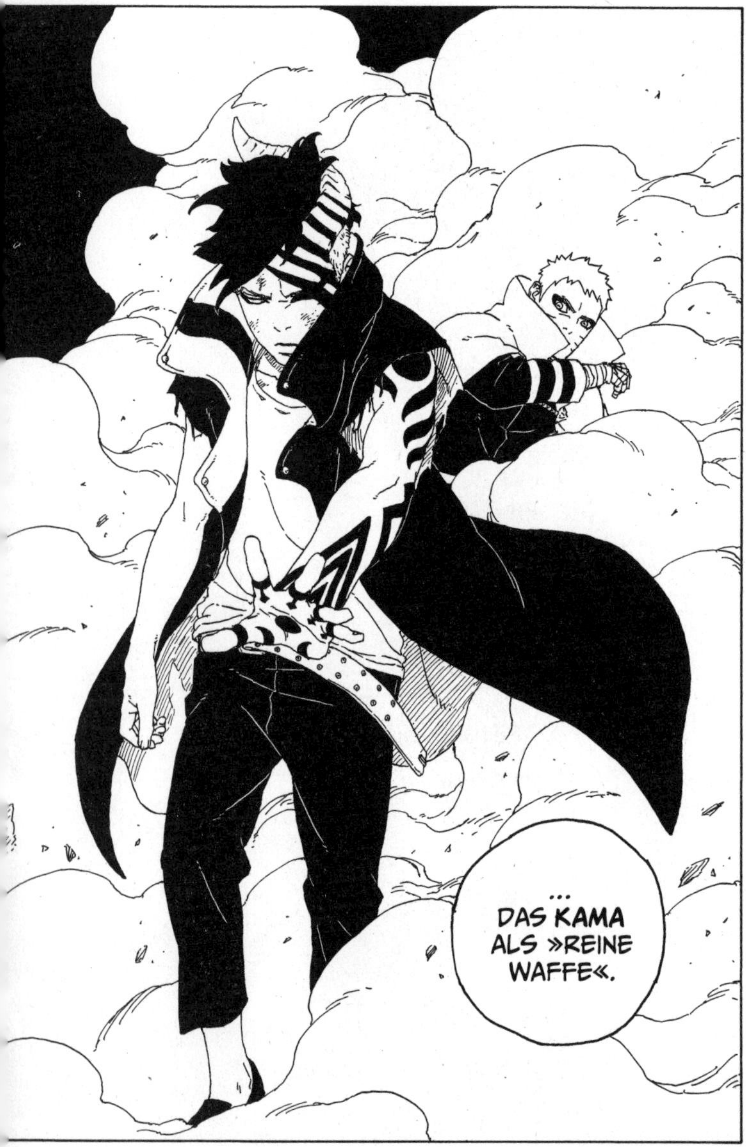
...
DAS KAMA
ALS »REINE
WAFFE«.

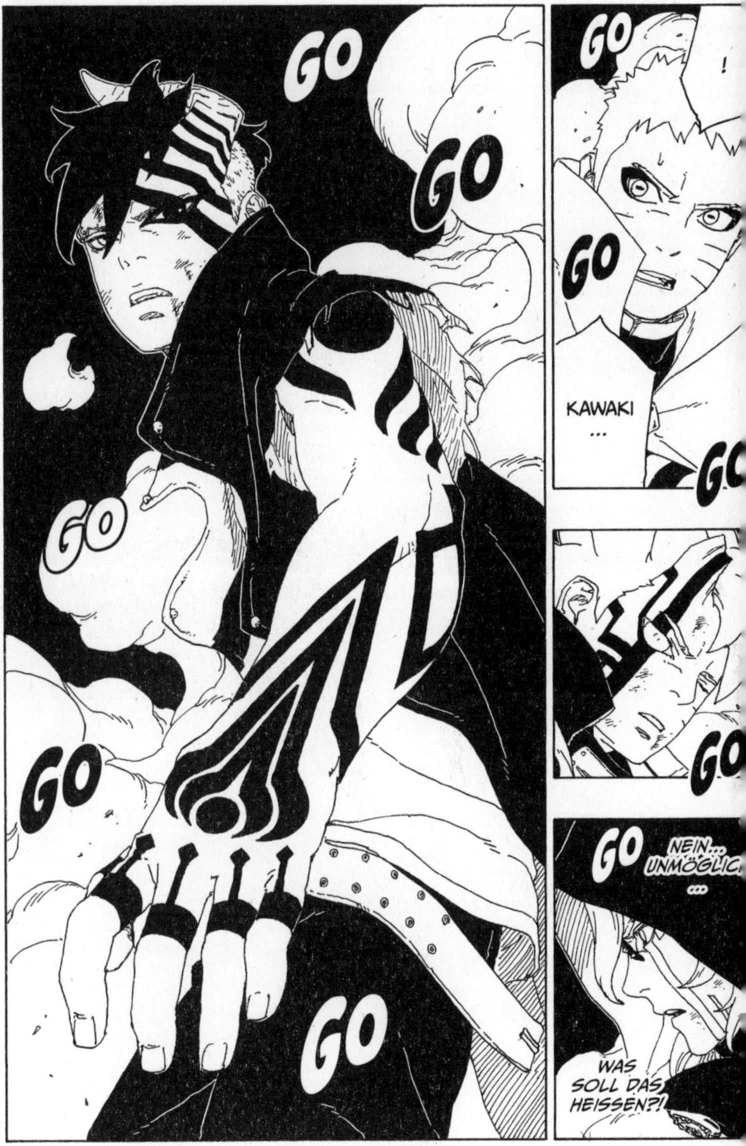
GO
!
GO
KAWAKI ...
GO
NEIN... UNMÖGLIC ...
WAS SOLL DAS HEISSEN?!
GO
GO
GO
GO
GO

BORu-GANG

CHARAKTERDESIGN BY BORU-FANS – NACHGEZEICHNET VON MEISTER IKEMOTO!!

MEISTER IKEMOTO!!

FÜR DIE »WEEKLY SHONEN JUMP«-KOLUMNE »BORU-GANG« ZEICHNET MEISTER IKEMOTO DIE ORIGINELLSTEN BORUTO-CHARAKTERE NACH, DIE VON FANS ENTWORFEN WURDEN!!

DER NAME DES CHARAKTERS:

RAIGAMARU

ENTWORFEN VON:

MIKEMARU AUS MIE

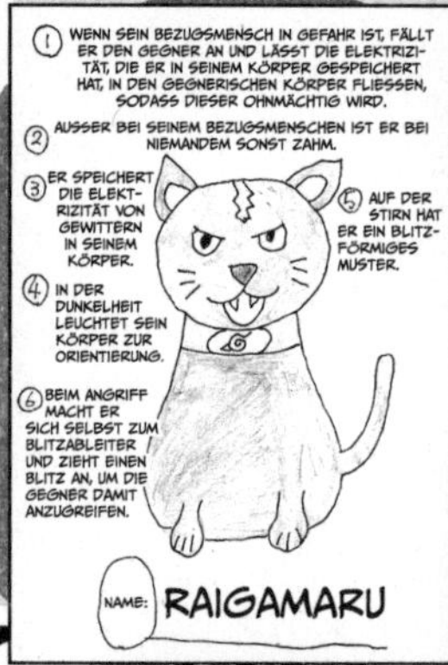

BEWERTUNG DER JURY:

EIN STARKER NINJA-KATER, DER RAITON MEISTERT!! AUCH SEINE LOYALITÄT, DASS ER AUSSER BEI SEINER BEZUGSPERSON BEI NIEMANDEM ZAHM IST, GEFÄLLT MIR!! WIRD ER IRGENDWANN MIT TSUME NEKOZUKA ARBEITEN?

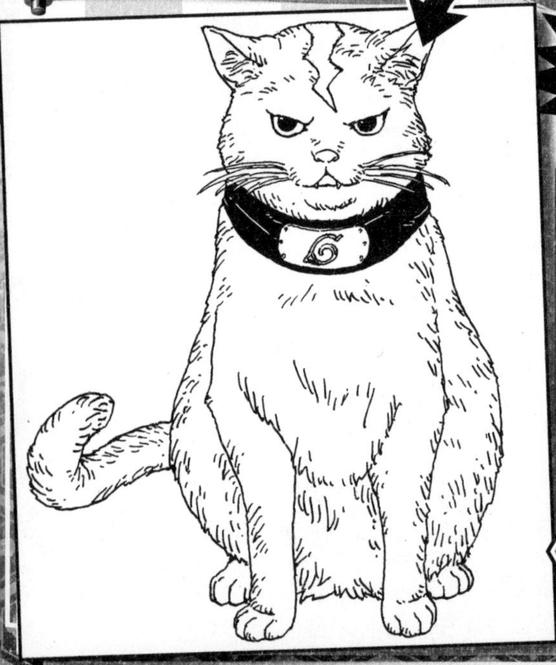

TADAA!! UND HIER IST MEISTER IKEMOTOS ZEICHNUNG!!

WIE SÜSS! BESONDERS SEINE SCHARFEN FANGZÄHNE FINDE ICH SÜSS! ER SCHEINT VERSCHIEDENE KAMPFFÄHIGKEITEN ZU HABEN, ABER ER KANN SIEGEN, OHNE ZU KÄMPFEN, DENN DIE MEISTEN MENSCHEN AUF DER WELT HABEN EINE GROSSE SCHWÄCHE FÜR KATZEN.

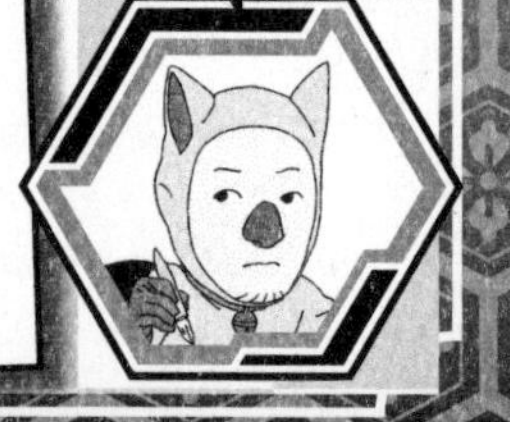

66: Schlagen oder geschlagen werden

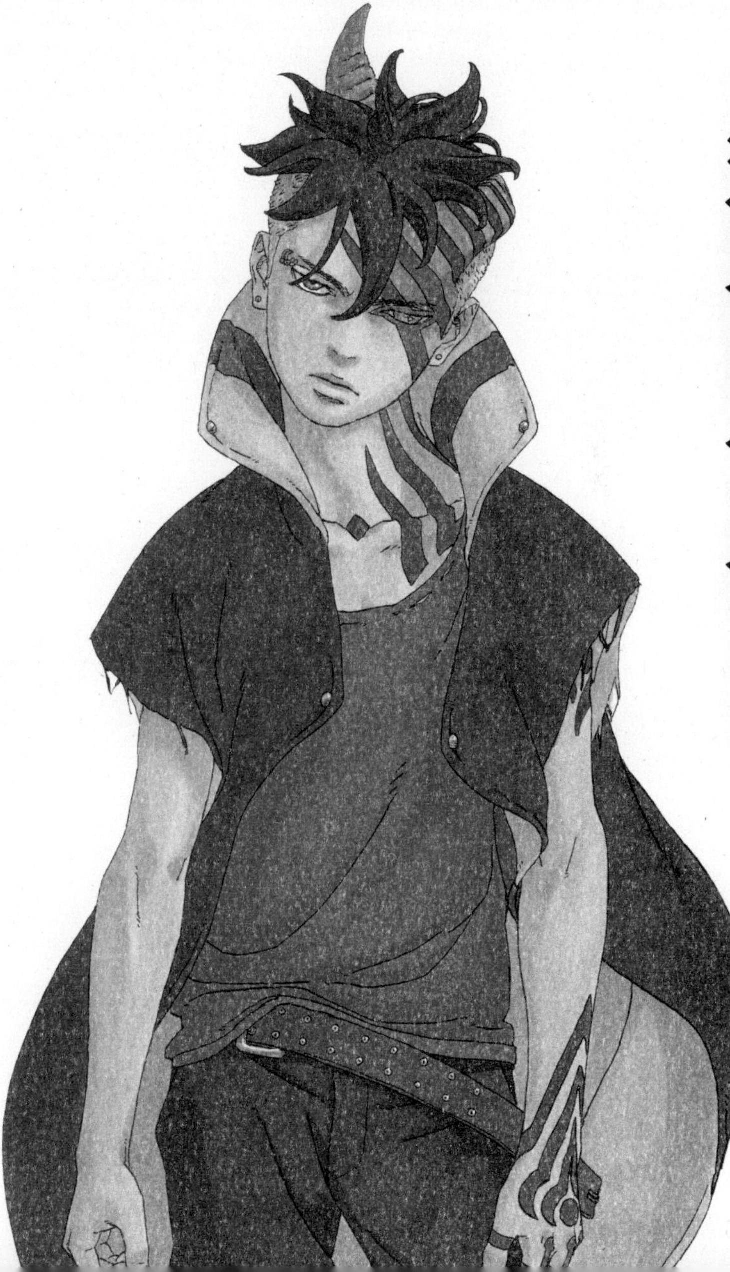

BORUTO
-NARUTO NEXT GENERATION-

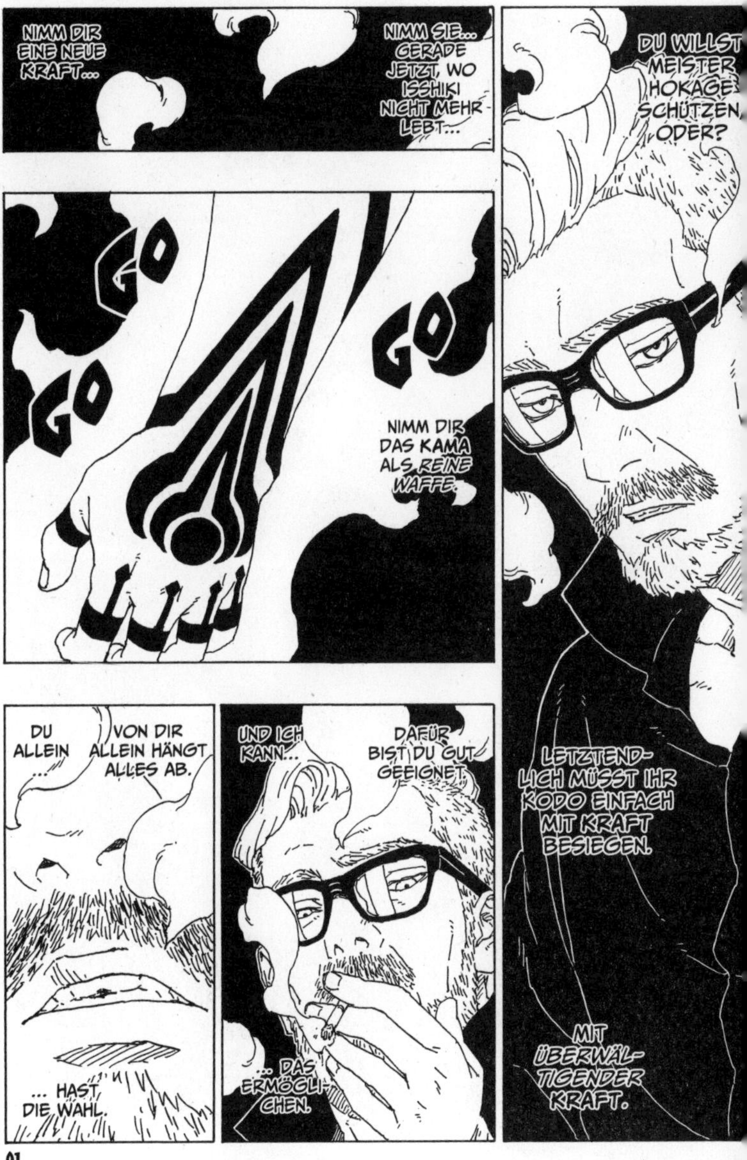

DU WILLST MEISTER HOKAGE SCHÜTZEN, ODER?
LETZTENDLICH MÜSST IHR KODO EINFACH MIT KRAFT BESIEGEN.
MIT ÜBERWÄLTIGENDER KRAFT.
NIMM SIE... GERADE JETZT, WO ISSHIKI NICHT MEHR LEBT...
NIMM DIR EINE NEUE KRAFT...
NIMM DIR DAS KAMA ALS REINE WAFFE.
GO
GO
GO
DAFÜR BIST DU GUT GEEIGNET.
UND ICH KANN...
... DAS ERMÖGLICHEN.
VON DIR ALLEIN HÄNGT ALLES AB.
DU ALLEIN ...
... HAST DIE WAHL.

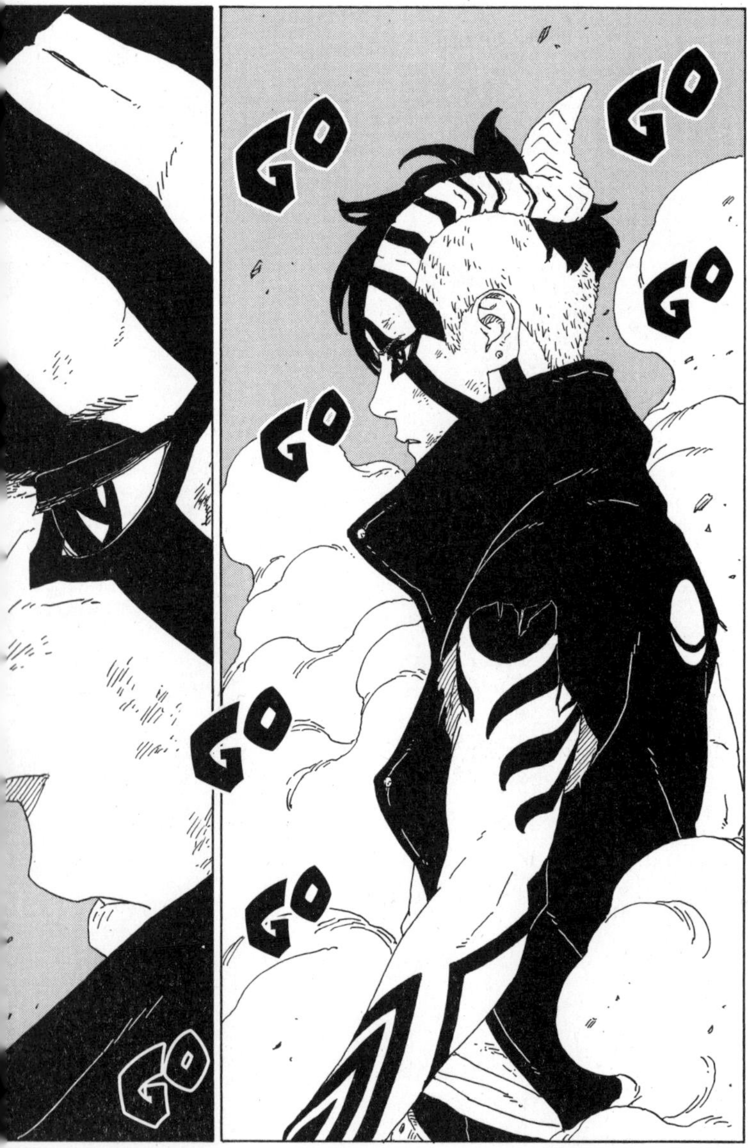
GO
GO
GO
GO
GO
GO
GO

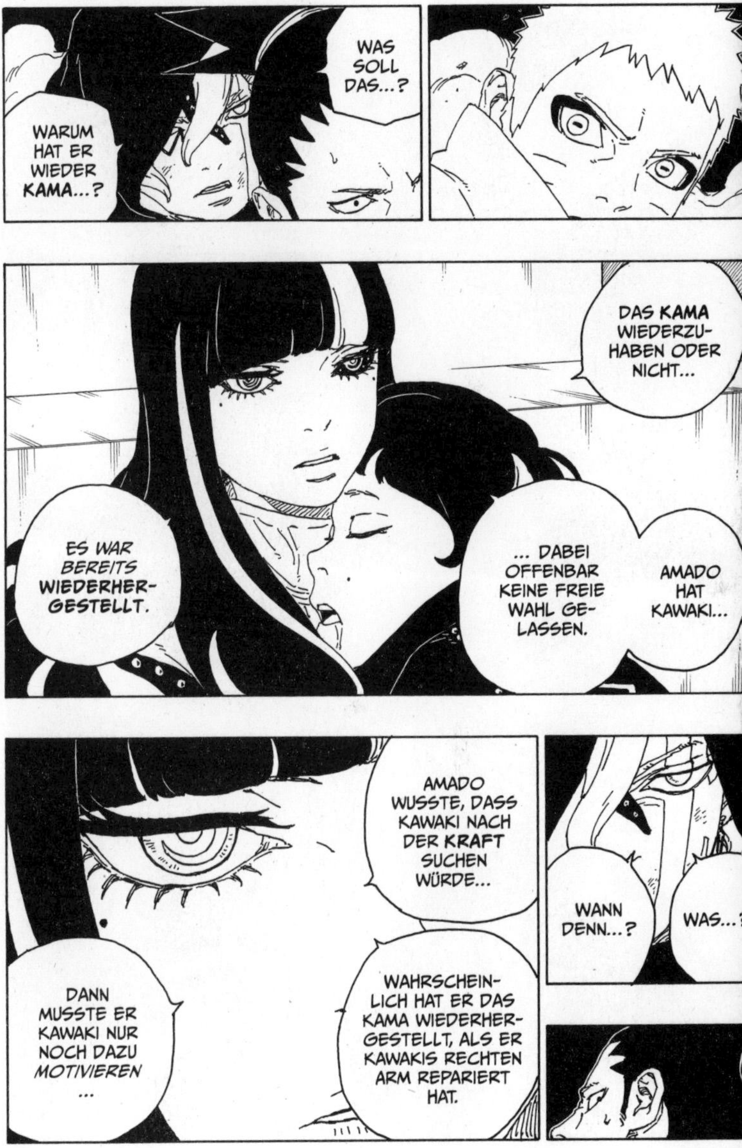
WAS SOLL DAS...?
WARUM HAT ER WIEDER KAMA...?
DAS KAMA WIEDERZUHABEN ODER NICHT...
AMADO HAT KAWAKI...
... DABEI OFFENBAR KEINE FREIE WAHL GELASSEN.
ES WAR BEREITS WIEDERHERGESTELLT.
WAS...?
WANN DENN...?
WAHRSCHEINLICH HAT ER DAS KAMA WIEDERHERGESTELLT, ALS ER KAWAKIS RECHTEN ARM REPARIERT HAT.
AMADO WUSSTE, DASS KAWAKI NACH DER KRAFT SUCHEN WÜRDE...
DANN MUSSTE ER KAWAKI NUR NOCH DAZU MOTIVIEREN ...

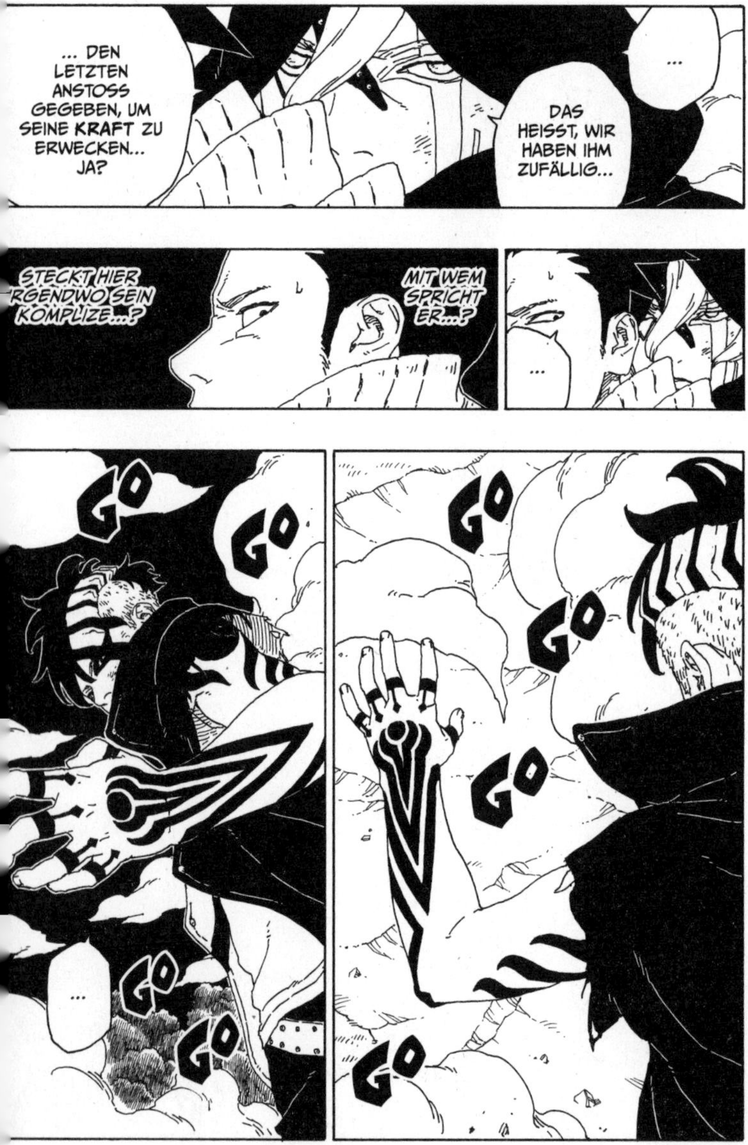
...
DAS HEISST, WIR HABEN IHM ZUFÄLLIG...
... DEN LETZTEN ANSTOSS GEGEBEN, UM SEINE KRAFT ZU ERWECKEN... JA?
...
MIT WEM SPRICHT ER...?
STECKT HIER IRGENDWO SEIN KOMPLIZE...?
GO
GO
GO
GO
GO
GO
...
GO
GO

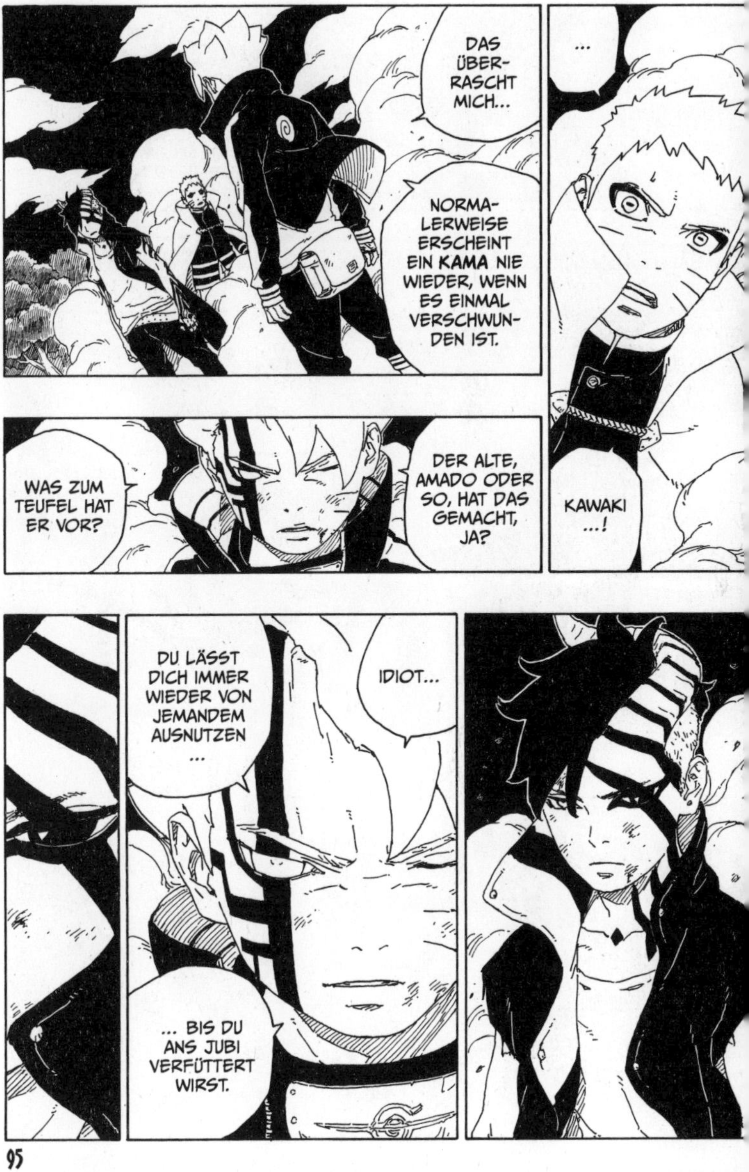
...
DAS ÜBERRASCHT MICH...
NORMALERWEISE ERSCHEINT EIN **KAMA** NIE WIEDER, WENN ES EINMAL VERSCHWUNDEN IST.
KAWAKI ...!
DER ALTE, AMADO ODER SO, HAT DAS GEMACHT, JA?
WAS ZUM TEUFEL HAT ER VOR?
IDIOT...
DU LÄSST DICH IMMER WIEDER VON JEMANDEM AUSNUTZEN ...
... BIS DU ANS JUBI VERFÜTTERT WIRST.

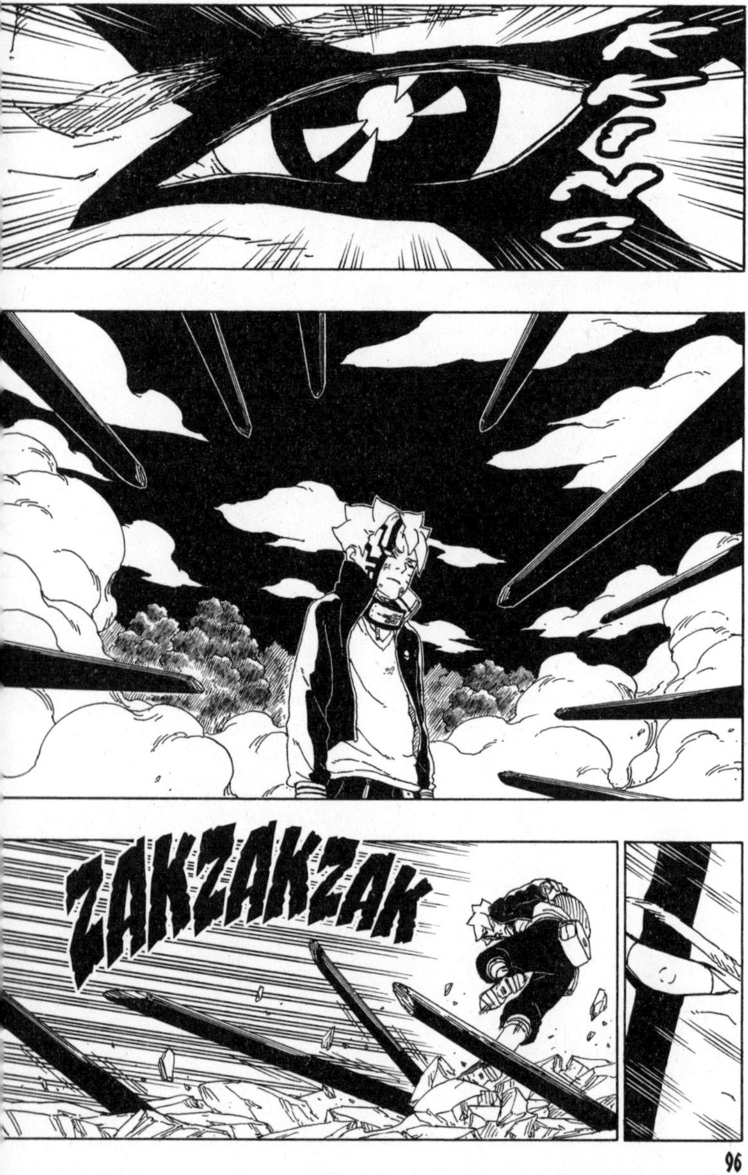
ZAKZAKZAK

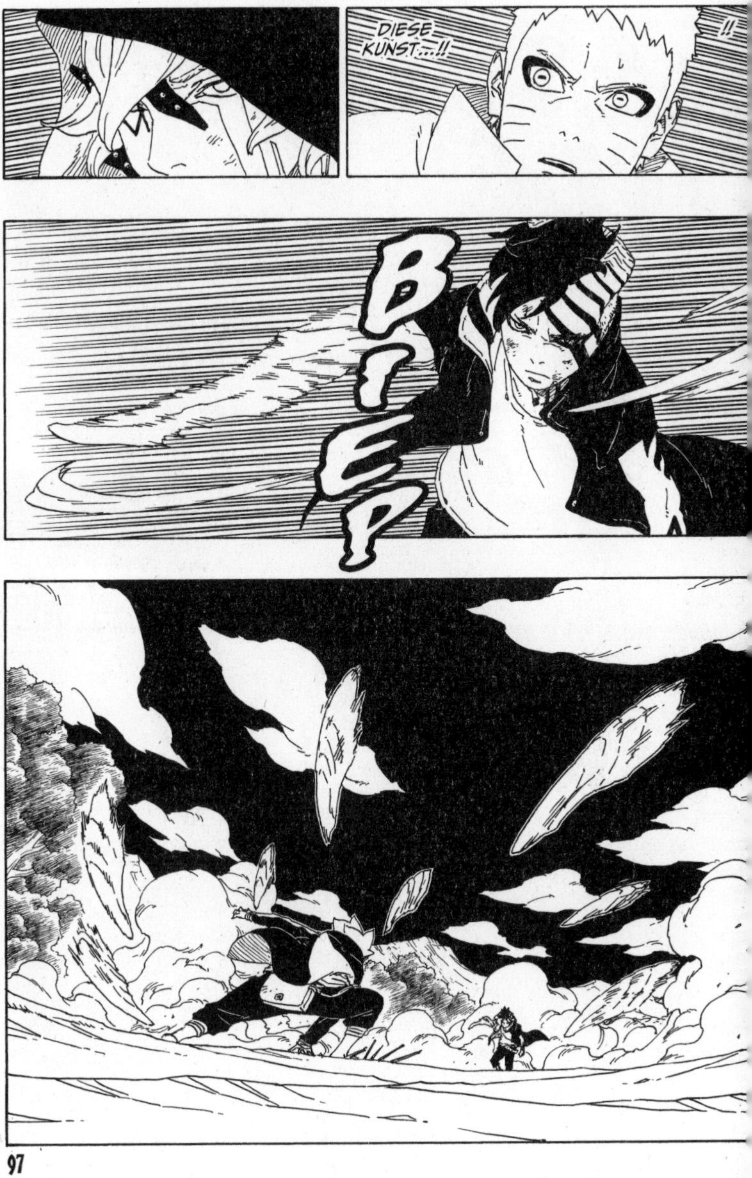
DIESE KUNST...!!
!!
BIEP

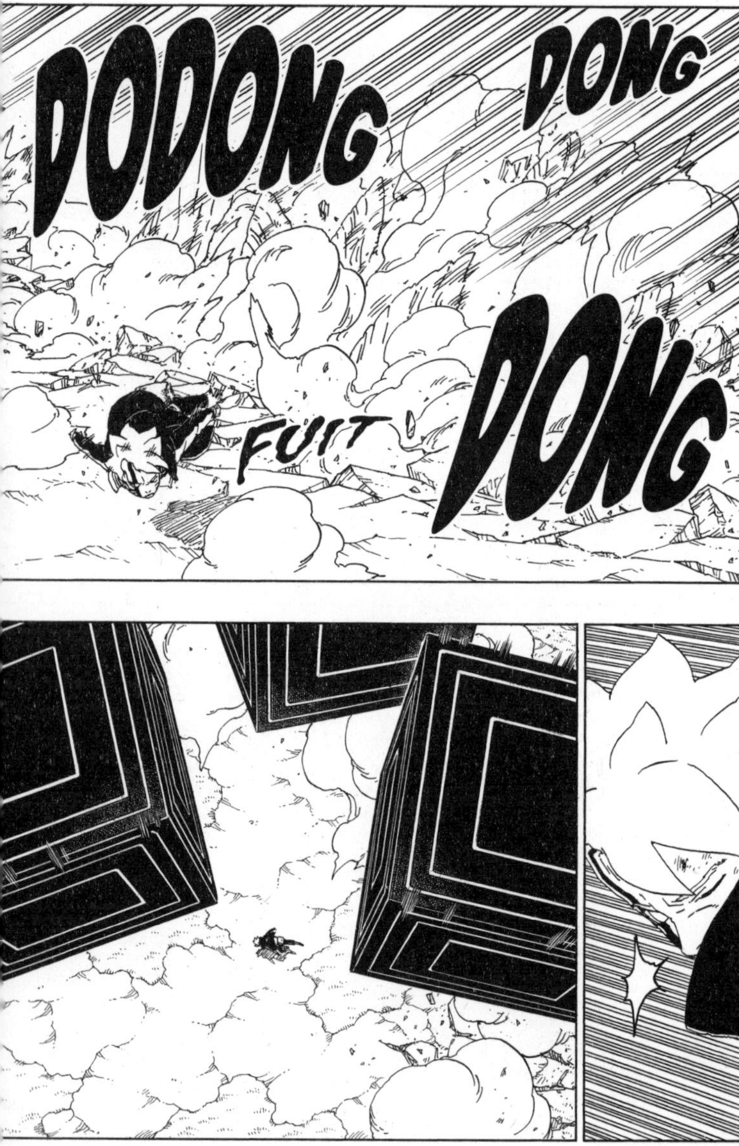
DONG
DODONG
DONG
FUIT

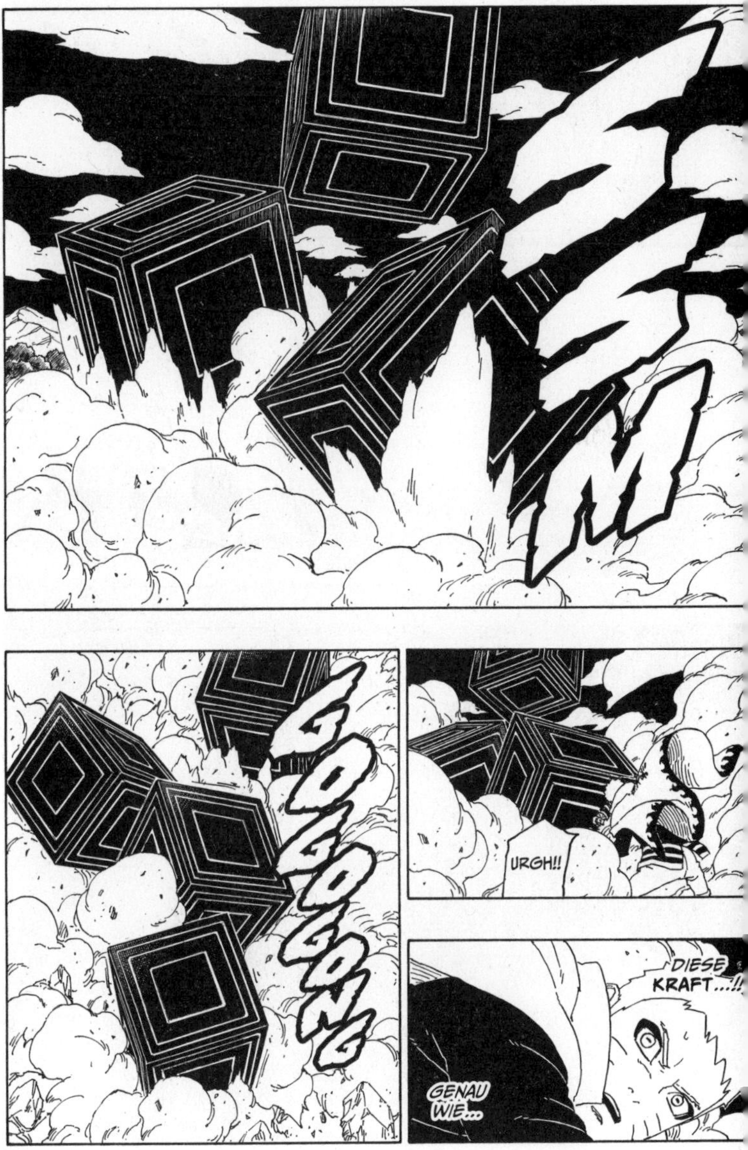
GOGOGONG
URGH!!
DIESE KRAFT...!!
GENAU WIE...

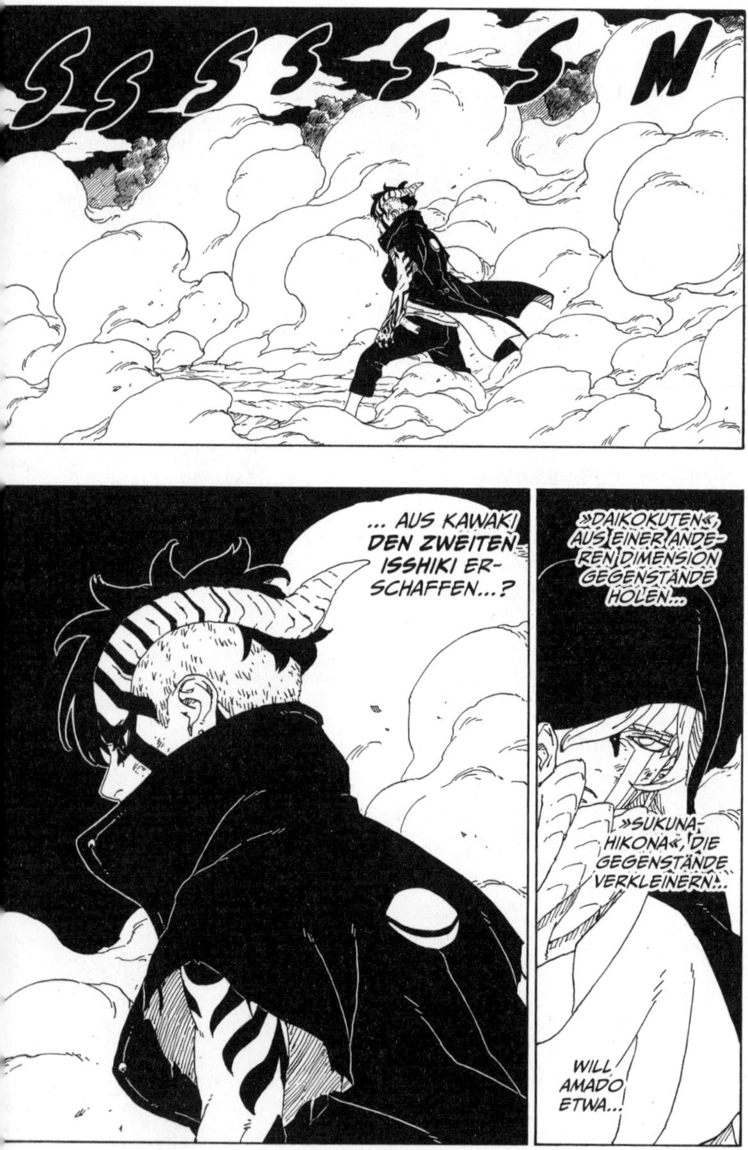
SSSSSSM
»DAIKOKUTEN«, AUS EINER ANDEREN DIMENSION GEGENSTÄNDE HOLEN...
»SUKUNA-HIKONA«, DIE GEGENSTÄNDE VERKLEINERN...
WILL AMADO ETWA...
... AUS KAWAKI DEN ZWEITEN ISSHIKI ERSCHAFFEN...?

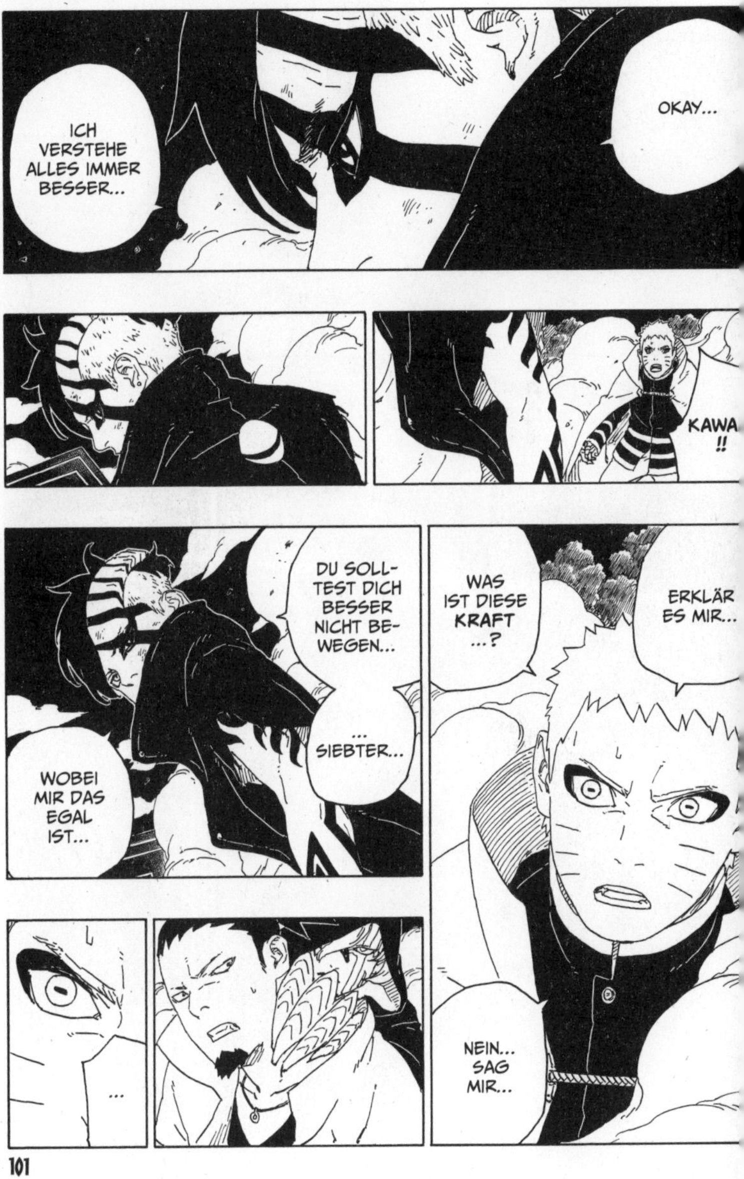
OKAY...
ICH VERSTEHE ALLES IMMER BESSER...
KAWA !!
ERKLÄR ES MIR...
WAS IST DIESE KRAFT ...?
DU SOLLTEST DICH BESSER NICHT BEWEGEN...
... SIEBTER...
WOBEI MIR DAS EGAL IST...
NEIN... SAG MIR...
...

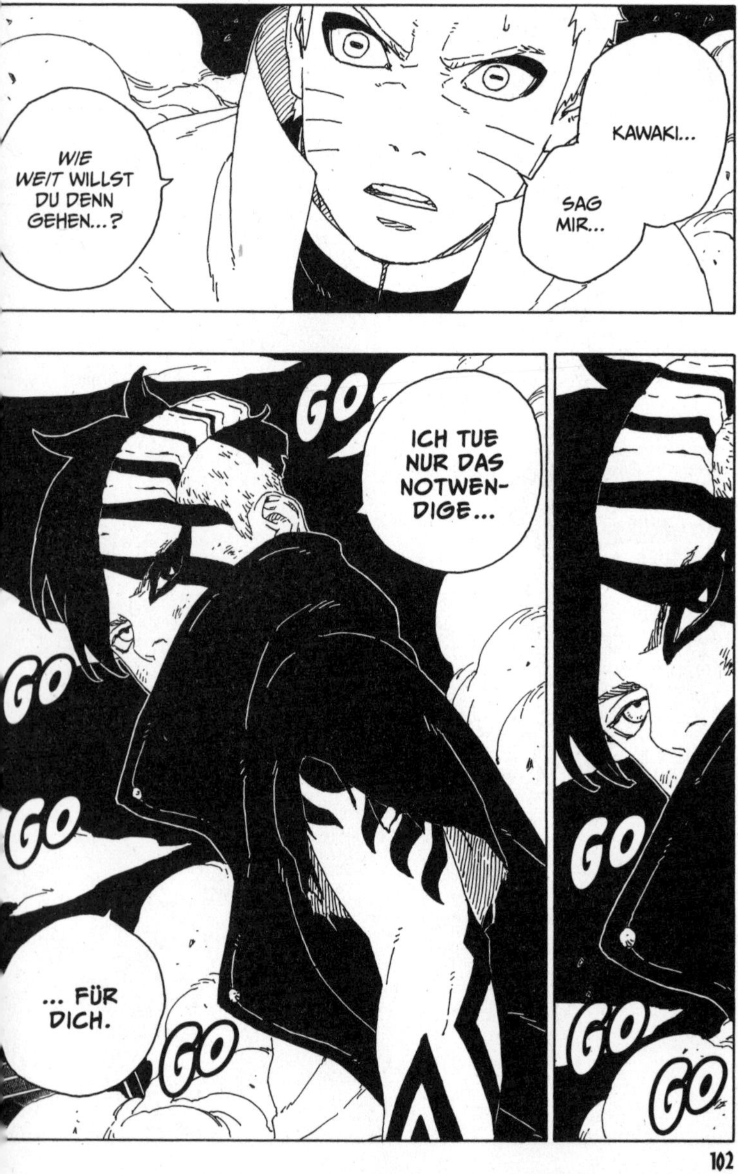
KAWAKI...
SAG MIR...
WIE WEIT WILLST DU DENN GEHEN...?
GO GO GO
GO
ICH TUE NUR DAS NOTWENDIGE...
GO GO
... FÜR DICH.
GO

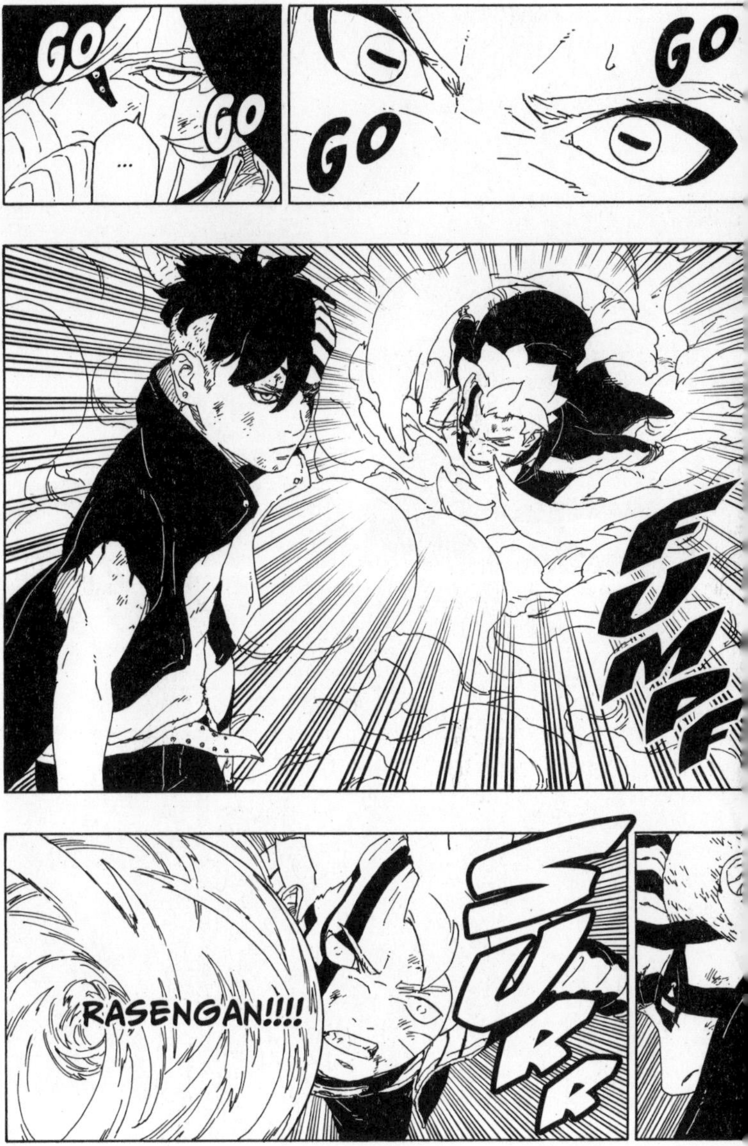
GO
GO
GO
GO
...
FUMPF
SURR
RASENGAN!!!!

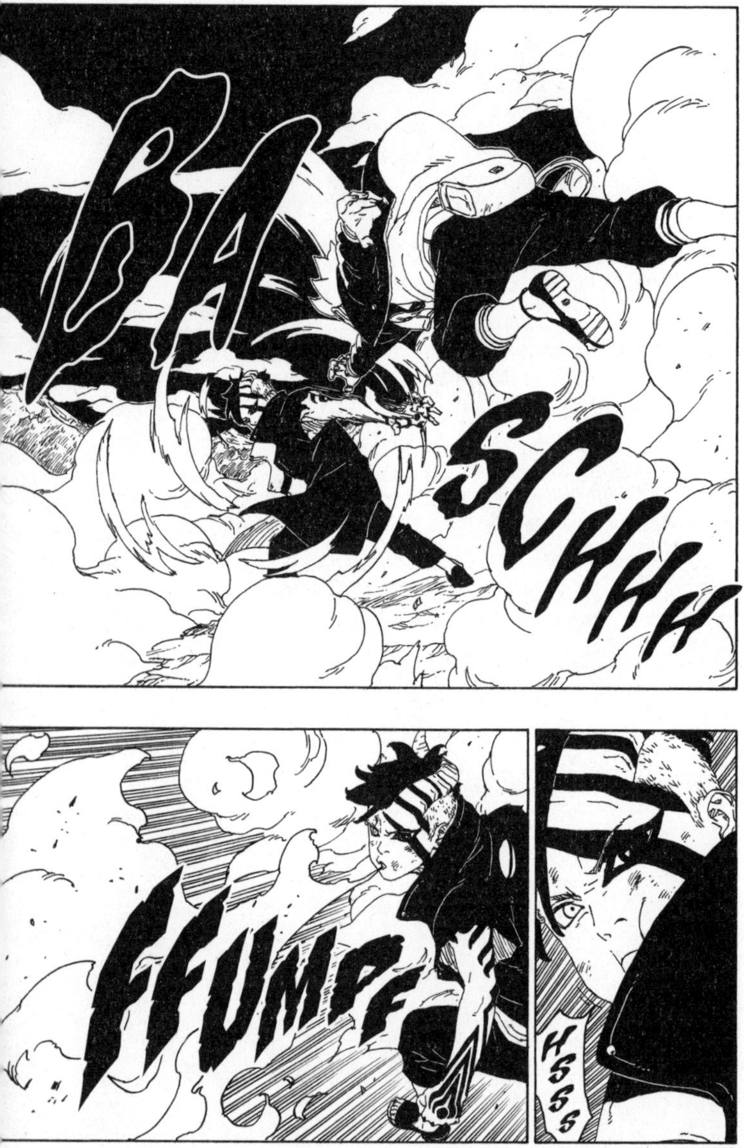
BA
SCHHH
FFUMPF
HSSS

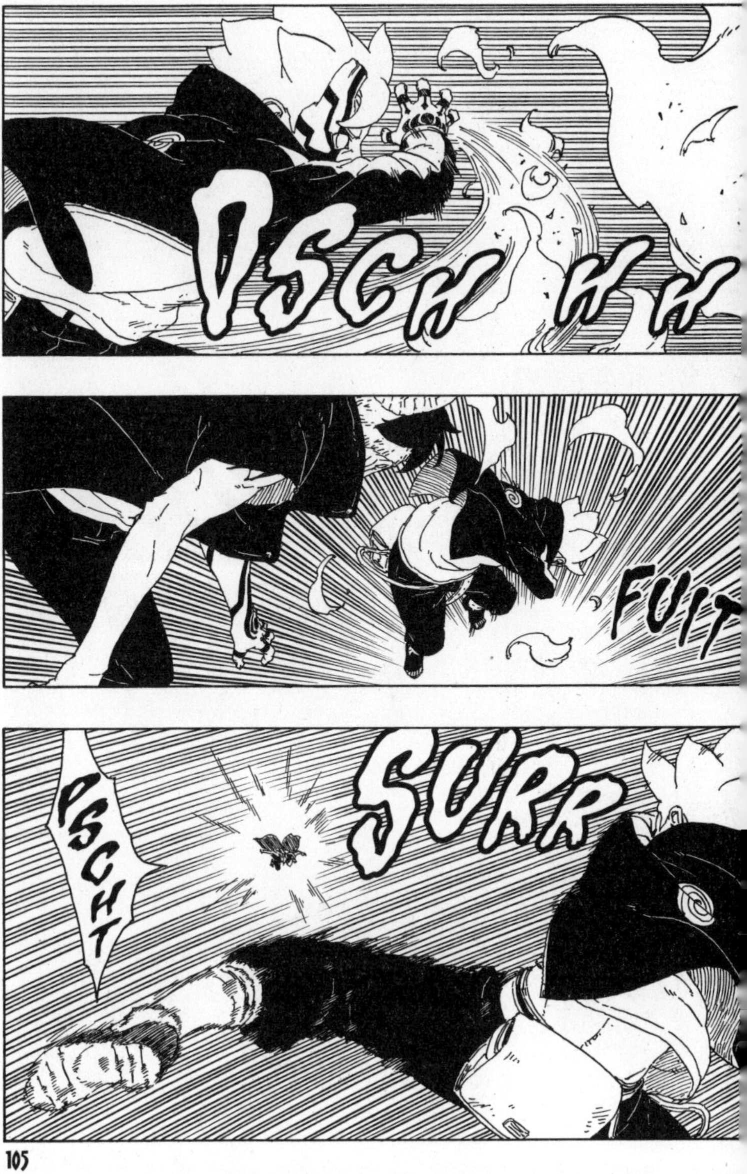

DSCH WW
FUIT
SURR
PSCHT

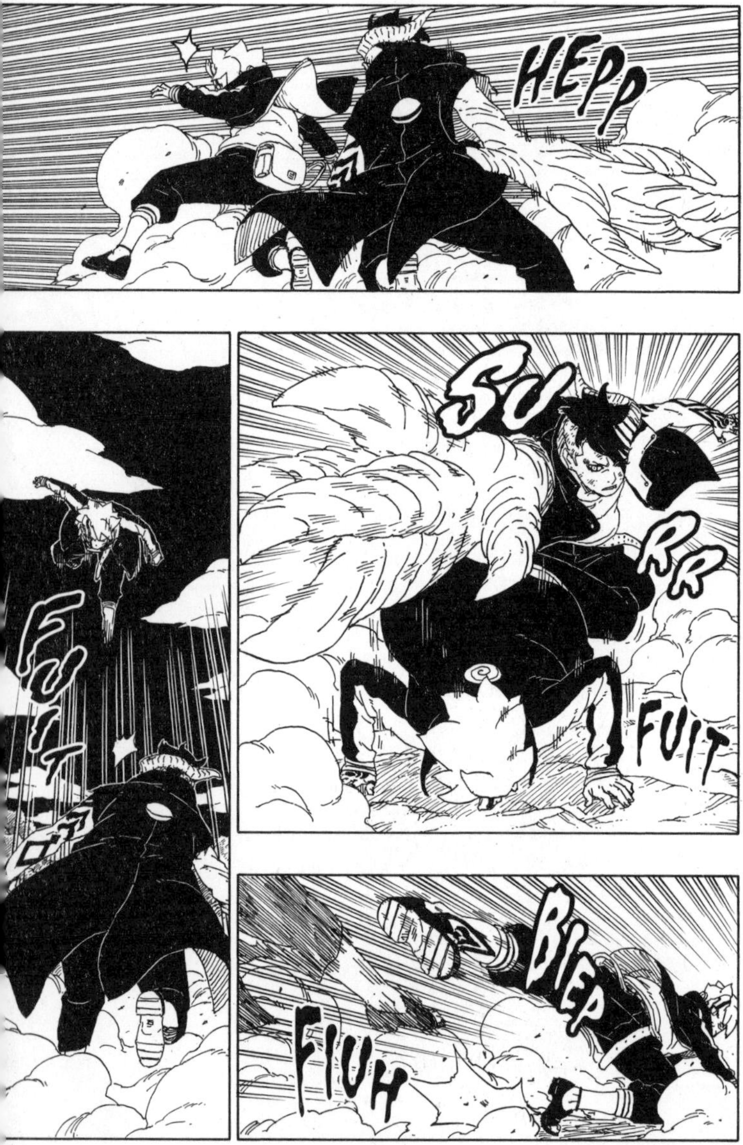
HEPP
SURR
FUIT
BIEP
FIUH
FUIT

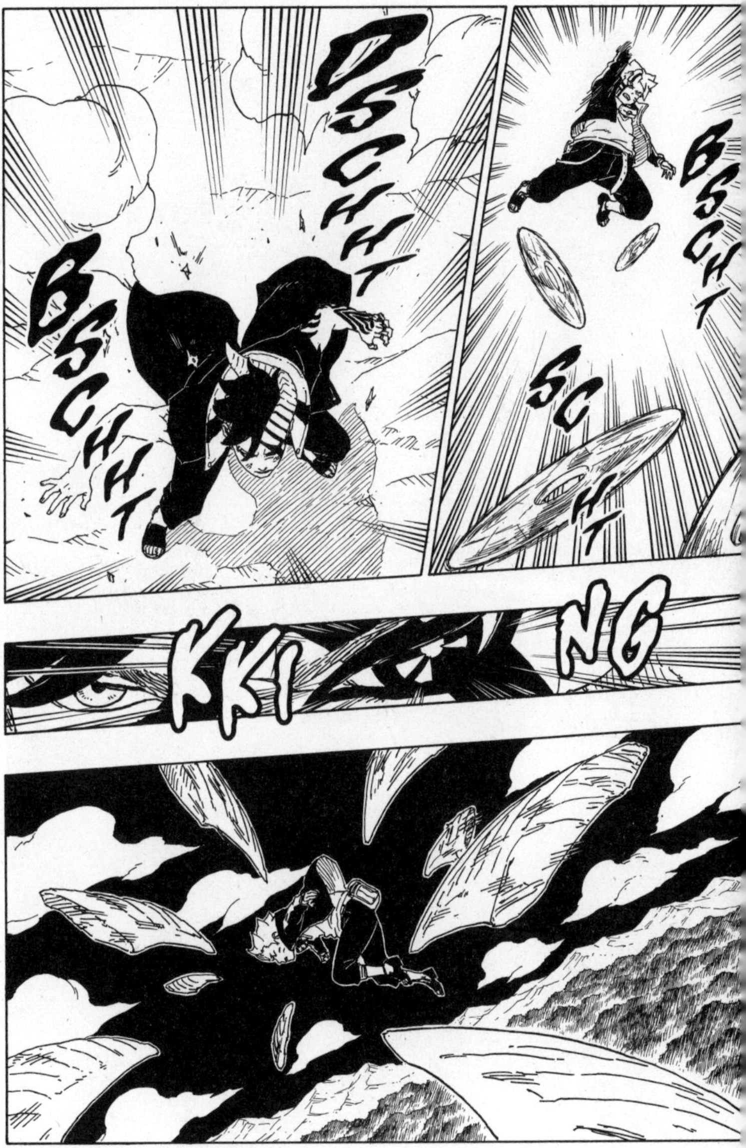
BSCHT
SCHT
BSCHHT
BSCHHT
KKI NG

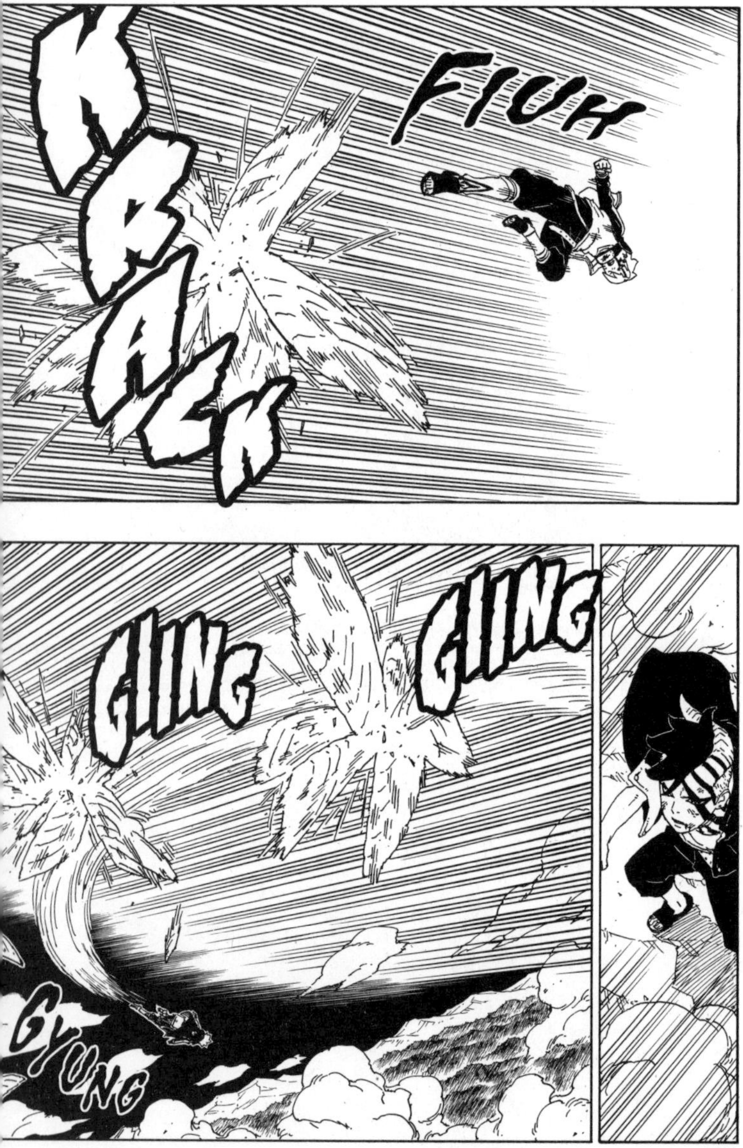
FIUH
KRACK
GLING
GLING
GYUNG

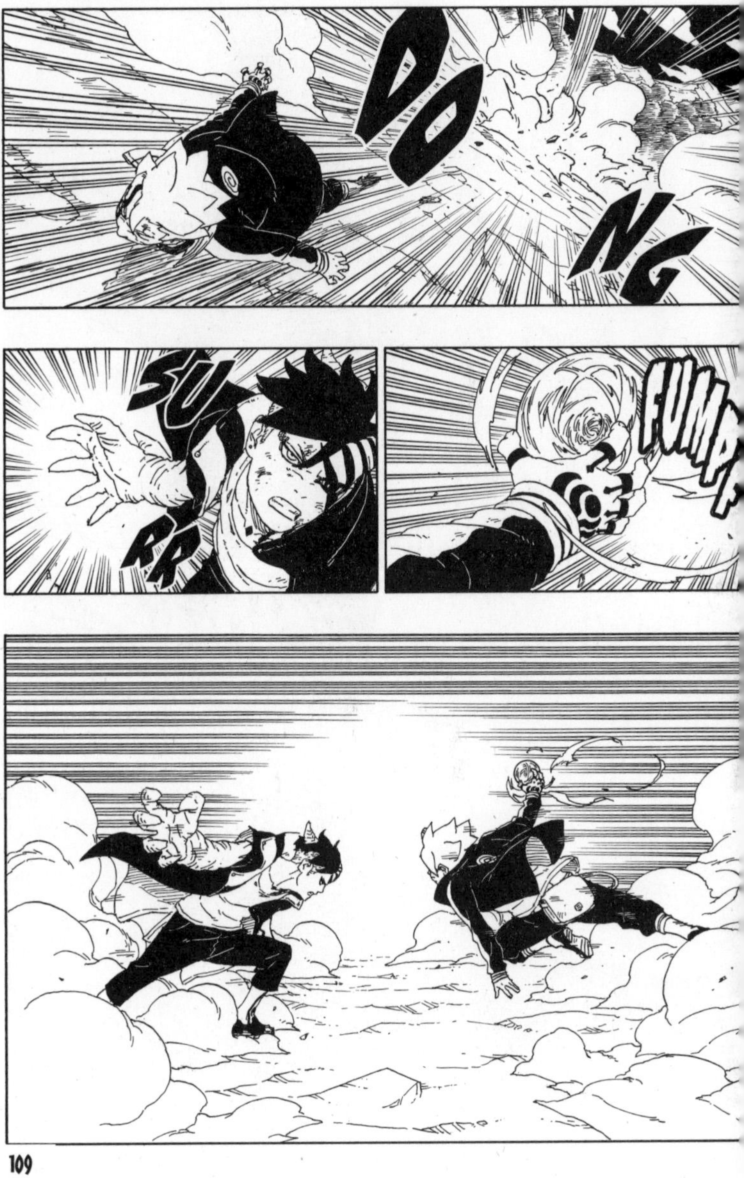
DOONG
FUMPF
SURR

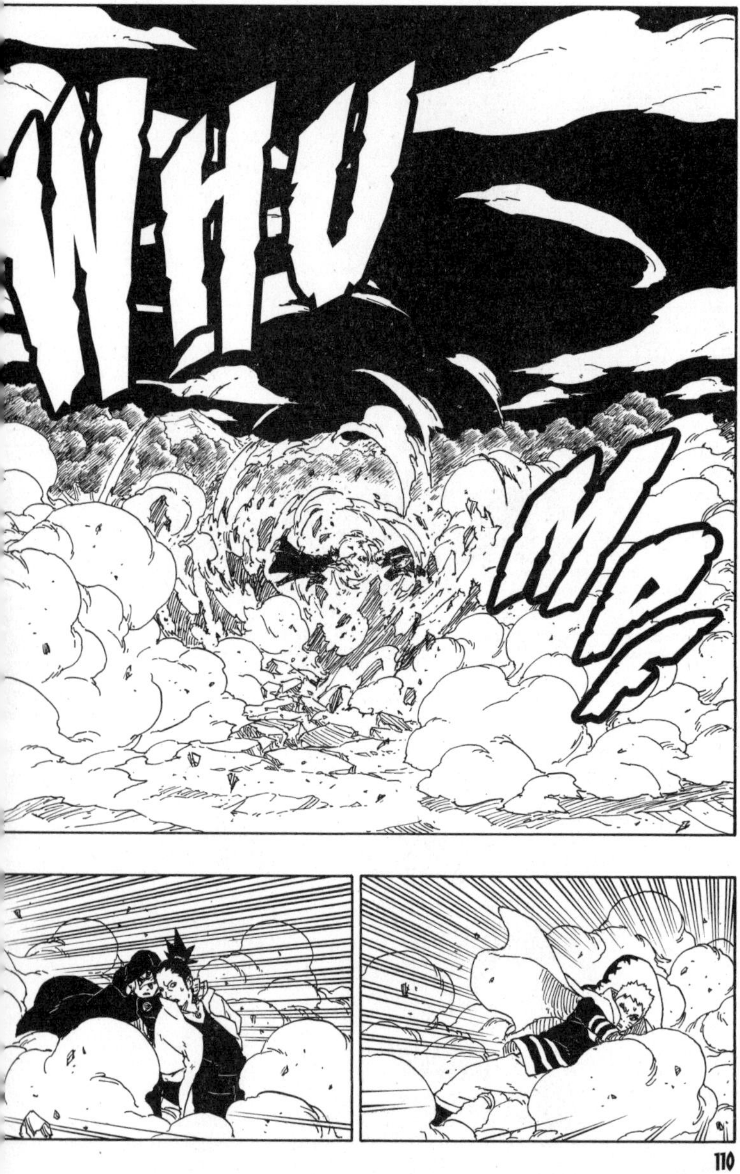
WHU
MP

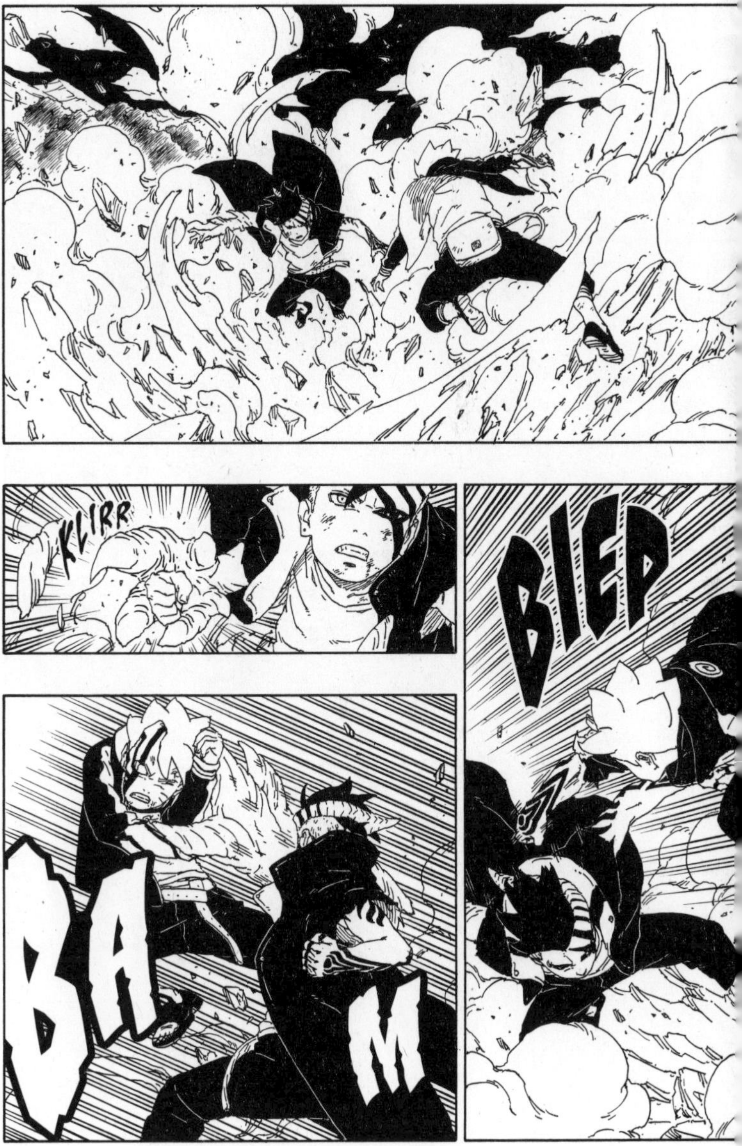
KLIRR
BIEP
BAM

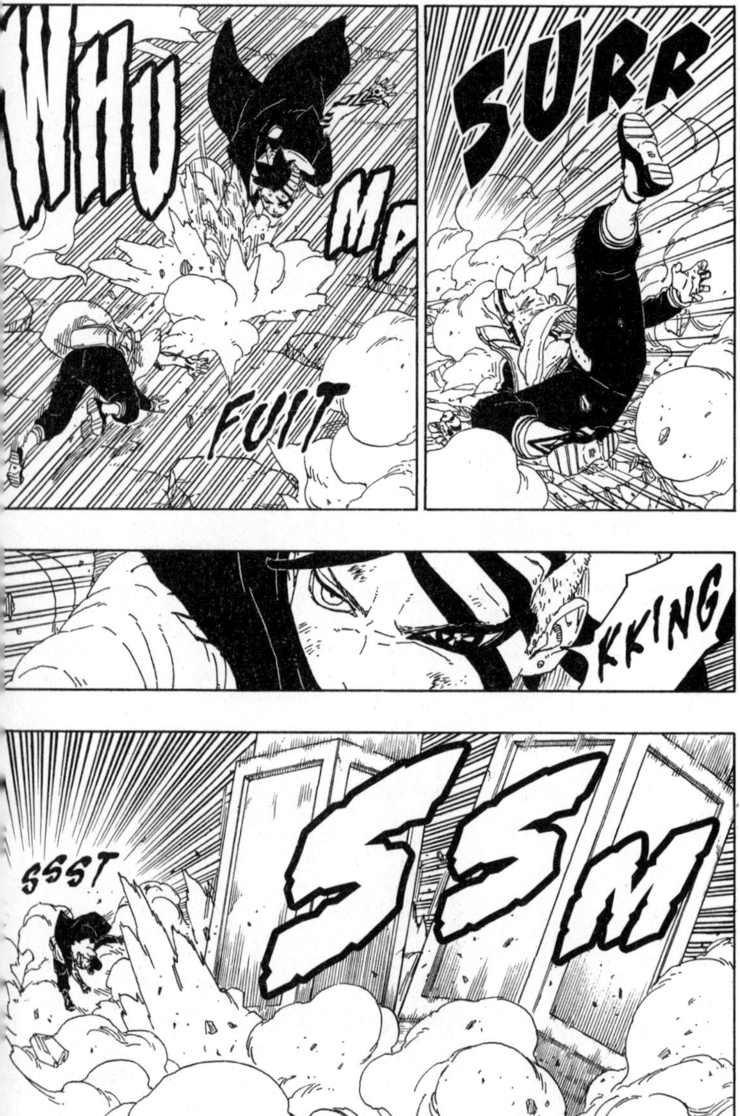
SURR
WHU
MP
FUIT
KKING
SSM
SSST

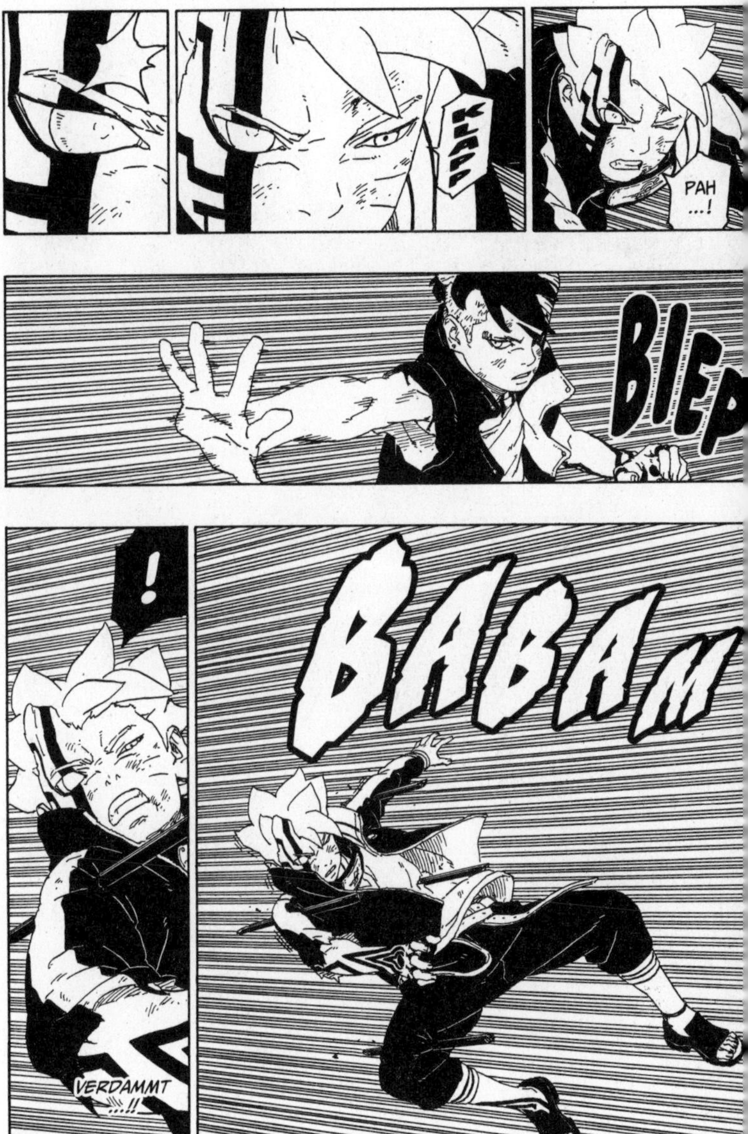
KLAPP
PAH ...!
BIEP
!
BABAM
VERDAMMT ...!!

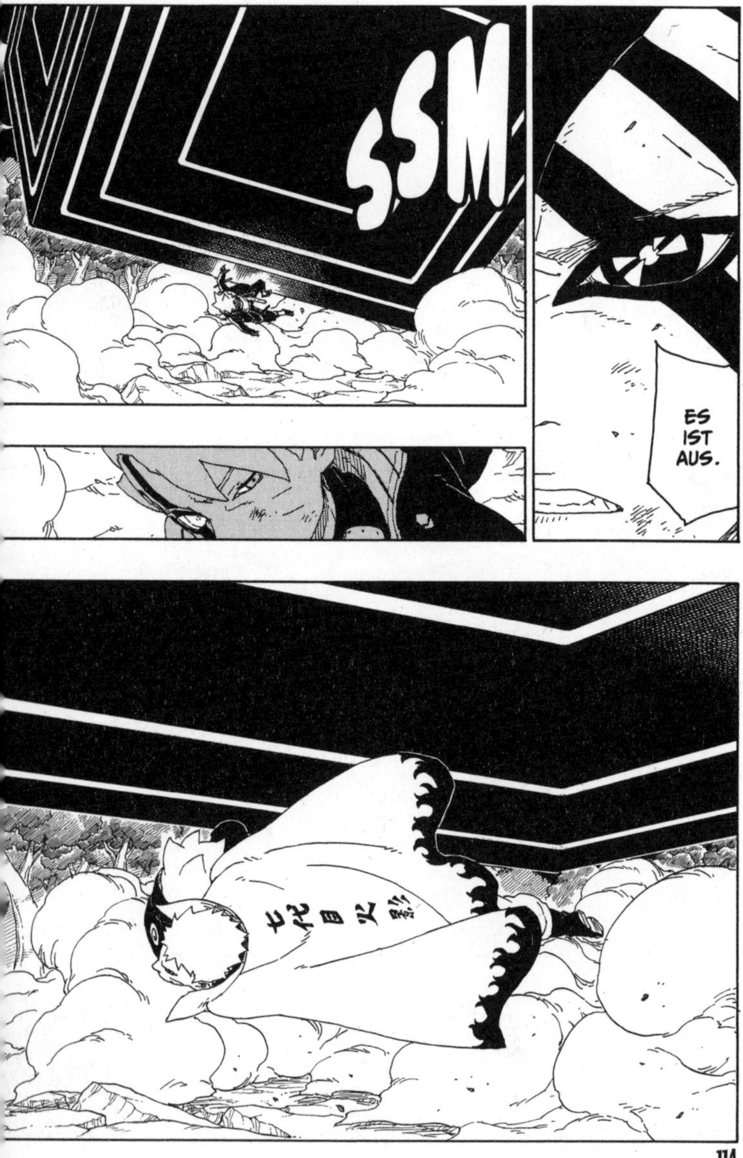
SSM
ES IST AUS.
七代目火影

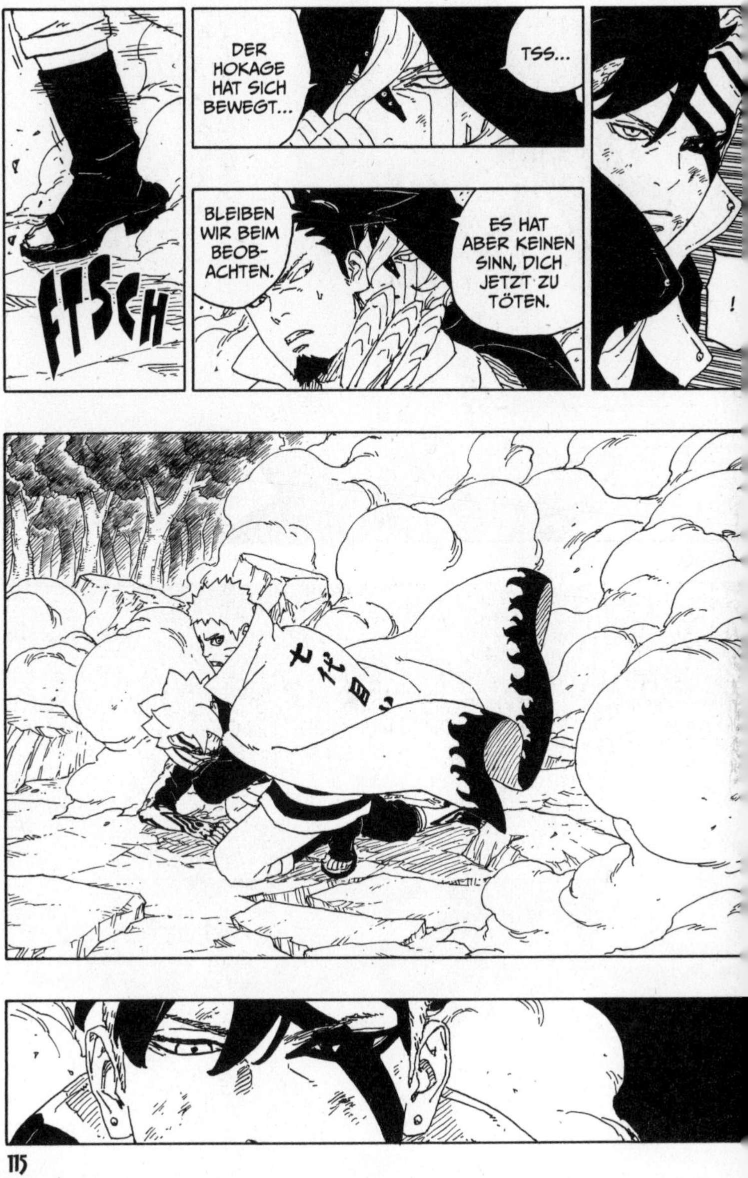
!
TSS...
DER HOKAGE HAT SICH BEWEGT...
ES HAT ABER KEINEN SINN, DICH JETZT ZU TÖTEN.
BLEIBEN WIR BEIM BEOBACHTEN.
FTSCH

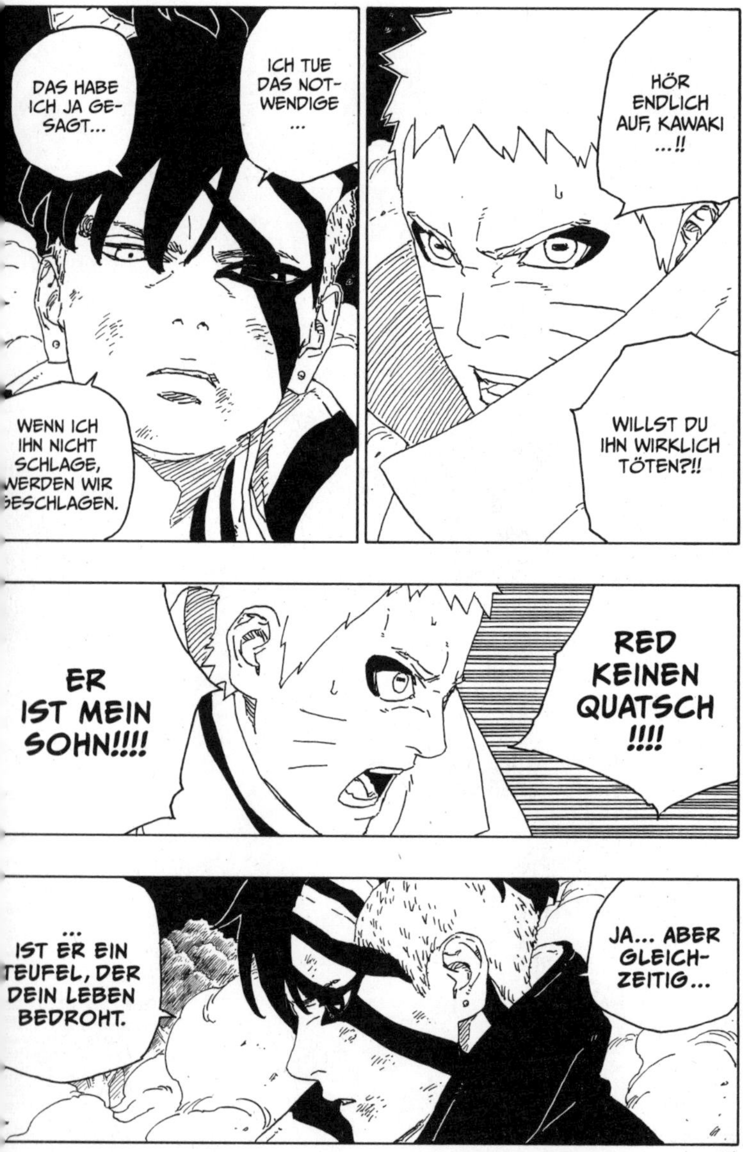
HÖR ENDLICH AUF, KAWAKI ...!!
WILLST DU IHN WIRKLICH TÖTEN?!!
ICH TUE DAS NOTWENDIGE ...
DAS HABE ICH JA GESAGT...
WENN ICH IHN NICHT SCHLAGE, WERDEN WIR GESCHLAGEN.
RED KEINEN QUATSCH !!!!
ER IST MEIN SOHN!!!!
JA... ABER GLEICHZEITIG...
... IST ER EIN TEUFEL, DER DEIN LEBEN BEDROHT.

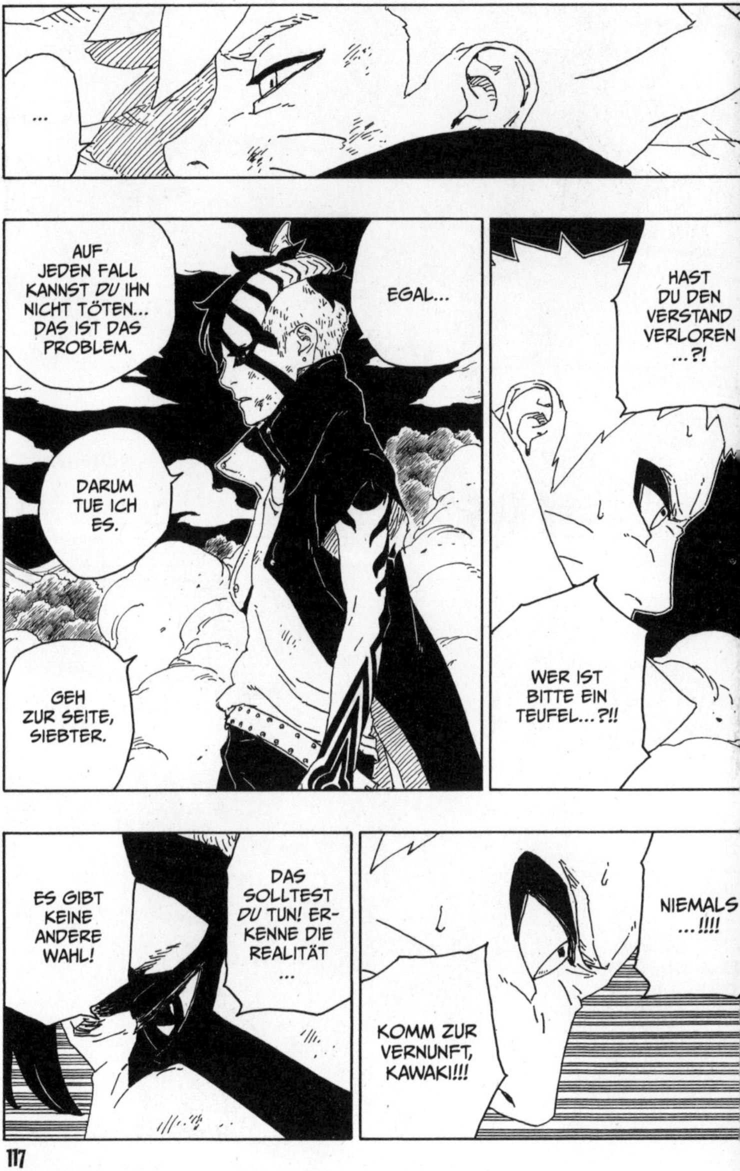
...
HAST DU DEN VERSTAND VERLOREN ...?!
WER IST BITTE EIN TEUFEL...?!!
EGAL...
AUF JEDEN FALL KANNST *DU* IHN NICHT TÖTEN... DAS IST DAS PROBLEM.
DARUM TUE ICH ES.
GEH ZUR SEITE, SIEBTER.
NIEMALS ...!!!!
KOMM ZUR VERNUNFT, KAWAKI!!!
DAS SOLLTEST *DU* TUN! ERKENNE DIE REALITÄT ...
ES GIBT KEINE ANDERE WAHL!

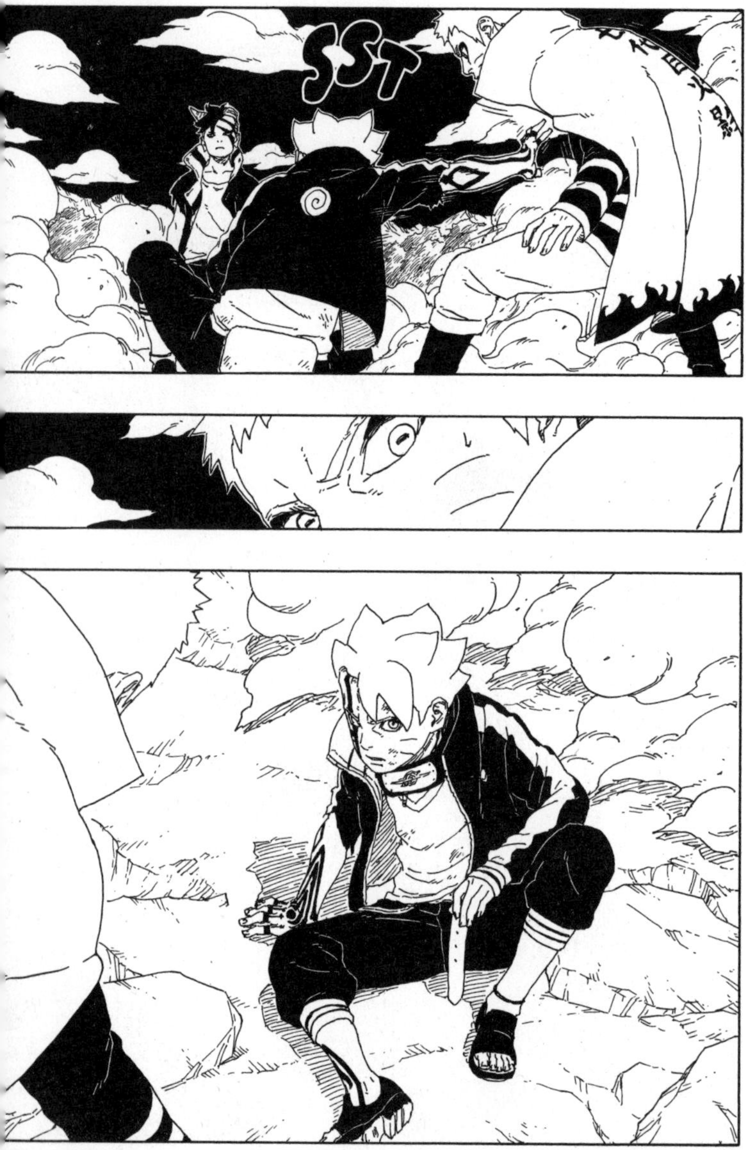
SST

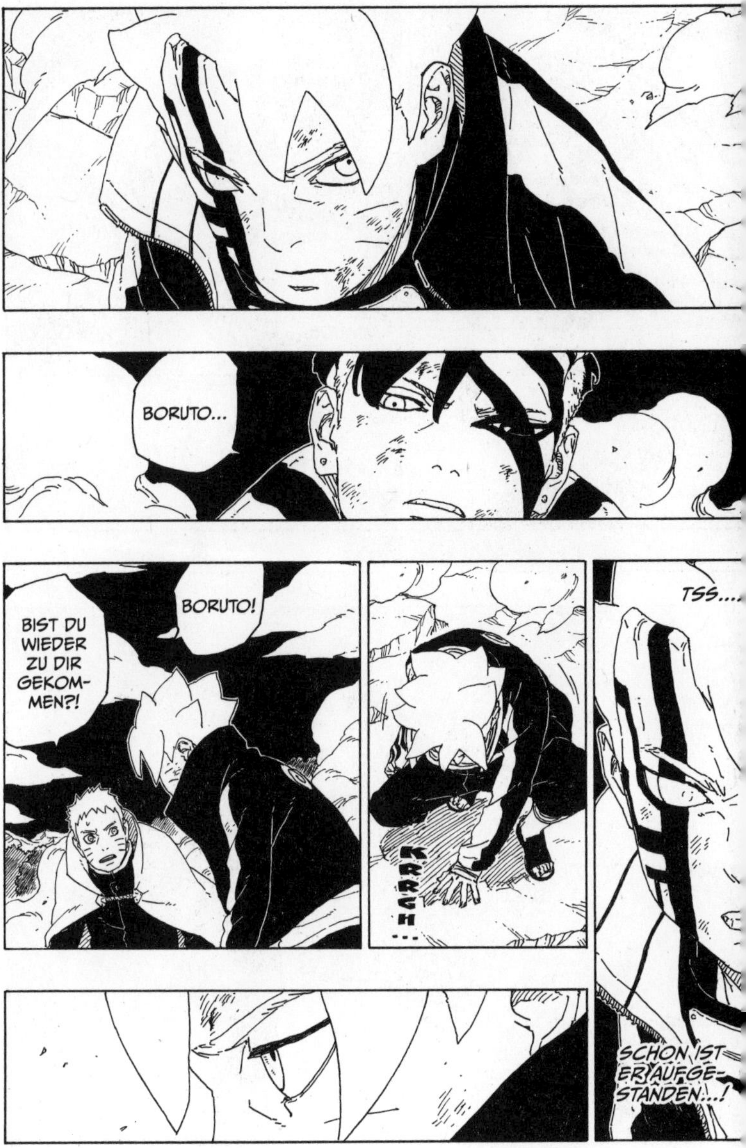
BORUTO...
TSS....
BORUTO!
BIST DU WIEDER ZU DIR GEKOMMEN?!
KRRGH...
SCHON IST ER AUFGESTANDEN...!

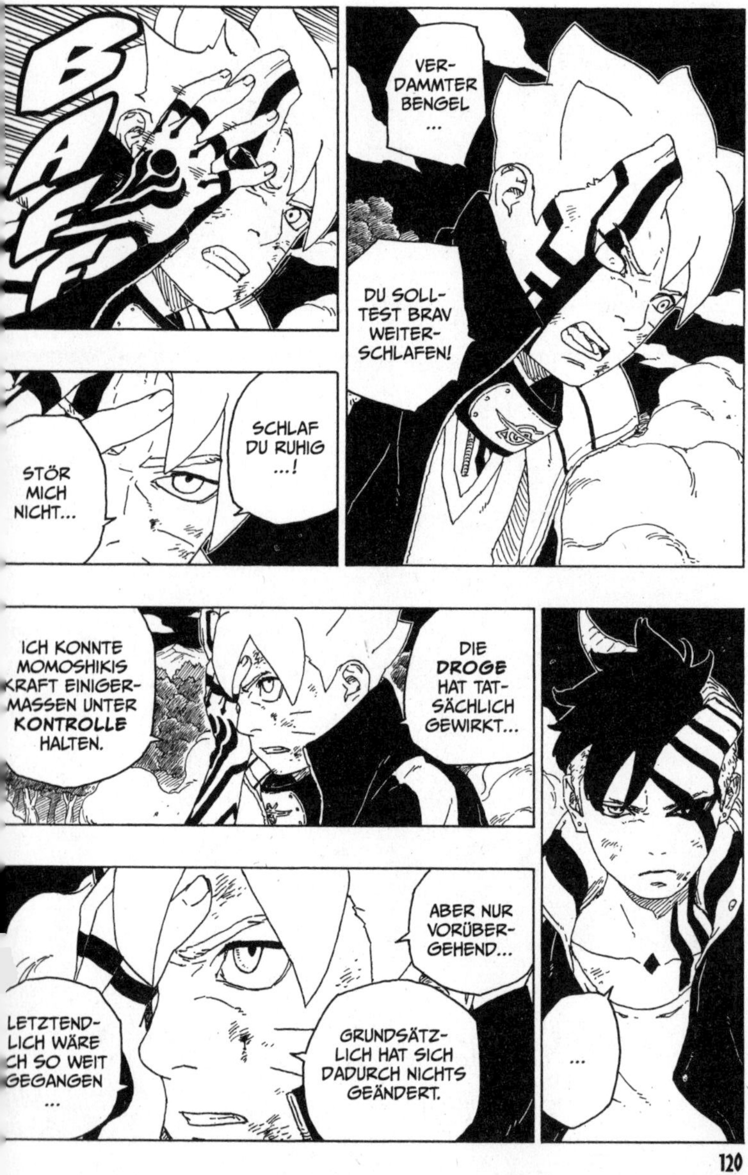
VER-
DAMMTER
BENGEL
...
DU SOLL-
TEST BRAV
WEITER-
SCHLAFEN!
BAFF
SCHLAF
DU RUHIG
...!
STÖR
MICH
NICHT...
DIE
DROGE
HAT TAT-
SÄCHLICH
GEWIRKT...
ICH KONNTE
MOMOSHIKIS
KRAFT EINIGER-
MASSEN UNTER
KONTROLLE
HALTEN.
ABER NUR
VORÜBER-
GEHEND...
GRUNDSÄTZ-
LICH HAT SICH
DADURCH NICHTS
GEÄNDERT.
LETZTEND-
LICH WÄRE
CH SO WEIT
GEGANGEN
...
...

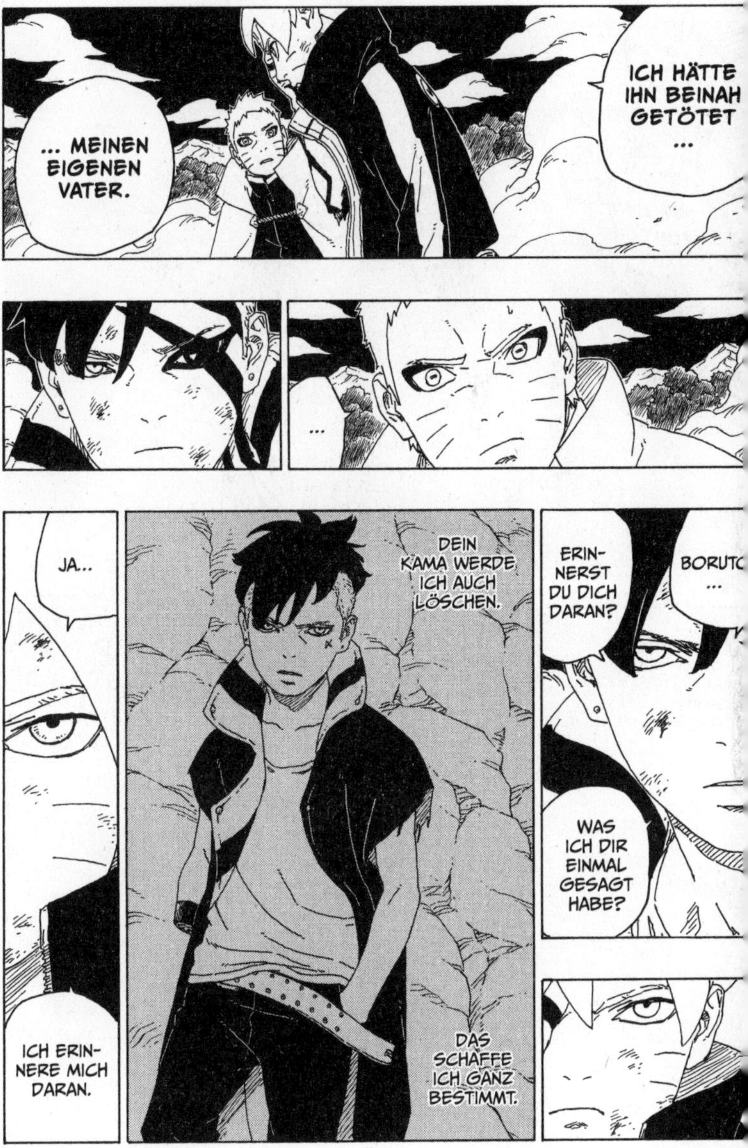
ICH HÄTTE IHN BEINAH GETÖTET ...
... MEINEN EIGENEN VATER.
...
BORUTO ...
ERINNERST DU DICH DARAN?
WAS ICH DIR EINMAL GESAGT HABE?
DEIN KAMA WERDE ICH AUCH LÖSCHEN.
DAS SCHAFFE ICH GANZ BESTIMMT.
JA...
ICH ERINNERE MICH DARAN.

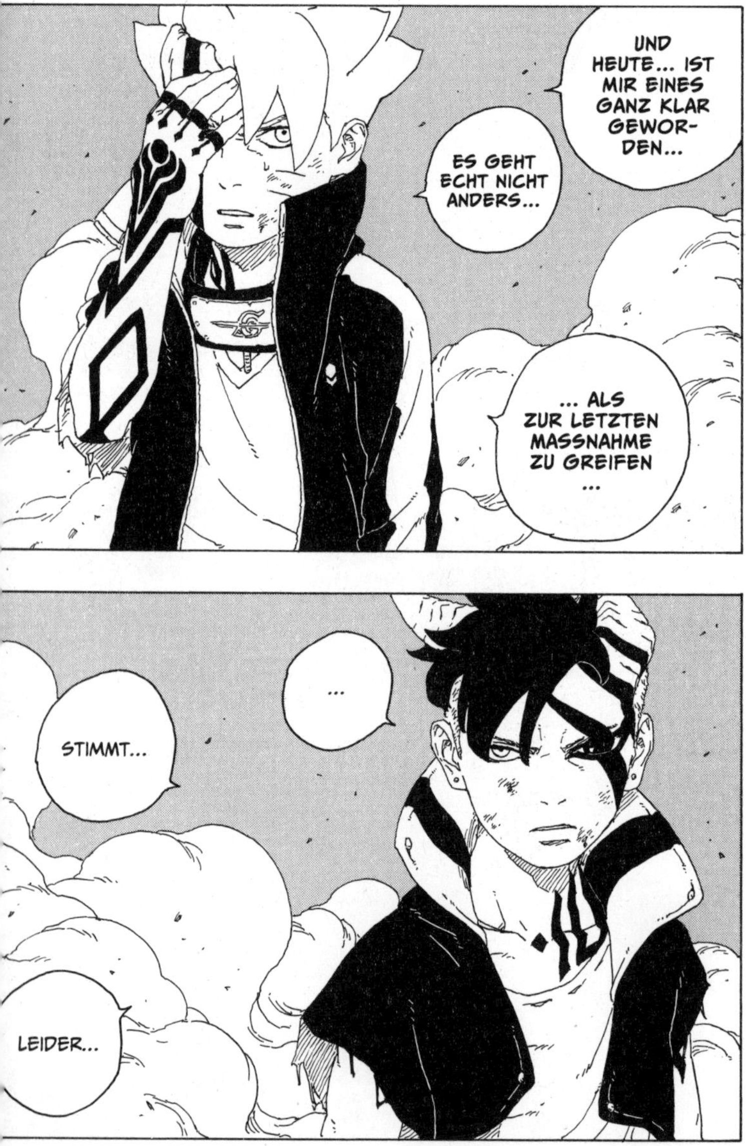
UND HEUTE... IST MIR EINES GANZ KLAR GEWORDEN...
ES GEHT ECHT NICHT ANDERS...
... ALS ZUR LETZTEN MASSNAHME ZU GREIFEN ...
...
STIMMT...
LEIDER...

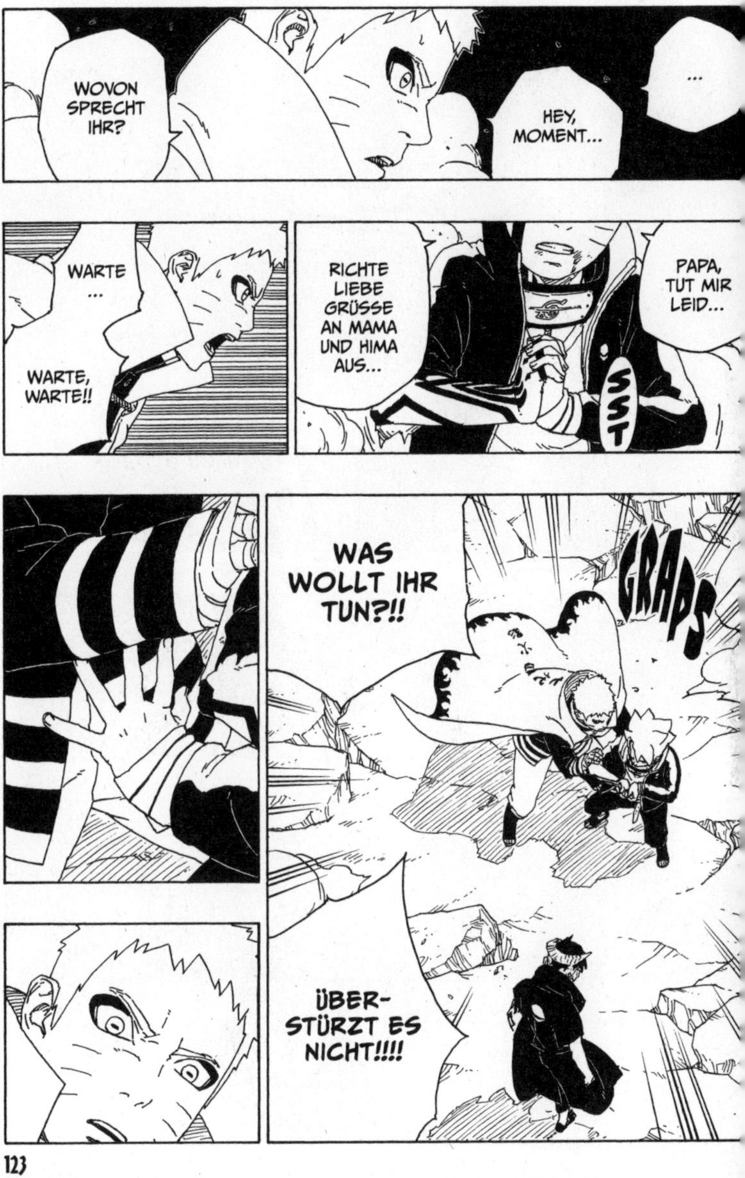
...
HEY, MOMENT...
WOVON SPRECHT IHR?
PAPA, TUT MIR LEID...
SST
RICHTE LIEBE GRÜSSE AN MAMA UND HIMA AUS...
WARTE ...
WARTE, WARTE!!
GRAPS
WAS WOLLT IHR TUN?!!
ÜBER-STÜRZT ES NICHT!!!!

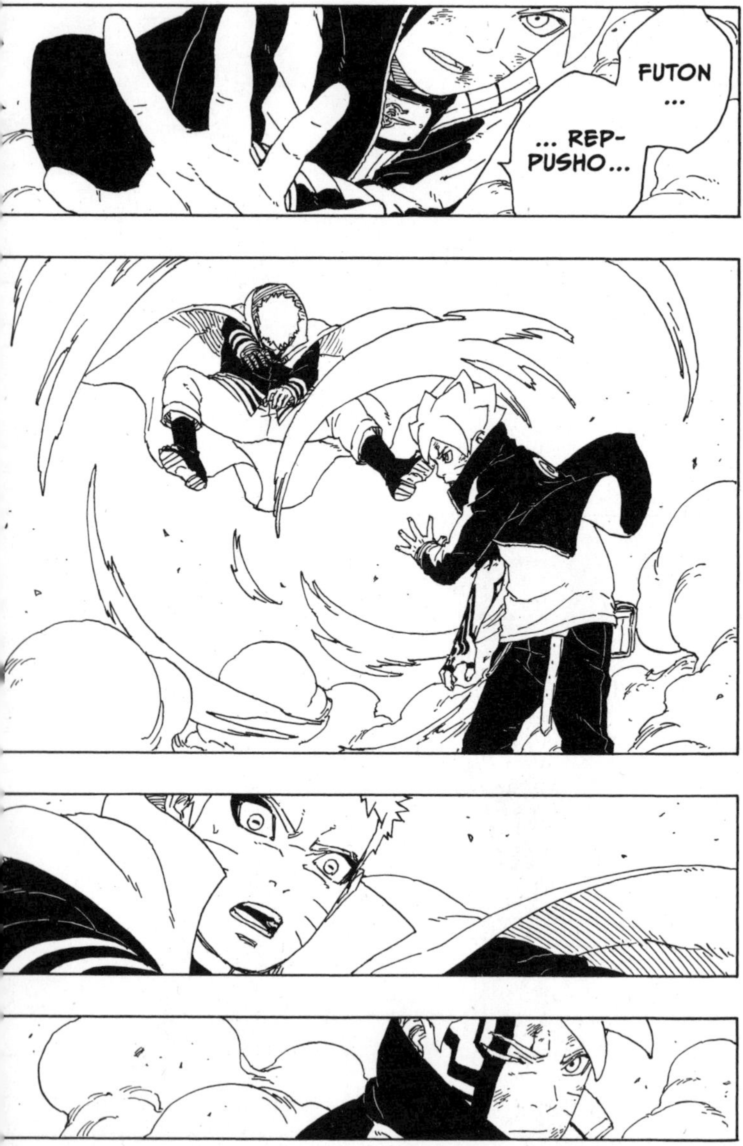
FUTON
...
... REP-
PUSHO...

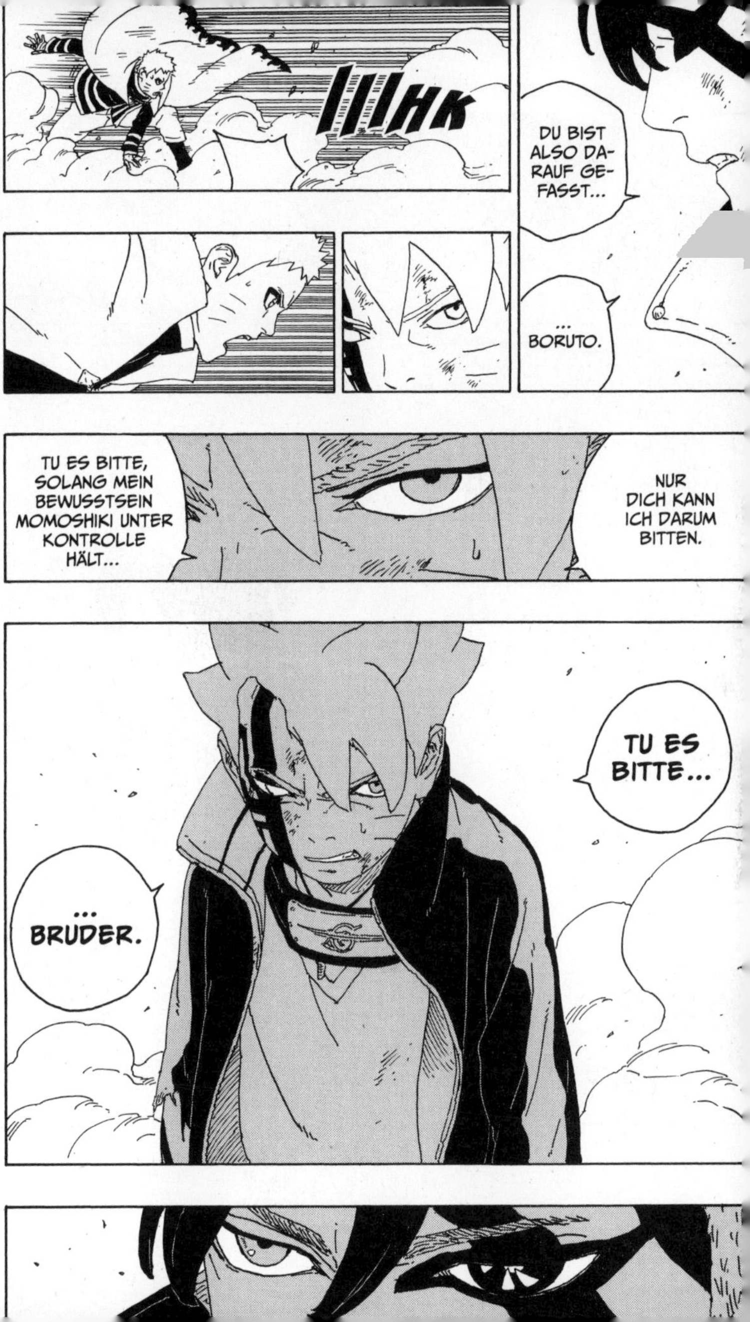

DU BIST ALSO DARAUF GEFASST...
IIIHK
... BORUTO.
NUR DICH KANN ICH DARUM BITTEN.
TU ES BITTE, SOLANG MEIN BEWUSSTSEIN MOMOSHIKI UNTER KONTROLLE HÄLT...
TU ES BITTE...
... BRUDER.

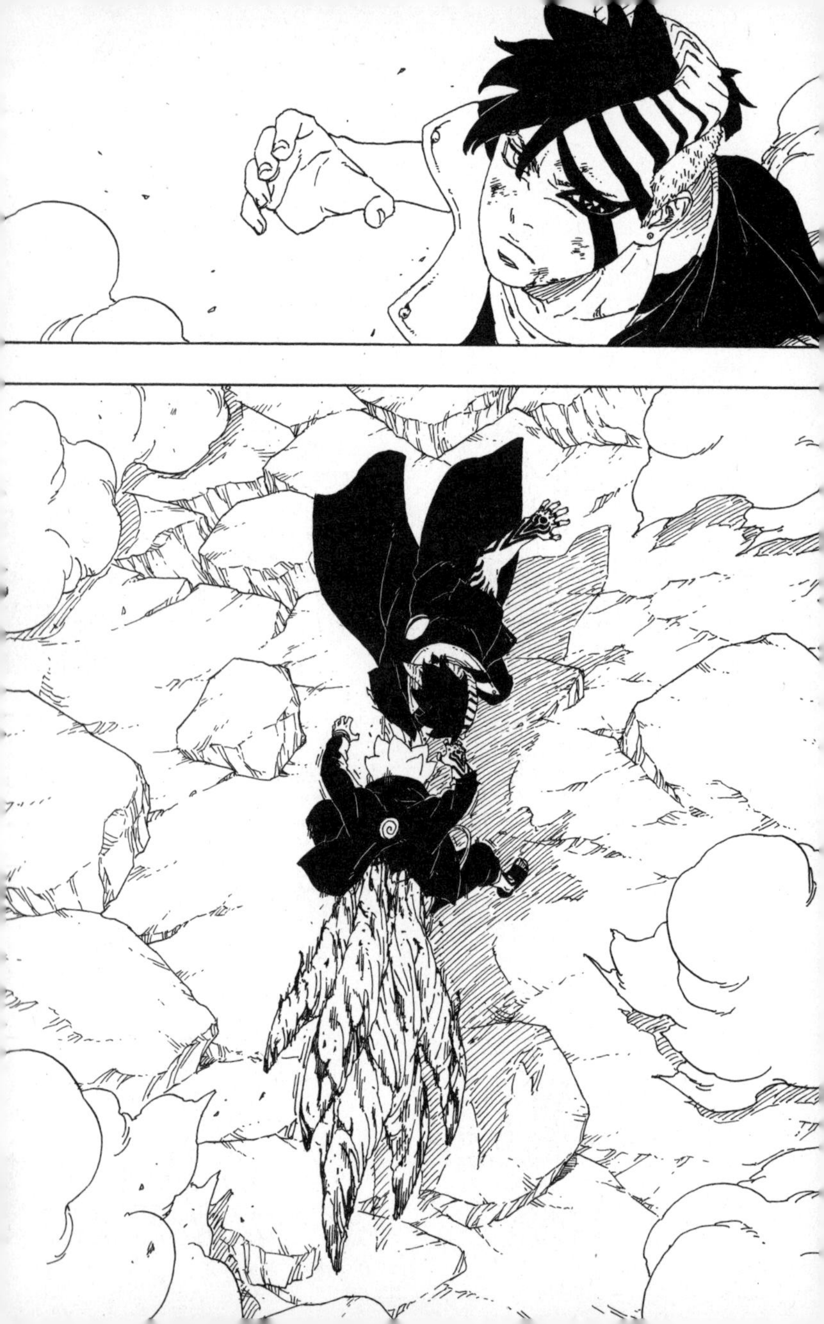

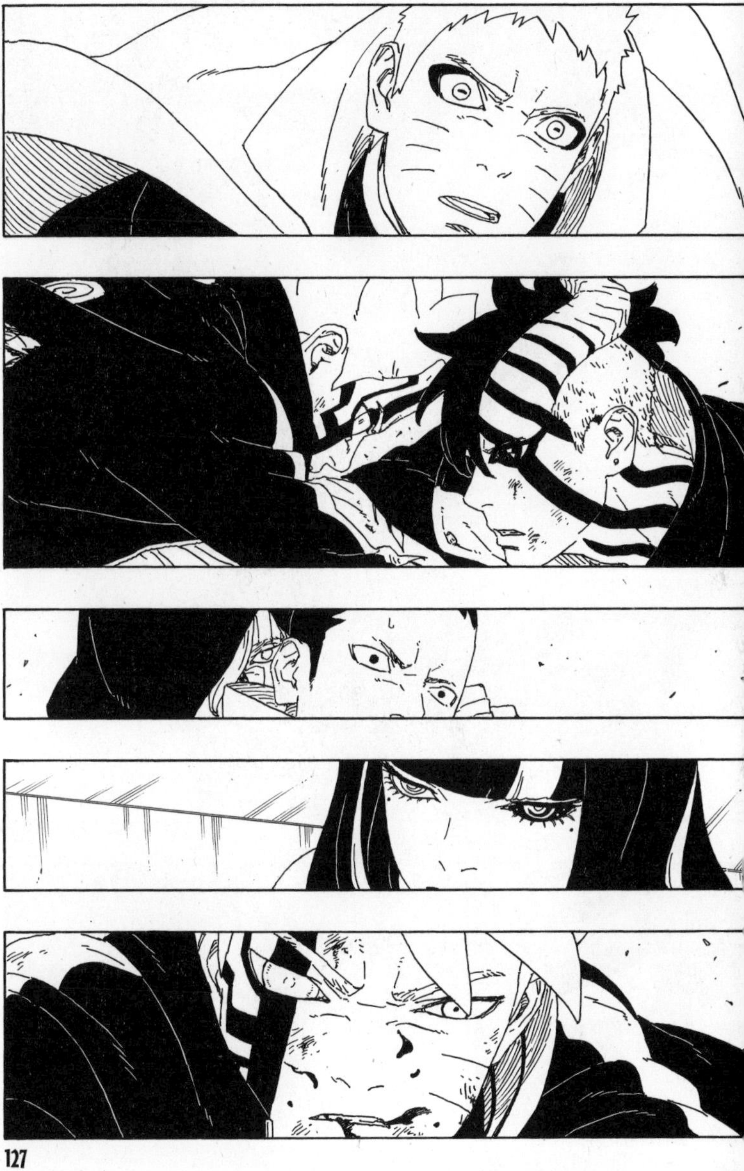

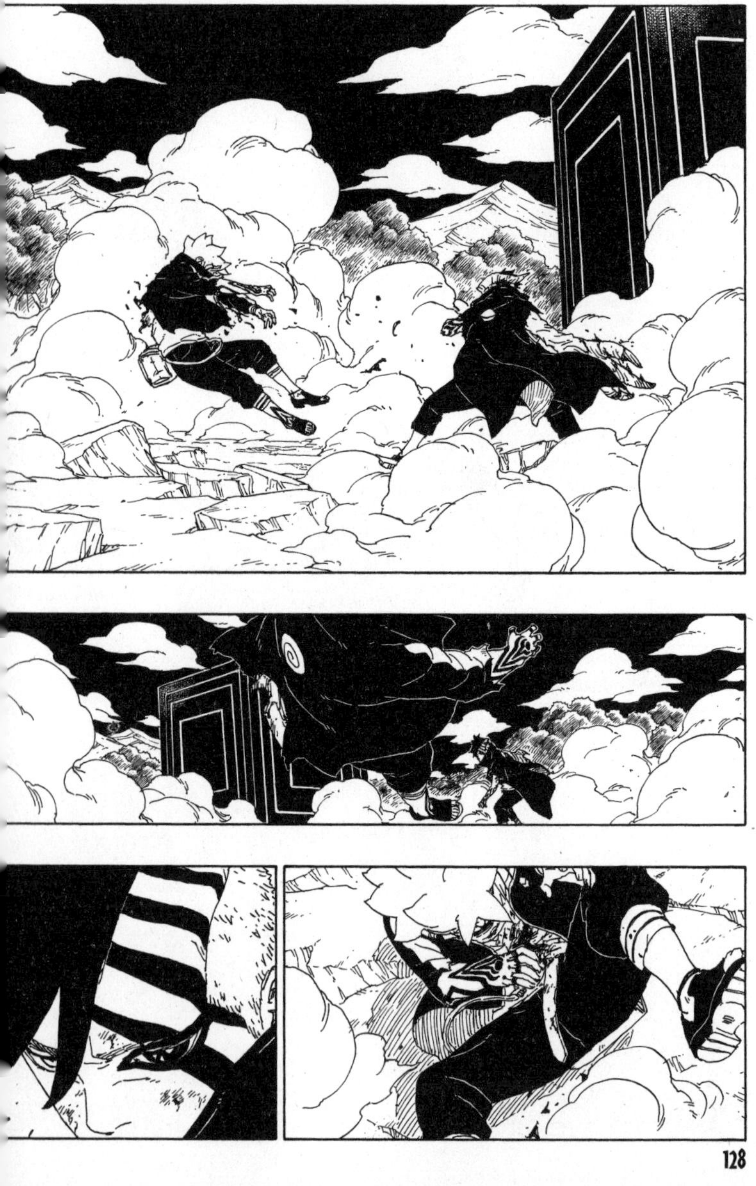

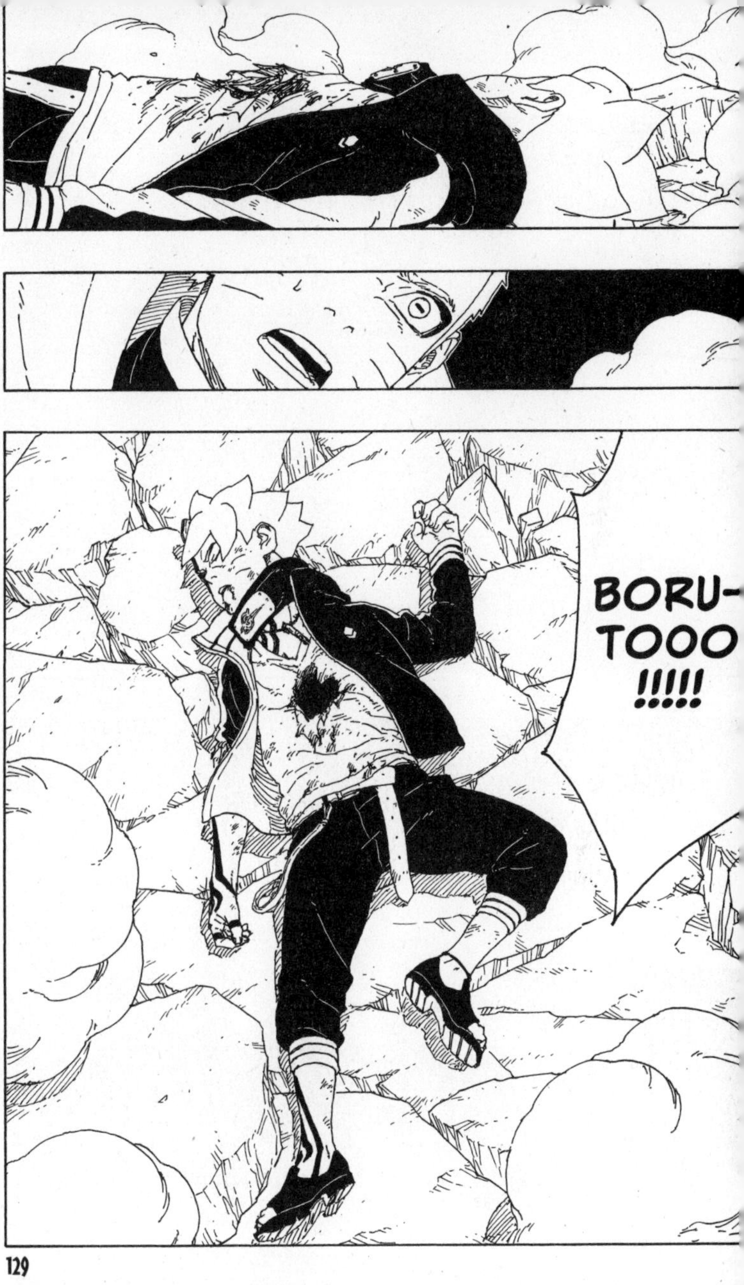
BORU-
TOOO
!!!!!

BORUTO
-NARUTO NEXT GENERATION-

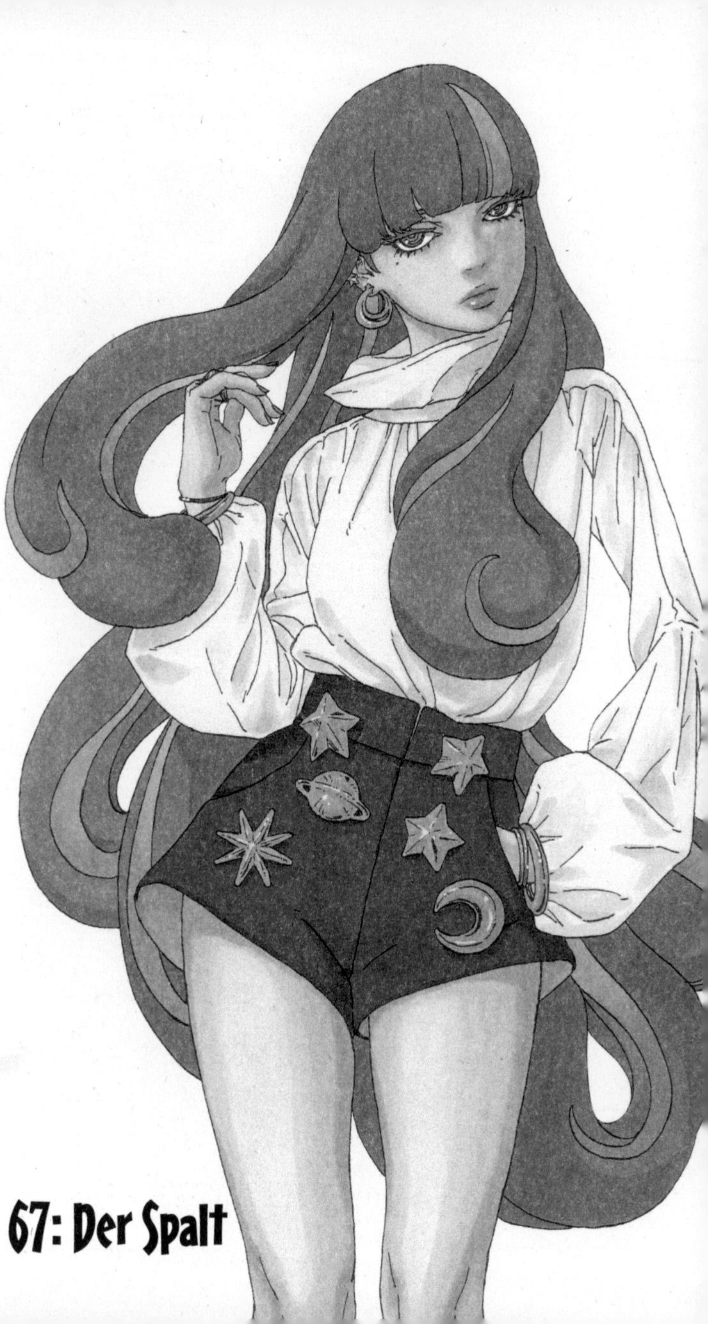

67: Der Spalt

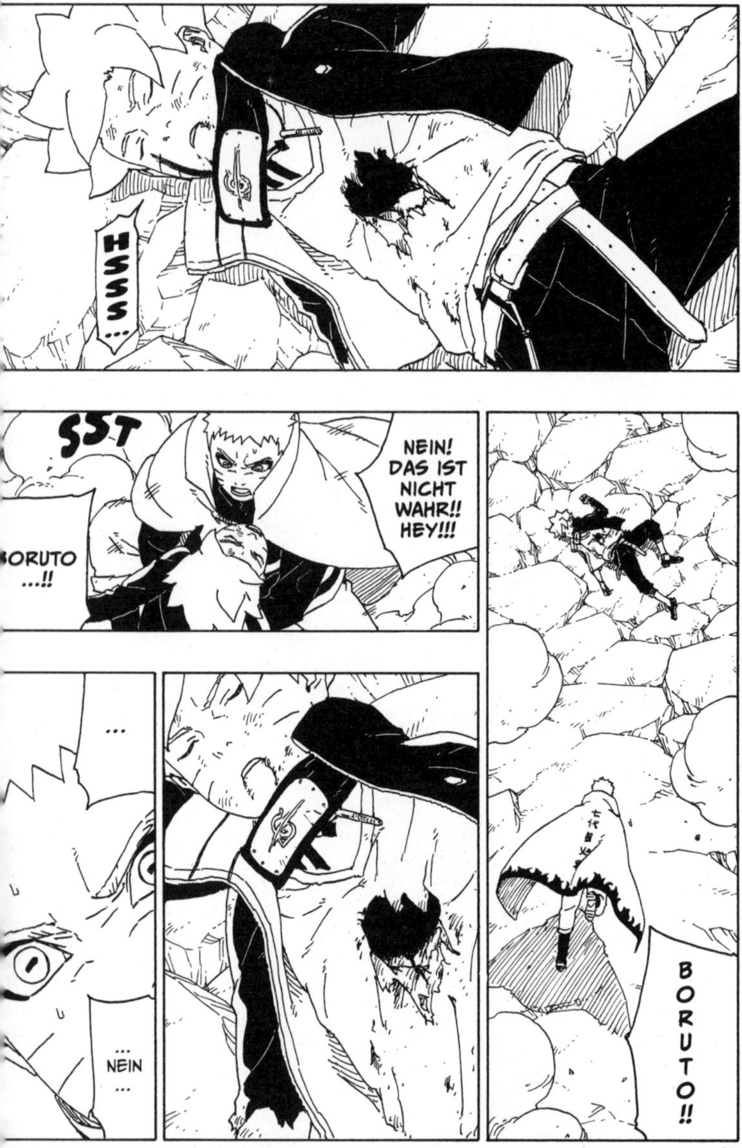
HSSS...!!
NEIN! DAS IST NICHT WAHR!! HEY!!!
SST
BORUTO ...!!
BORUTO!!
...
... NEIN ...

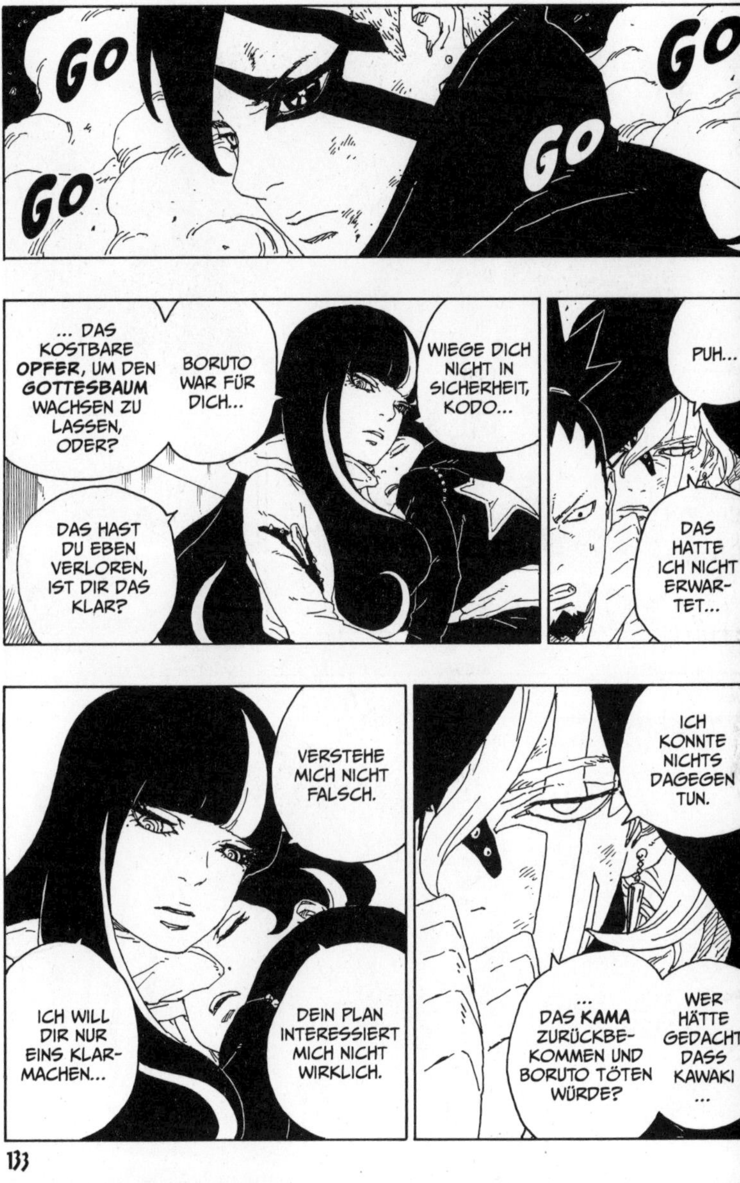
GO
GO
GO
GO
PUH...
DAS HATTE ICH NICHT ERWARTET...
WIEGE DICH NICHT IN SICHERHEIT, KODO...
BORUTO WAR FÜR DICH...
... DAS KOSTBARE **OPFER**, UM DEN **GOTTESBAUM** WACHSEN ZU LASSEN, ODER?
DAS HAST DU EBEN VERLOREN, IST DIR DAS KLAR?
ICH KONNTE NICHTS DAGEGEN TUN.
WER HÄTTE GEDACHT, DASS KAWAKI ...
... DAS **KAMA** ZURÜCKBEKOMMEN UND BORUTO TÖTEN WÜRDE?
VERSTEHE MICH NICHT FALSCH.
DEIN PLAN INTERESSIERT MICH NICHT WIRKLICH.
ICH WILL DIR NUR EINS KLARMACHEN...

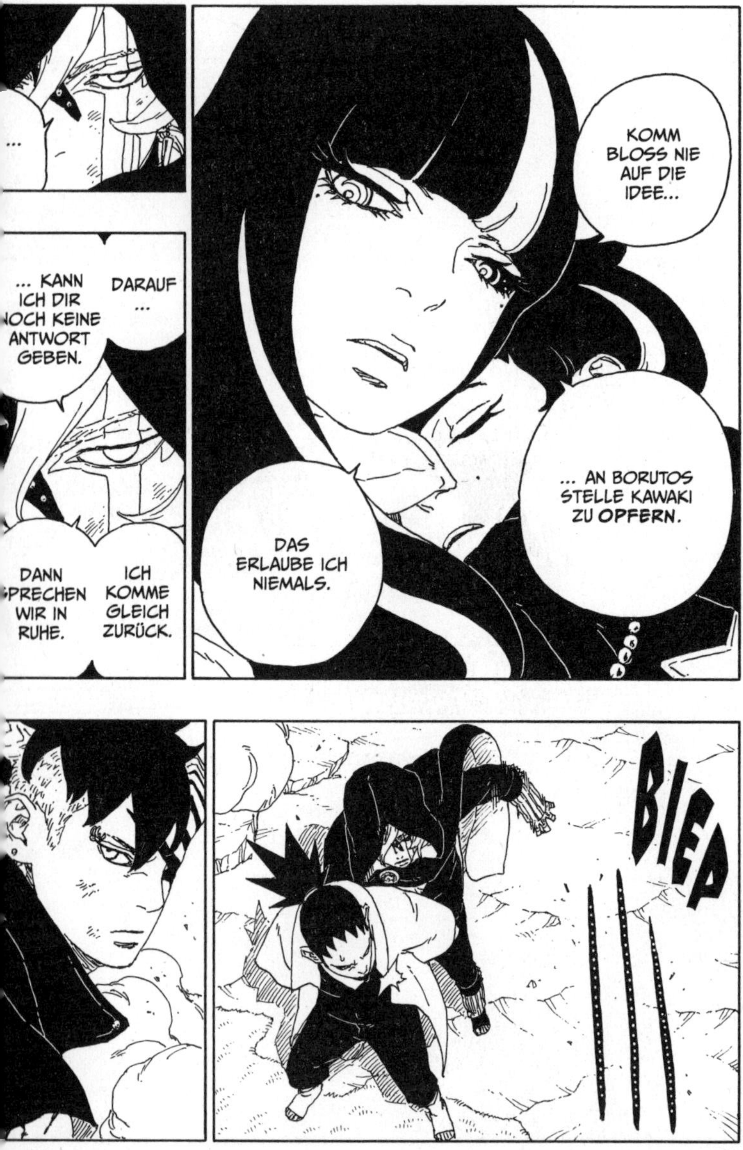
KOMM BLOSS NIE AUF DIE IDEE...
... AN BORUTOS STELLE KAWAKI ZU OPFERN.
DAS ERLAUBE ICH NIEMALS.
...
DARAUF ...
... KANN ICH DIR NOCH KEINE ANTWORT GEBEN.
ICH KOMME GLEICH ZURÜCK.
DANN SPRECHEN WIR IN RUHE.
BIEP

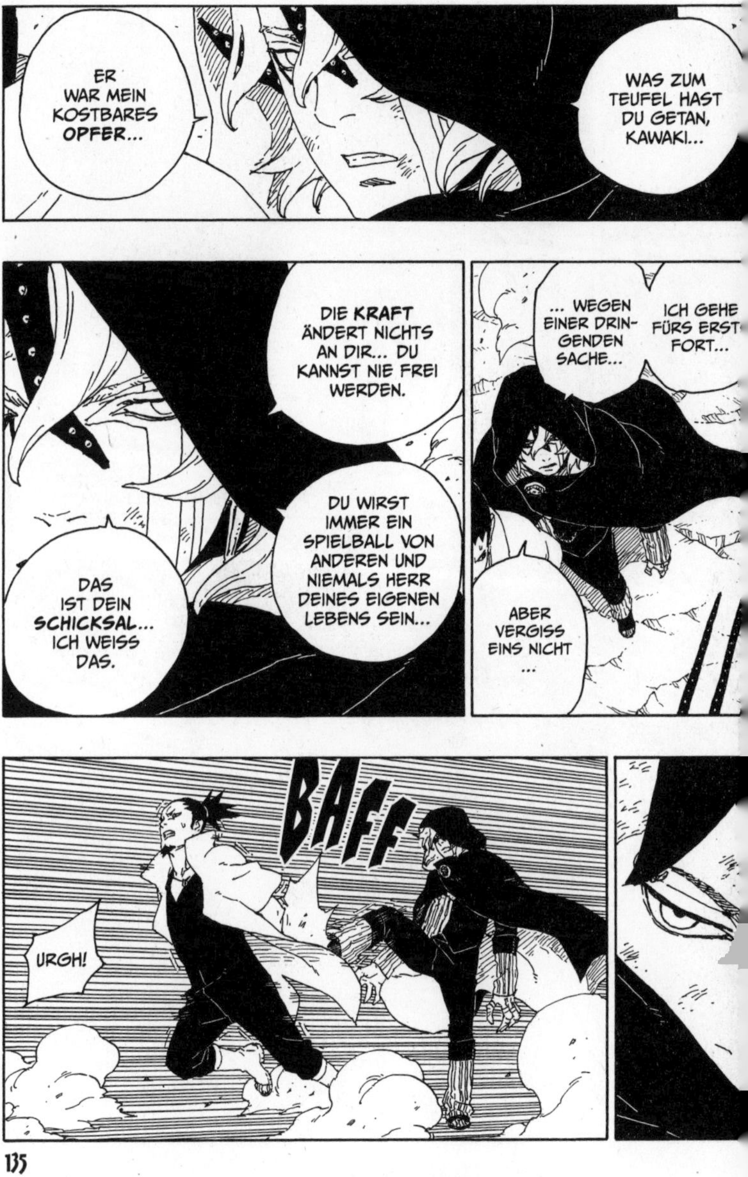
WAS ZUM TEUFEL HAST DU GETAN, KAWAKI...
ER WAR MEIN KOSTBARES OPFER...
ICH GEHE FÜRS ERST FORT...
... WEGEN EINER DRINGENDEN SACHE...
ABER VERGISS EINS NICHT ...
DIE KRAFT ÄNDERT NICHTS AN DIR... DU KANNST NIE FREI WERDEN.
DU WIRST IMMER EIN SPIELBALL VON ANDEREN UND NIEMALS HERR DEINES EIGENEN LEBENS SEIN...
DAS IST DEIN SCHICKSAL... ICH WEISS DAS.
BAFF
URGH!

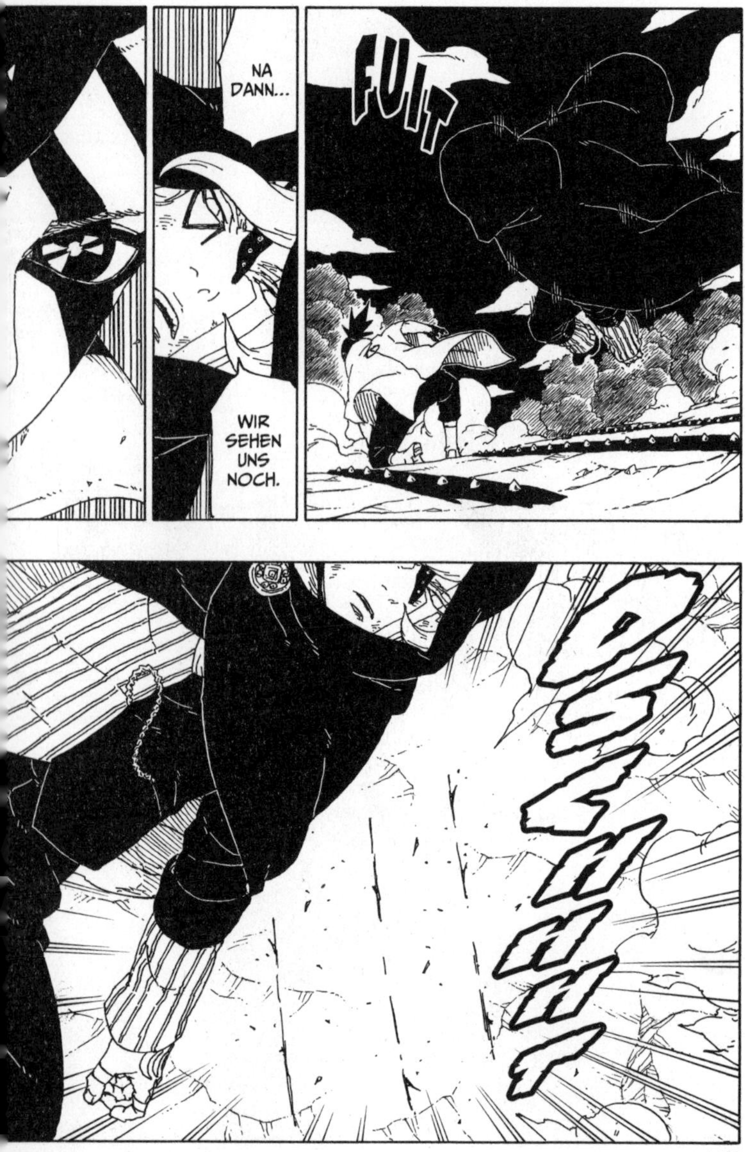
FUIT
NA DANN...
WIR SEHEN UNS NOCH.

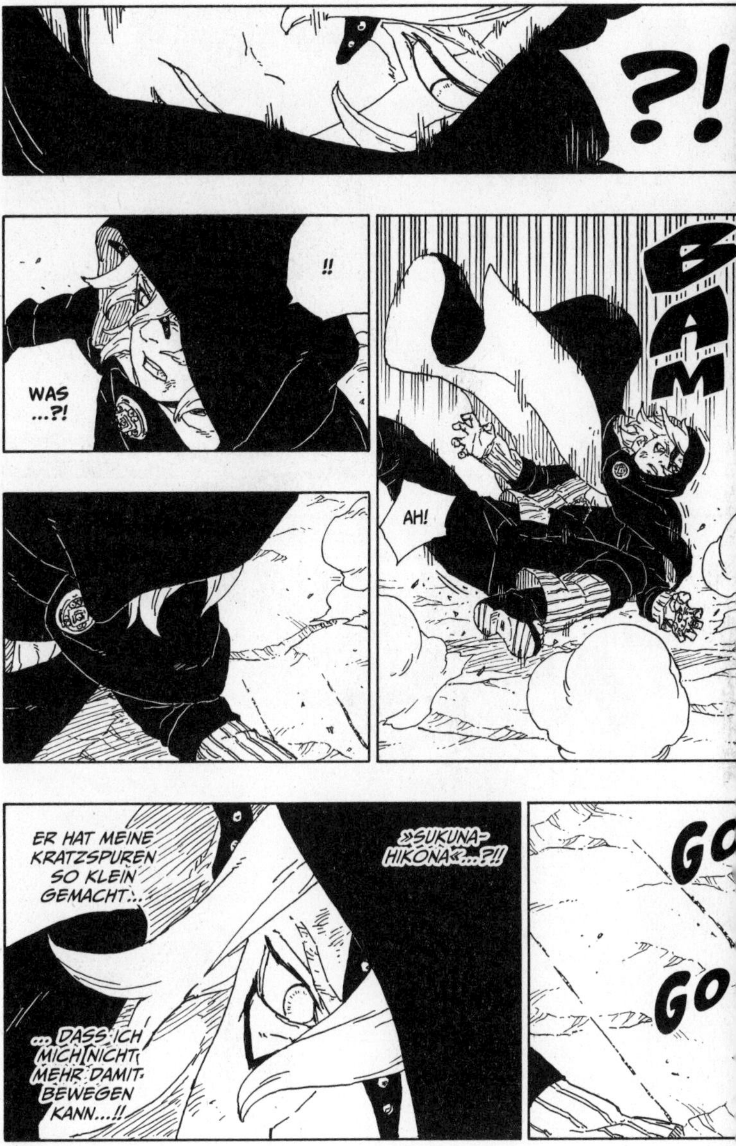
?!
BAM
AH!
!!
WAS ...?!
GO
GO
»SUKUNA-HIKONA«...?!!
ER HAT MEINE KRATZSPUREN SO KLEIN GEMACHT...
... DASS ICH MICH NICHT MEHR DAMIT BEWEGEN KANN...!!

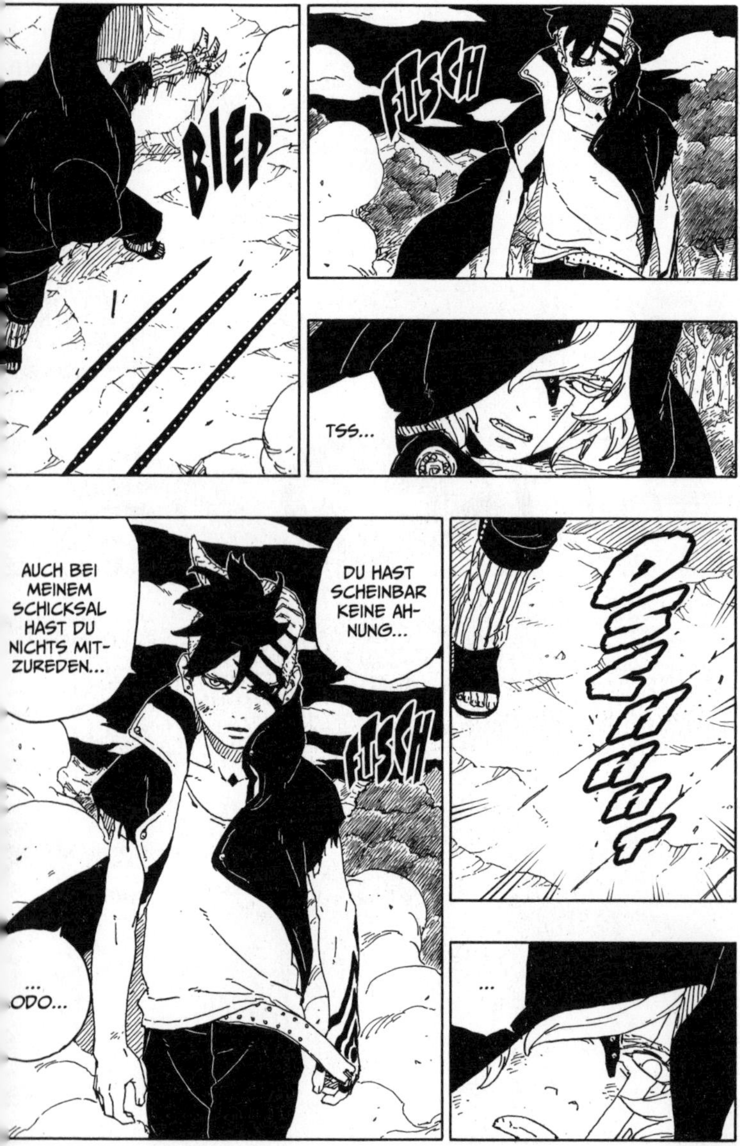
FTSCH
TSS...
BIEP
...
DU HAST SCHEINBAR KEINE AH-NUNG...
AUCH BEI MEINEM SCHICKSAL HAST DU NICHTS MIT-ZUREDEN...
FTSCH
...ODO...

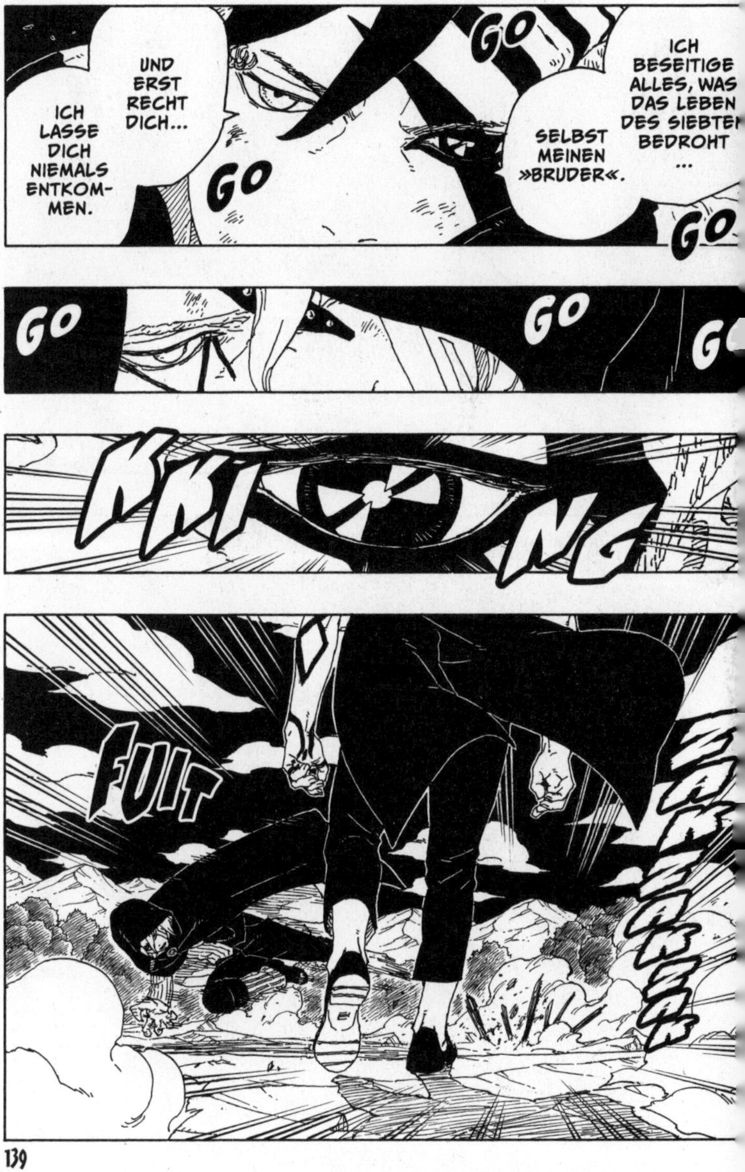
ICH BESEITIGE ALLES, WAS DAS LEBEN DES SIEBTE BEDROHT ...
GO
SELBST MEINEN »BRUDER«.
GO
UND ERST RECHT DICH...
GO
ICH LASSE DICH NIEMALS ENTKOM-MEN.
GO
GO
GO
KKI NG
FUIT

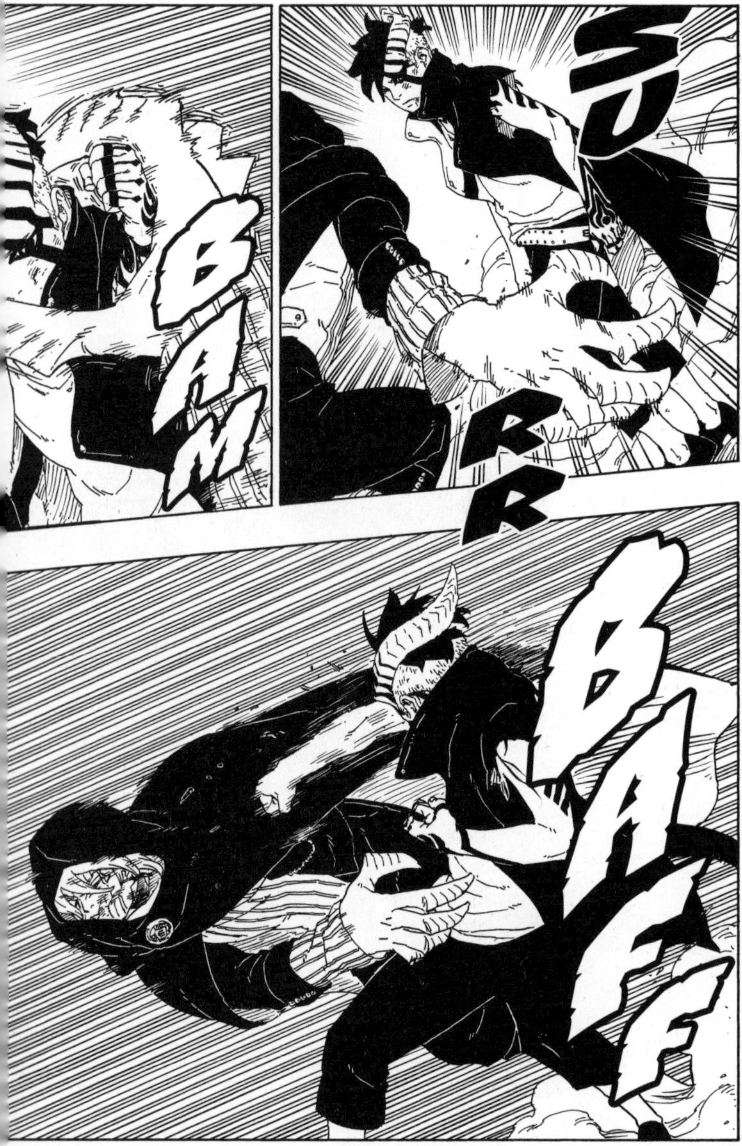
SURR
BAM
BAFF

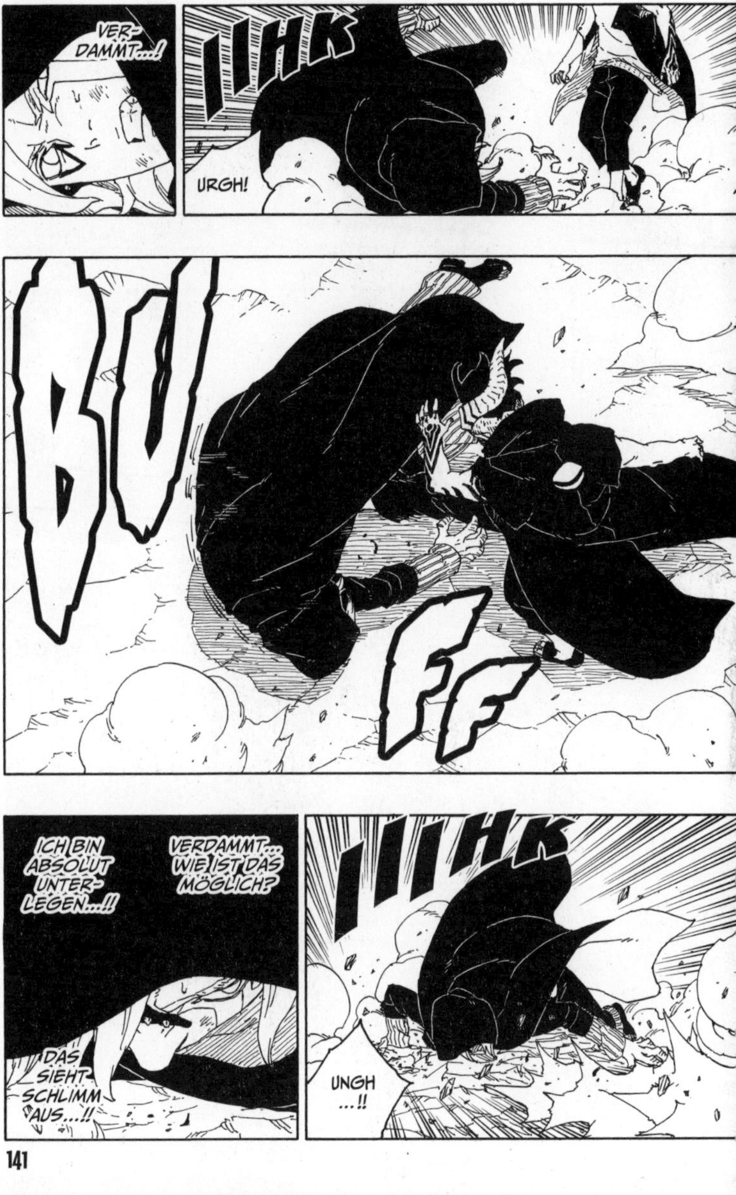
IIHK
URGH!
VER-
DAMMT...!
BUFF
IIIHK
UNGH
...!!
VERDAMMT...
WIE IST DAS
MÖGLICH?
ICH BIN
ABSOLUT
UNTER-
LEGEN...!!
DAS
SIEHT
SCHLIMM
AUS...!!

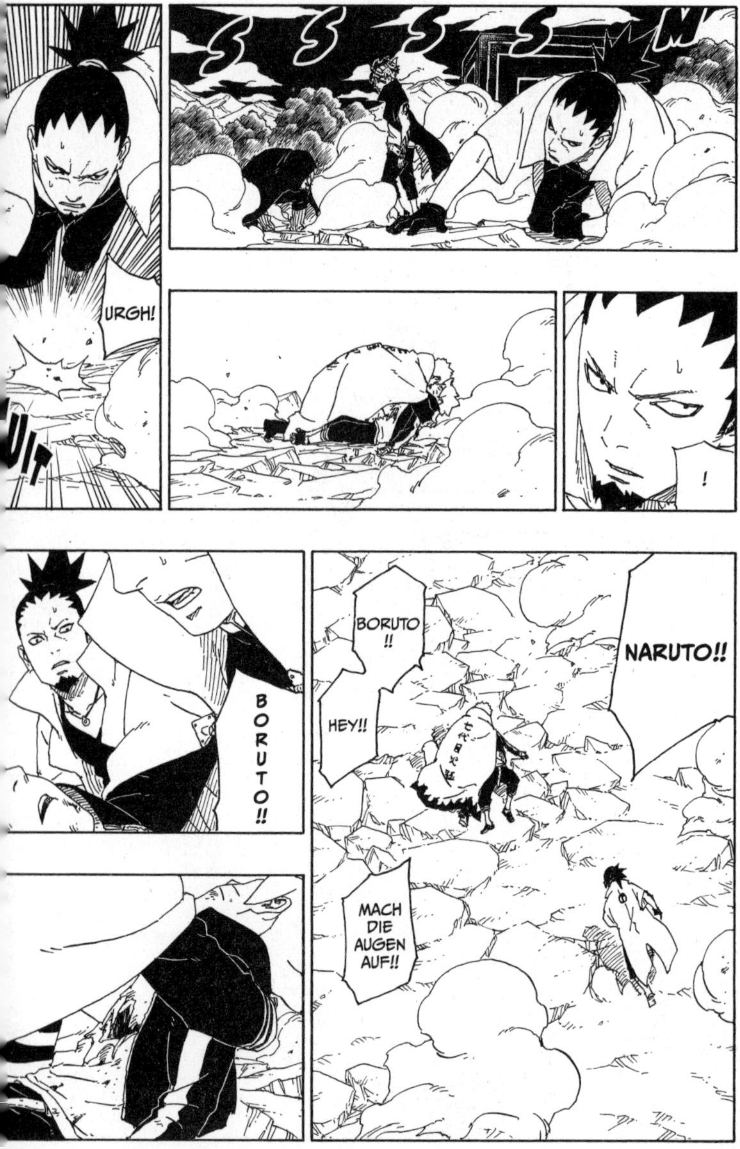
SSSSM
URGH!
UIT
NARUTO!!
BORUTO!!
HEY!!
MACH DIE AUGEN AUF!!
BORUTO!!

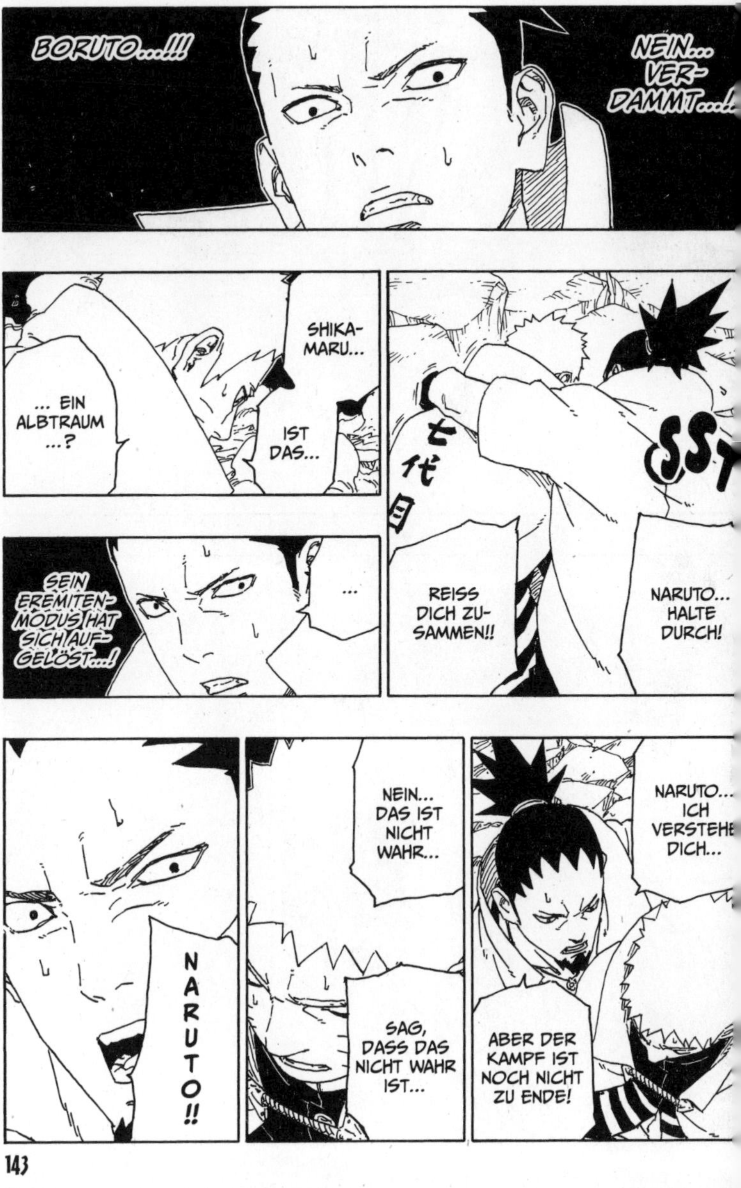
NEIN... VER-DAMMT...!!
BORUTO...!!!
SST
NARUTO... HALTE DURCH!
REISS DICH ZU-SAMMEN!!
七代目
SHIKA-MARU...
IST DAS...
... EIN ALBTRAUM ...?
...
SEIN EREMITEN-MODUS HAT SICH AUF-GELÖST...!
NARUTO... ICH VERSTEHE DICH...
ABER DER KAMPF IST NOCH NICHT ZU ENDE!
NEIN... DAS IST NICHT WAHR...
SAG, DASS DAS NICHT WAHR IST...
NARUTO!!

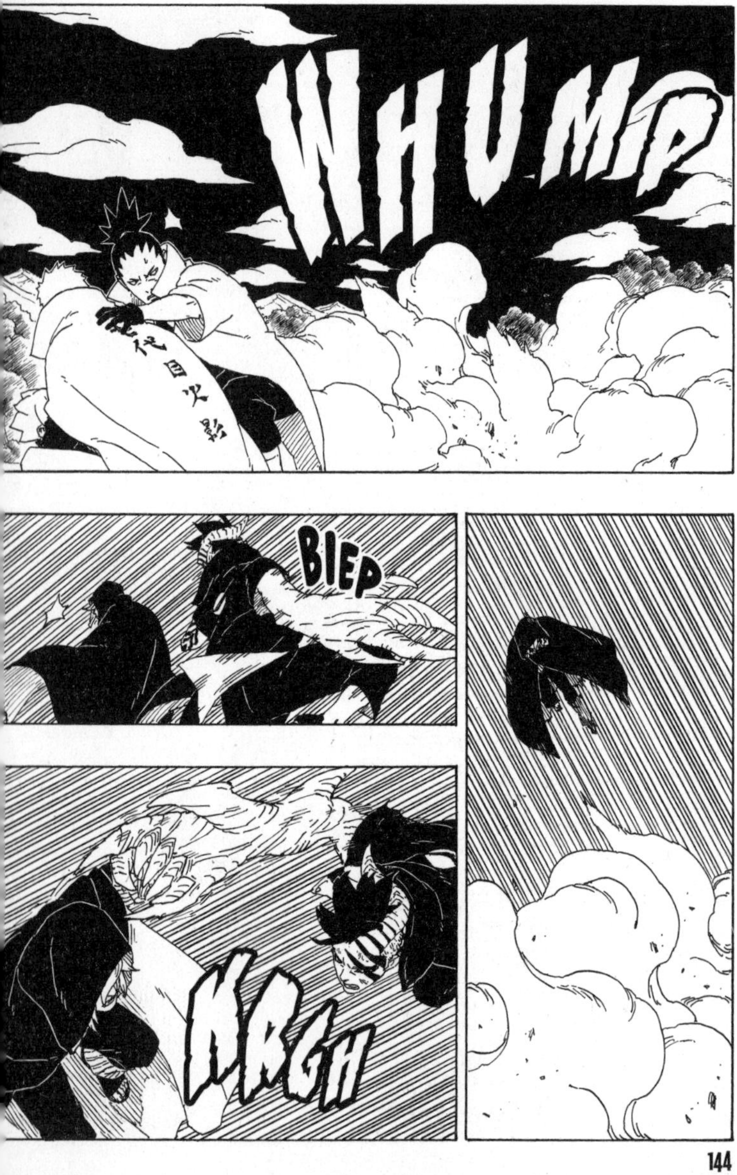
WHUMP
BIEP
NRGH

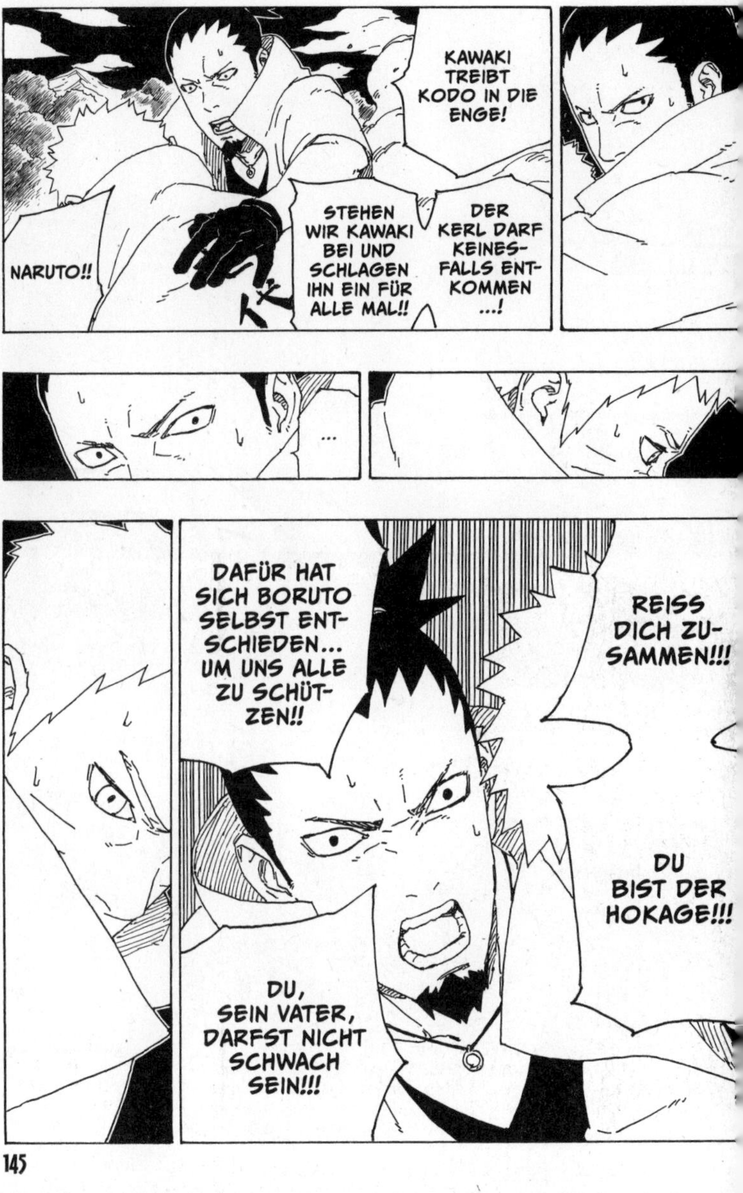
KAWAKI TREIBT KODO IN DIE ENGE!
DER KERL DARF KEINES-FALLS ENT-KOMMEN ...!
STEHEN WIR KAWAKI BEI UND SCHLAGEN IHN EIN FÜR ALLE MAL!!
NARUTO!!
...
REISS DICH ZU-SAMMEN!!!
DU BIST DER HOKAGE!!!
DAFÜR HAT SICH BORUTO SELBST ENT-SCHIEDEN... UM UNS ALLE ZU SCHÜT-ZEN!!
DU, SEIN VATER, DARFST NICHT SCHWACH SEIN!!!

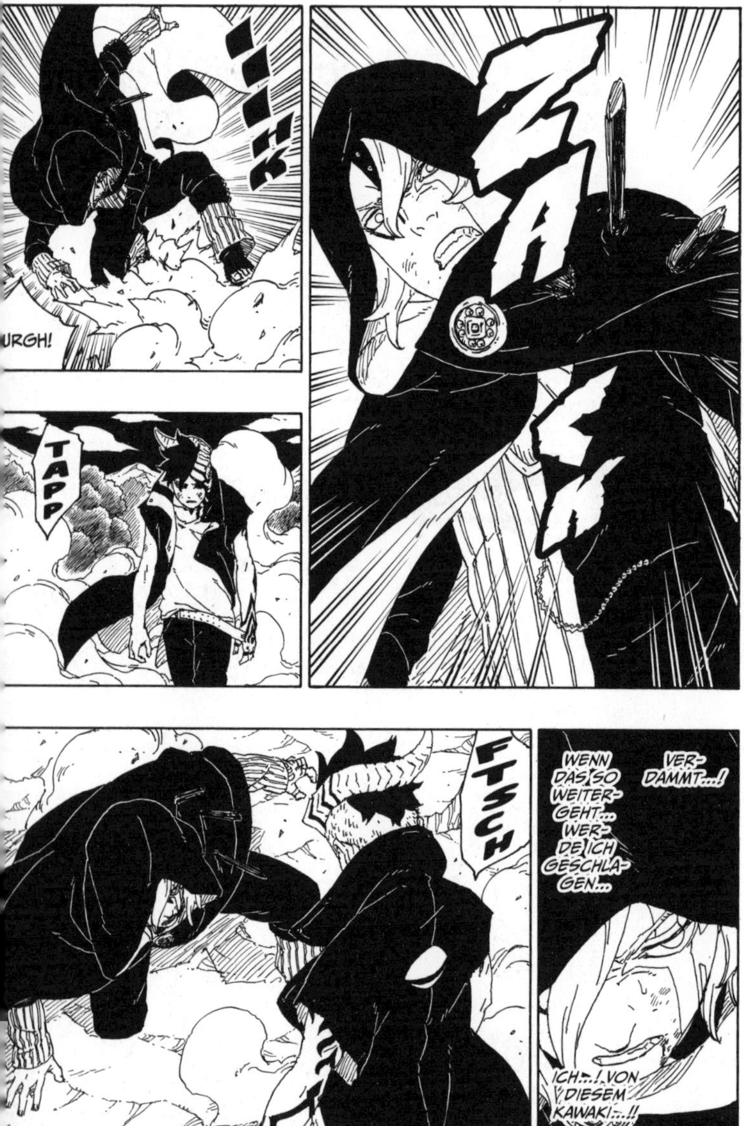
ZAKK
URGH!
TAPP
VERDAMMT...!
WENN DAS SO WEITERGEHT... WERDE ICH GESCHLAGEN...
ICH...! VON DIESEM KAWAKI...!!
FTSCH

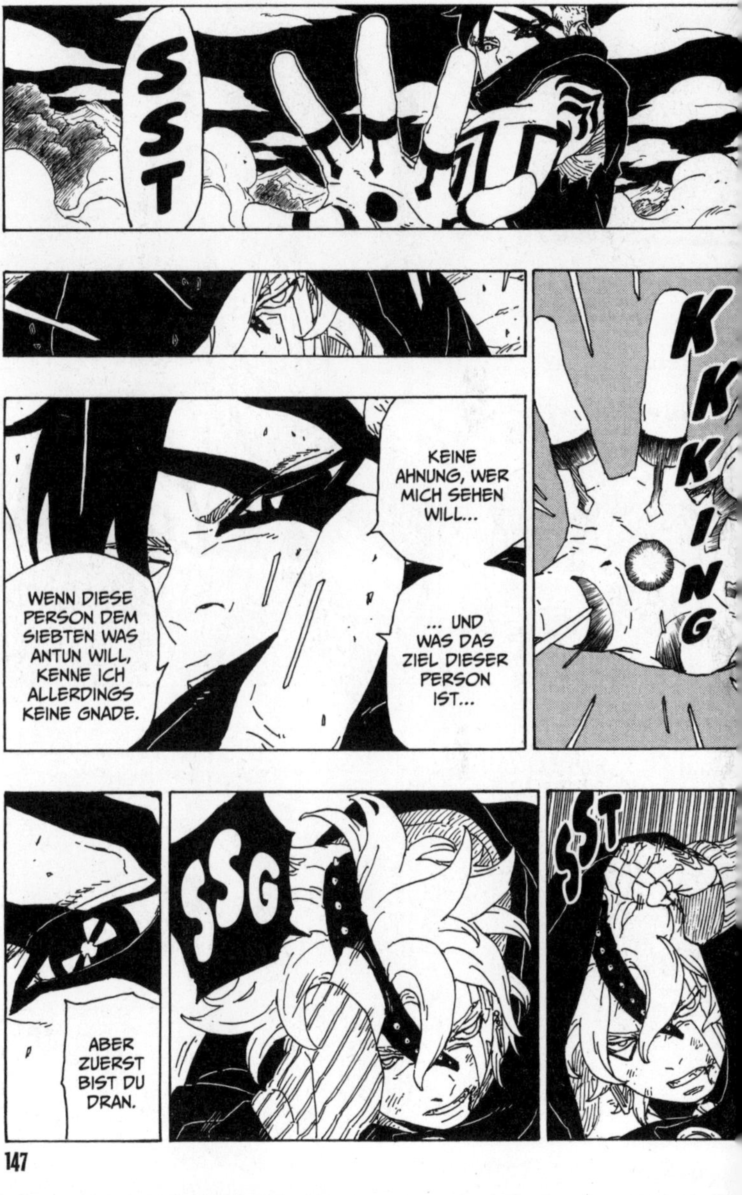
SSST
KKKKING
KEINE AHNUNG, WER MICH SEHEN WILL...
... UND WAS DAS ZIEL DIESER PERSON IST...
WENN DIESE PERSON DEM SIEBTEN WAS ANTUN WILL, KENNE ICH ALLERDINGS KEINE GNADE.
SST
SSG
ABER ZUERST BIST DU DRAN.

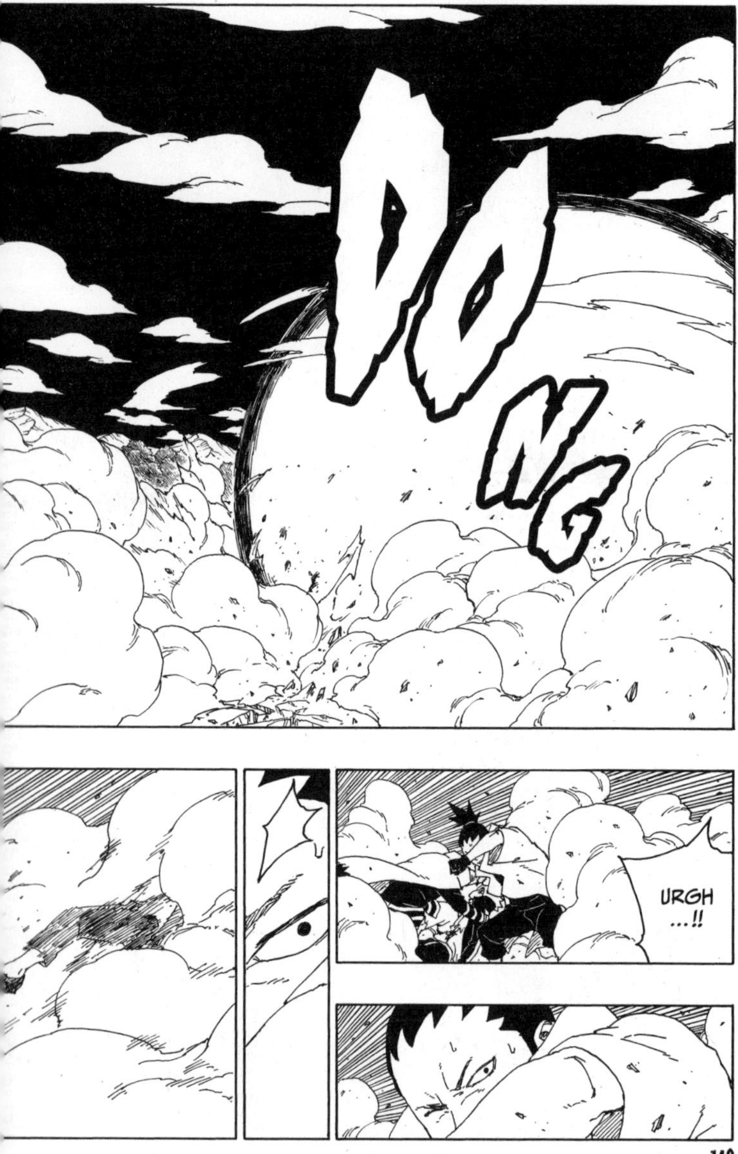
DONG
URGH ...!!

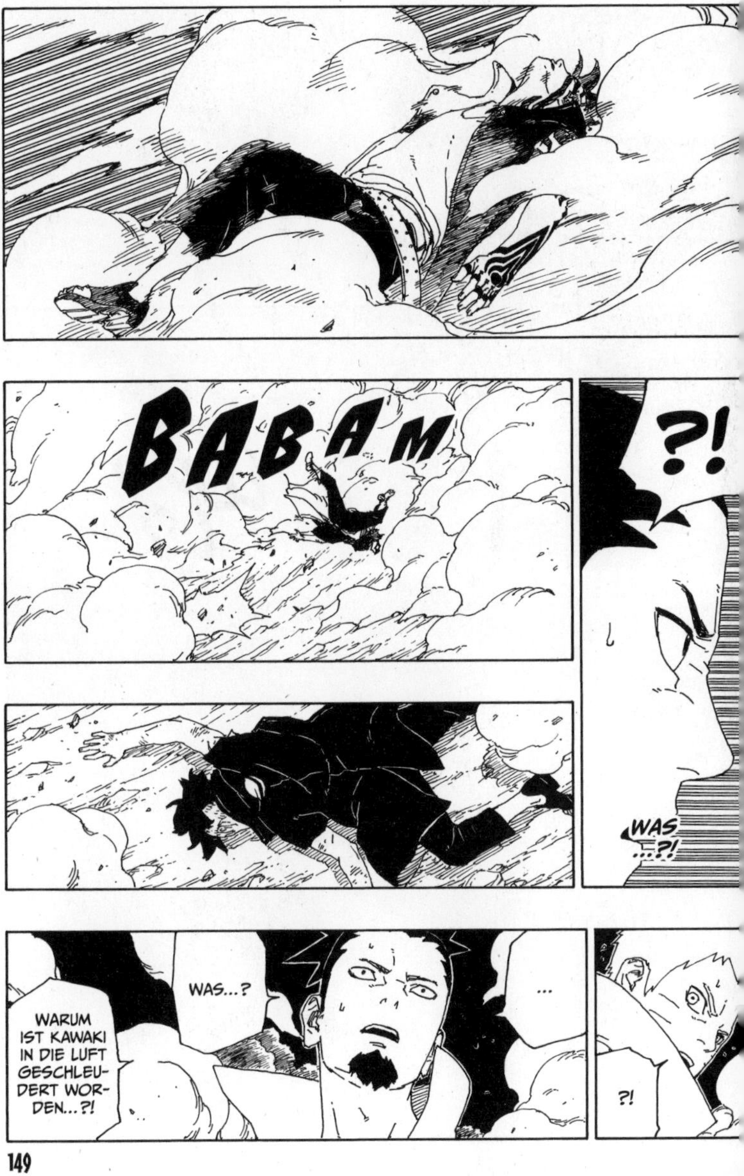
?!
BABAM
WAS ...?!
...
WAS ...?
WARUM IST KAWAKI IN DIE LUFT GESCHLEUDERT WORDEN ...?!
?!

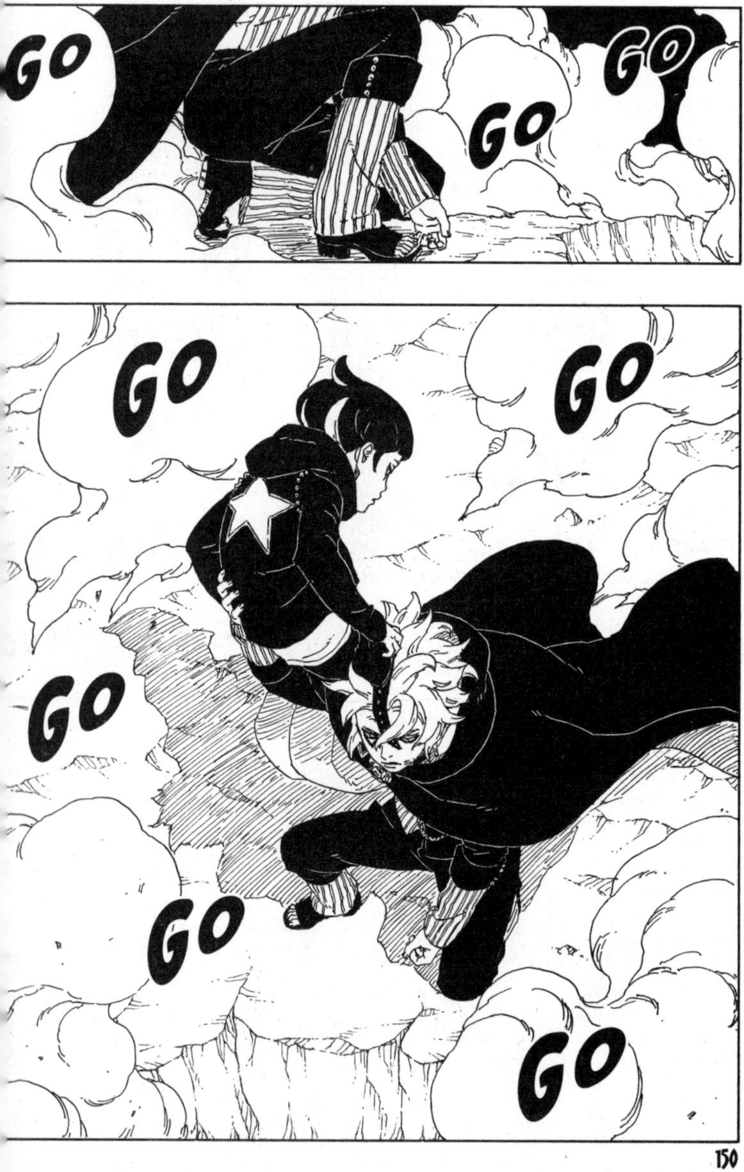
GO
GO
GO
GO
GO
GO
GO
GO
GO

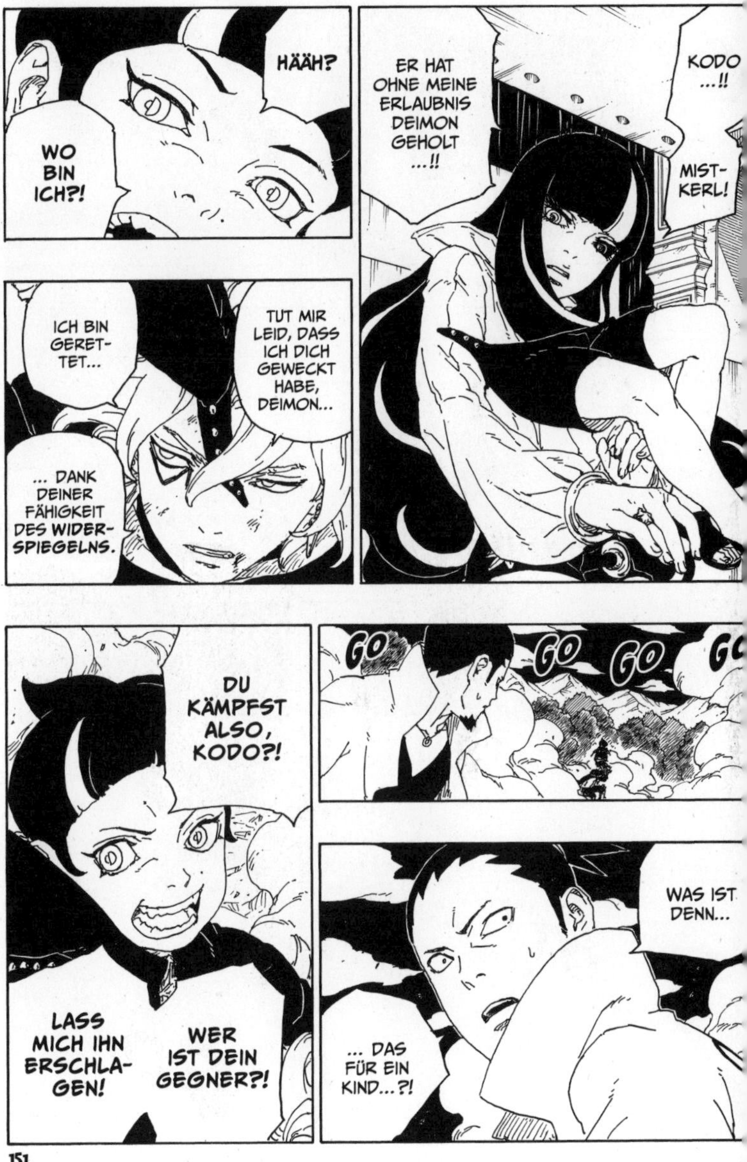
KODO ...!!
MIST-KERL!
ER HAT OHNE MEINE ERLAUBNIS DEIMON GEHOLT ...!!
HÄÄH?
WO BIN ICH?!
TUT MIR LEID, DASS ICH DICH GEWECKT HABE, DEIMON...
ICH BIN GERET-TET...
... DANK DEINER FÄHIGKEIT DES WIDER-SPIEGELNS.
GO GO GO GO
WAS IST DENN...
... DAS FÜR EIN KIND...?!
DU KÄMPFST ALSO, KODO?!
WER IST DEIN GEGNER?!
LASS MICH IHN ERSCHLA-GEN!

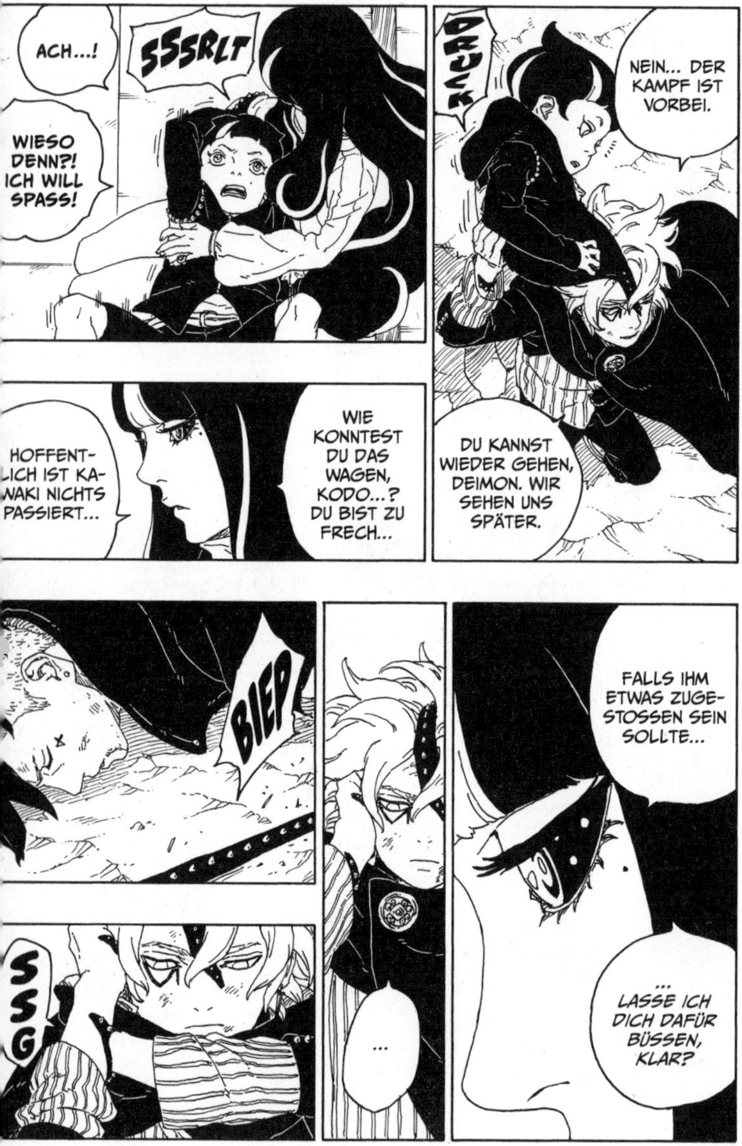
DRUCK
NEIN... DER KAMPF IST VORBEI.
DU KANNST WIEDER GEHEN, DEIMON. WIR SEHEN UNS SPÄTER.
SSSRLT
ACH...!
WIESO DENN?! ICH WILL SPASS!
WIE KONNTEST DU DAS WAGEN, KODO...? DU BIST ZU FRECH...
HOFFENT-LICH IST KA-WAKI NICHTS PASSIERT...
FALLS IHM ETWAS ZUGE-STOSSEN SEIN SOLLTE...
... LASSE ICH DICH DAFÜR BÜSSEN, KLAR?
...
BIEP
SSG

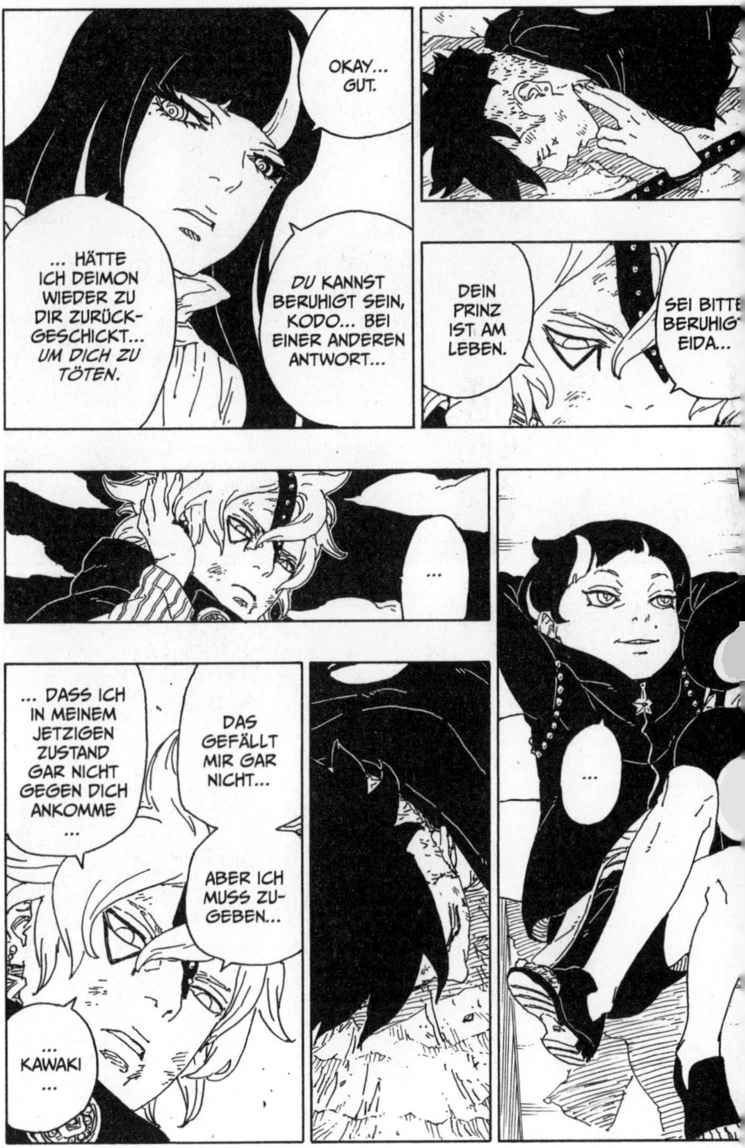
SEI BITTE BERUHIGT EIDA...
DEIN PRINZ IST AM LEBEN.
OKAY... GUT.
DU KANNST BERUHIGT SEIN, KODO... BEI EINER ANDEREN ANTWORT...
... HÄTTE ICH DEIMON WIEDER ZU DIR ZURÜCKGESCHICKT... UM DICH ZU TÖTEN.
...
...
DAS GEFÄLLT MIR GAR NICHT...
... DASS ICH IN MEINEM JETZIGEN ZUSTAND GAR NICHT GEGEN DICH ANKOMME ...
ABER ICH MUSS ZUGEBEN...
... KAWAKI ...

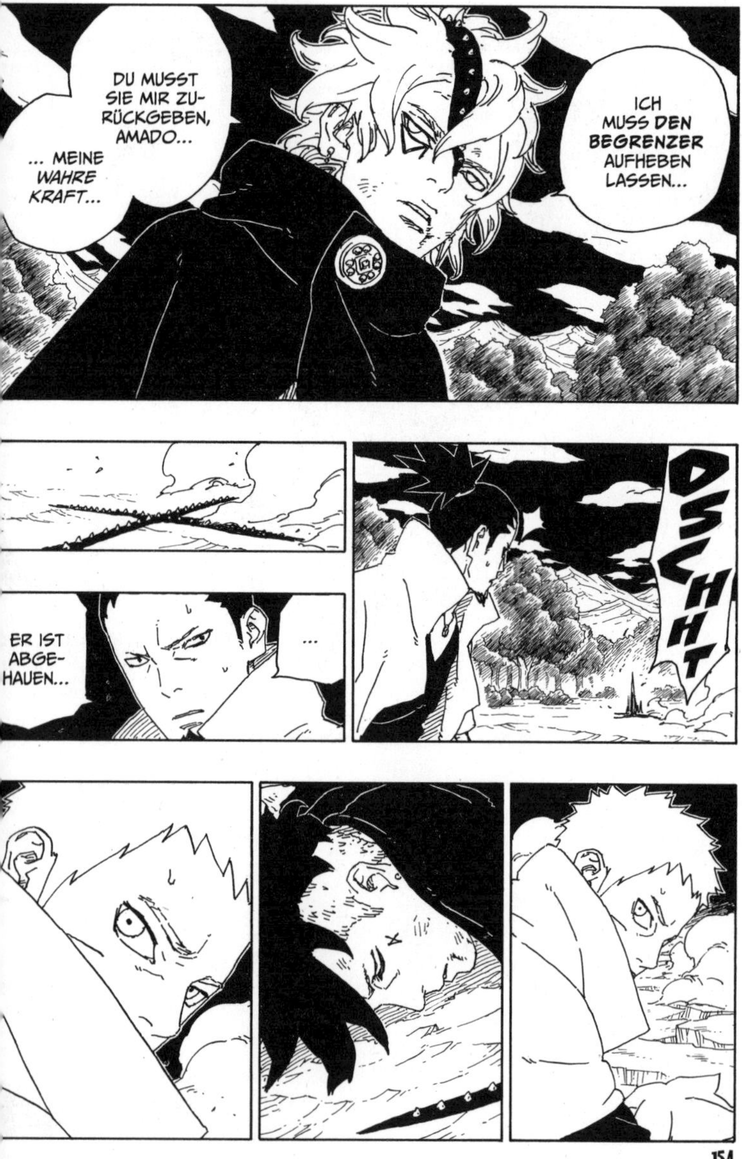

ICH MUSS DEN BEGRENZER AUFHEBEN LASSEN...
DU MUSST SIE MIR ZURÜCKGEBEN, AMADO...
... MEINE WAHRE KRAFT...
DSCHHT
...
ER IST ABGEHAUEN...

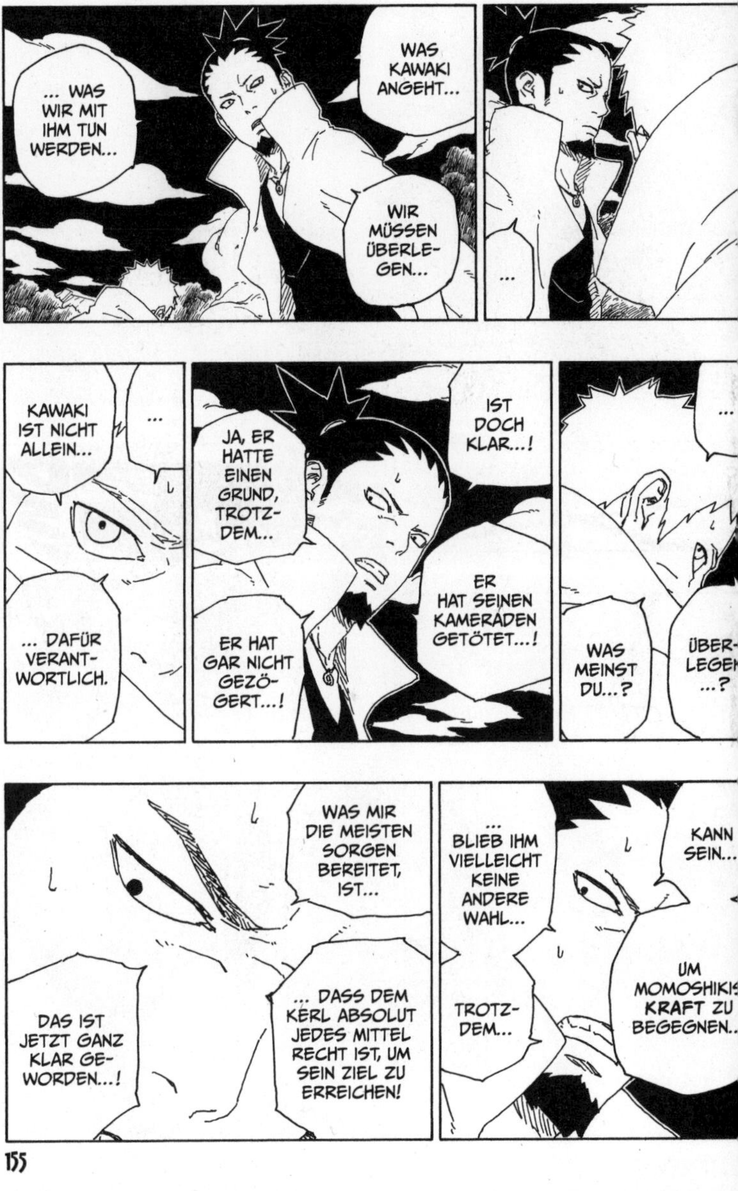
...
WAS KAWAKI ANGEHT...
... WAS WIR MIT IHM TUN WERDEN...
WIR MÜSSEN ÜBERLEGEN...
...
ÜBER-LEGE ...?
WAS MEINST DU...?
IST DOCH KLAR...!
JA, ER HATTE EINEN GRUND, TROTZDEM...
ER HAT SEINEN KAMERADEN GETÖTET...!
ER HAT GAR NICHT GEZÖGERT...!
...
KAWAKI IST NICHT ALLEIN...
... DAFÜR VERANTWORTLICH.
KANN SEIN...
... BLIEB IHM VIELLEICHT KEINE ANDERE WAHL...
UM MOMOSHIKI KRAFT ZU BEGEGNEN...
TROTZDEM...
WAS MIR DIE MEISTEN SORGEN BEREITET, IST...
... DASS DEM KERL ABSOLUT JEDES MITTEL RECHT IST, UM SEIN ZIEL ZU ERREICHEN!
DAS IST JETZT GANZ KLAR GEWORDEN...!

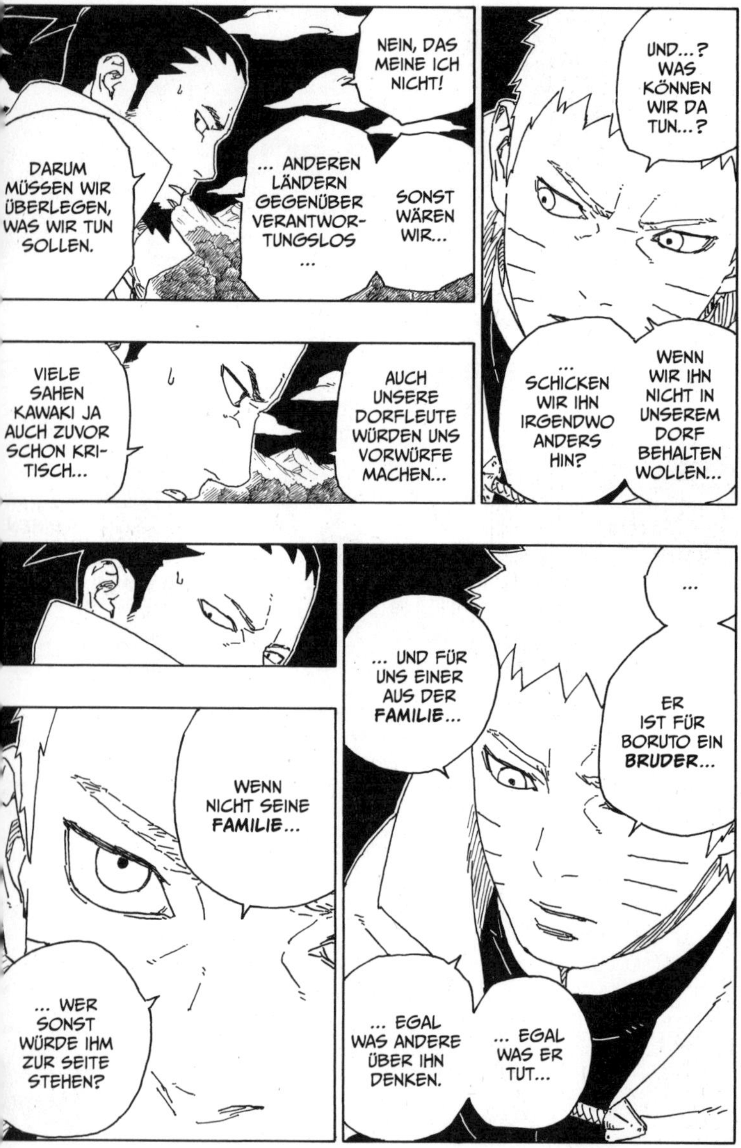

UND...? WAS KÖNNEN WIR DA TUN...?
WENN WIR IHN NICHT IN UNSEREM DORF BEHALTEN WOLLEN...
... SCHICKEN WIR IHN IRGENDWO ANDERS HIN?
NEIN, DAS MEINE ICH NICHT!
SONST WÄREN WIR...
... ANDEREN LÄNDERN GEGENÜBER VERANTWORTUNGSLOS ...
DARUM MÜSSEN WIR ÜBERLEGEN, WAS WIR TUN SOLLEN.
AUCH UNSERE DORFLEUTE WÜRDEN UNS VORWÜRFE MACHEN...
VIELE SAHEN KAWAKI JA AUCH ZUVOR SCHON KRITISCH...
...
ER IST FÜR BORUTO EIN **BRUDER**...
... UND FÜR UNS EINER AUS DER **FAMILIE**...
... EGAL WAS ER TUT...
... EGAL WAS ANDERE ÜBER IHN DENKEN.
WENN NICHT SEINE **FAMILIE**...
... WER SONST WÜRDE IHM ZUR SEITE STEHEN?

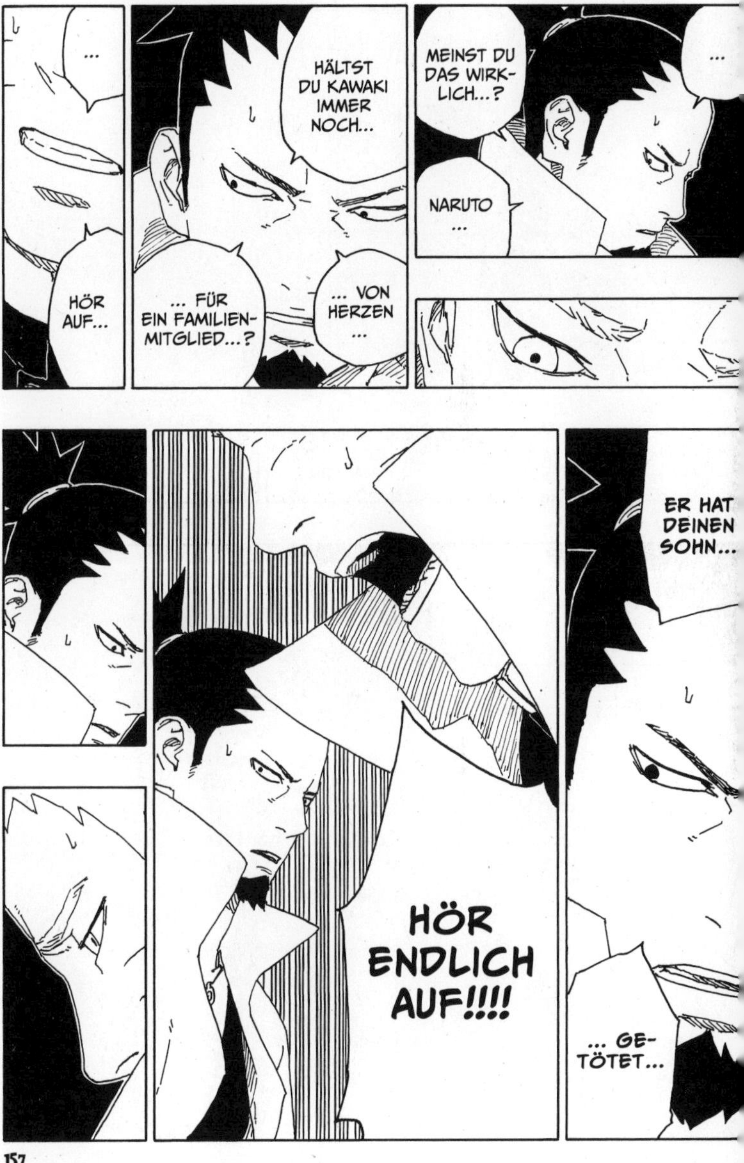
...
MEINST DU DAS WIRKLICH...?
NARUTO ...
HÄLTST DU KAWAKI IMMER NOCH...
... VON HERZEN ...
... FÜR EIN FAMILIENMITGLIED...?
...
HÖR AUF...
ER HAT DEINEN SOHN...
... GETÖTET...
HÖR ENDLICH AUF!!!!

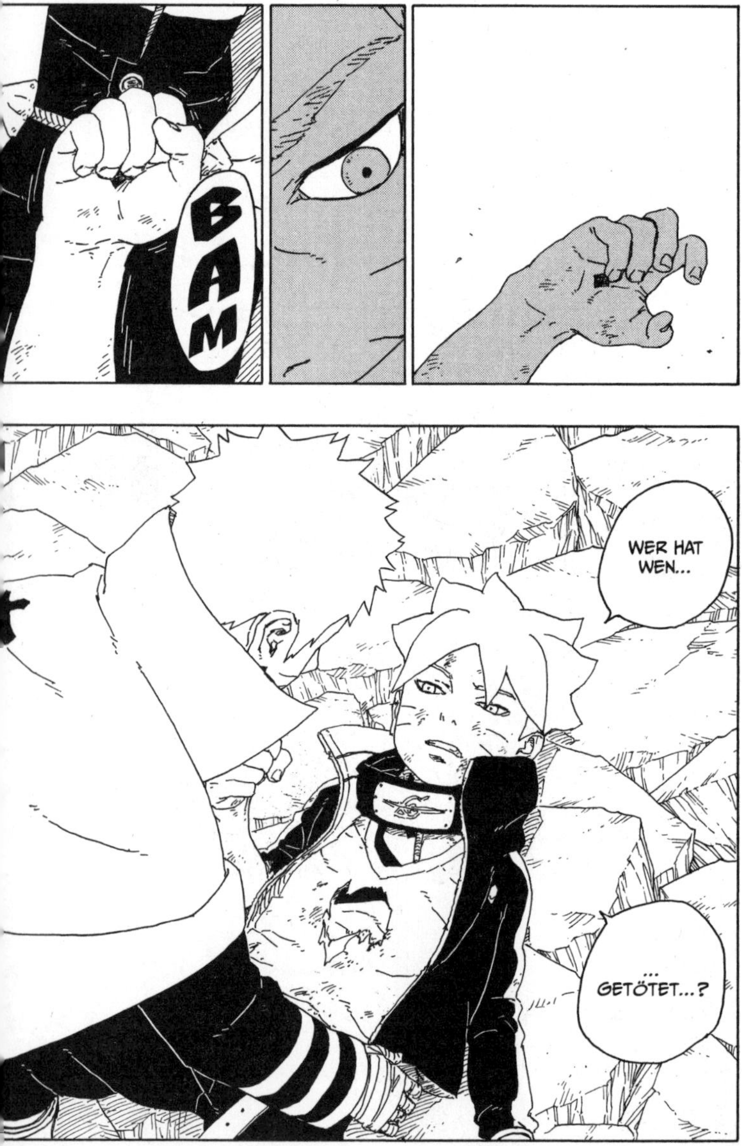
BAM
WER HAT WEN...
... GETÖTET...?

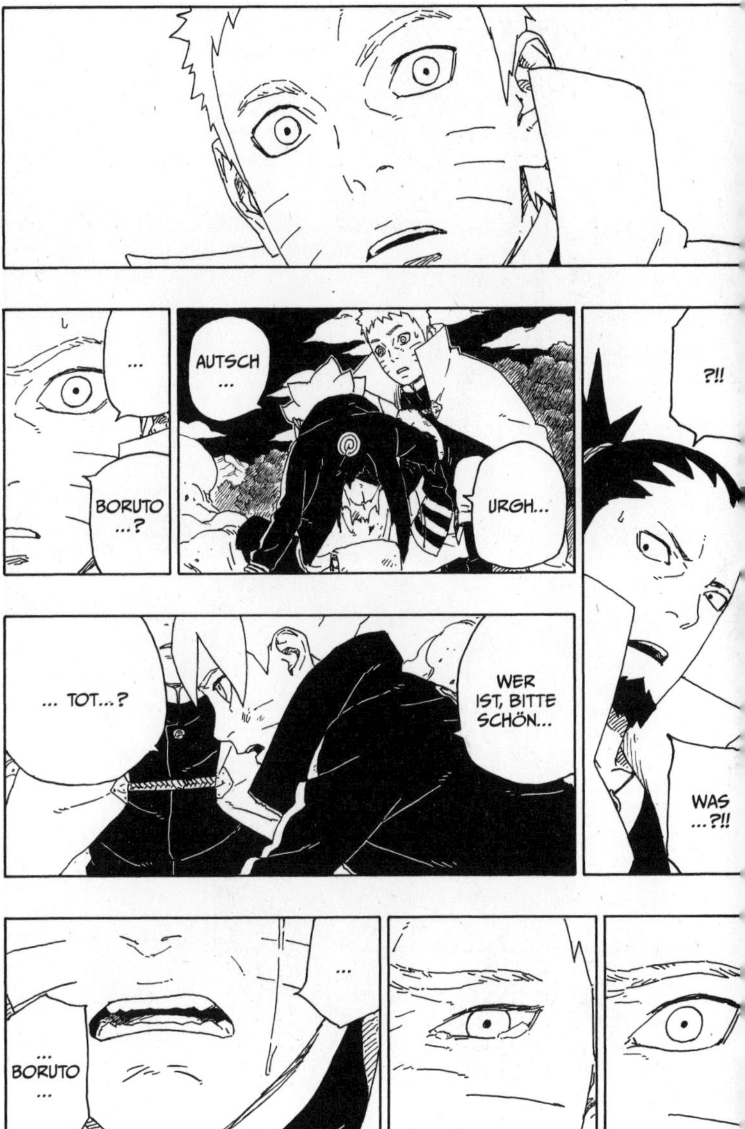
?!!
WAS ...?!!
AUTSCH ...
URGH...
...
BORUTO ...?
WER IST, BITTE SCHÖN...
... TOT...?
...
... BORUTO ...

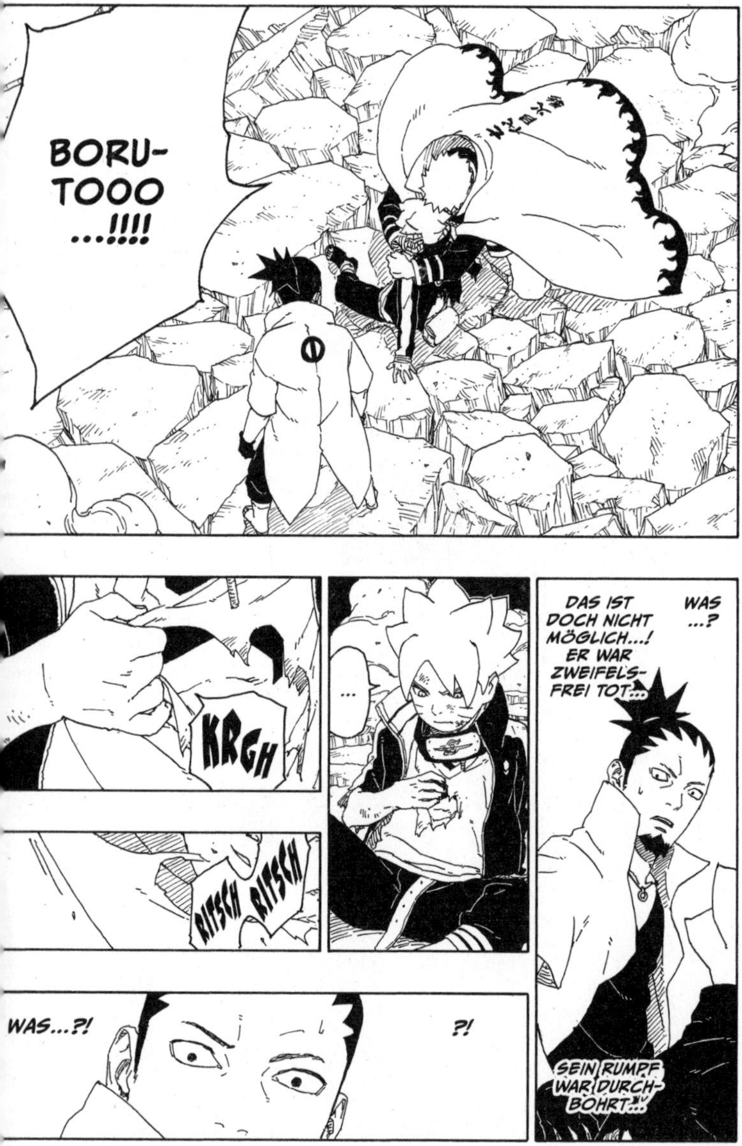
BORU-
TOOO
...!!!!
WAS
...?
DAS IST
DOCH NICHT
MÖGLICH...!
ER WAR
ZWEIFELS-
FREI TOT...
SEIN RUMPF
WAR DURCH-
BOHRT...
...
KRGH
RITSCH RITSCH
?!
WAS...?!

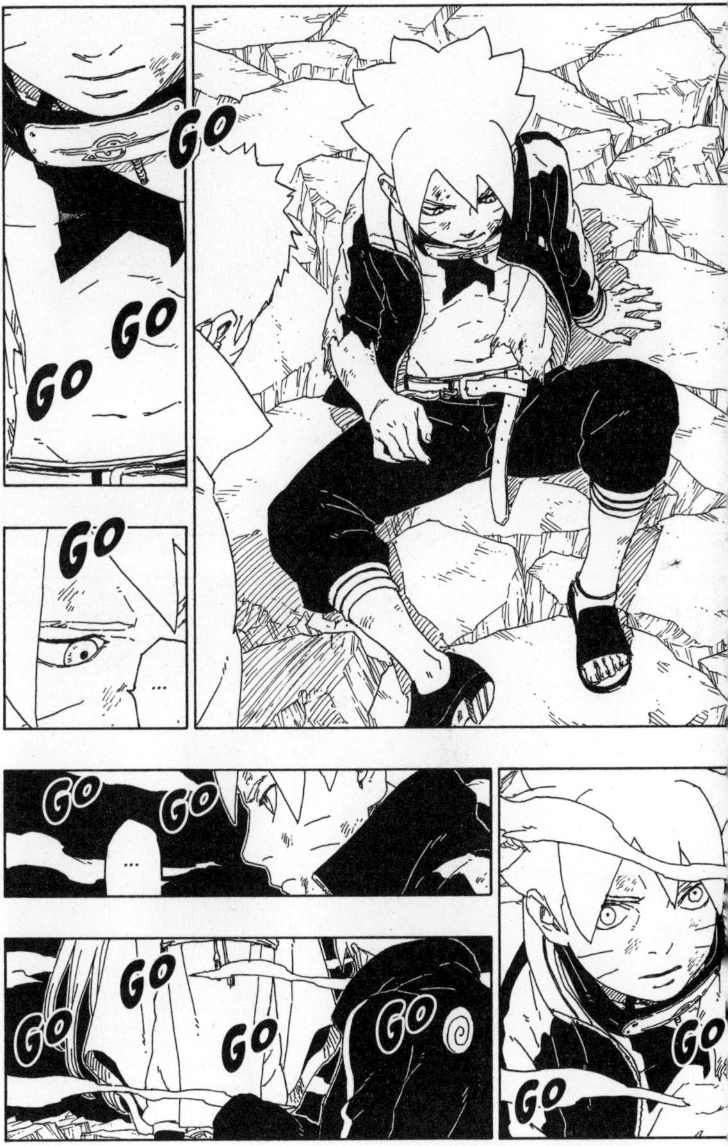
GO
GO
GO
GO
...
GO
GO
GO
GO
...
GO
GO
GO
GO
GO

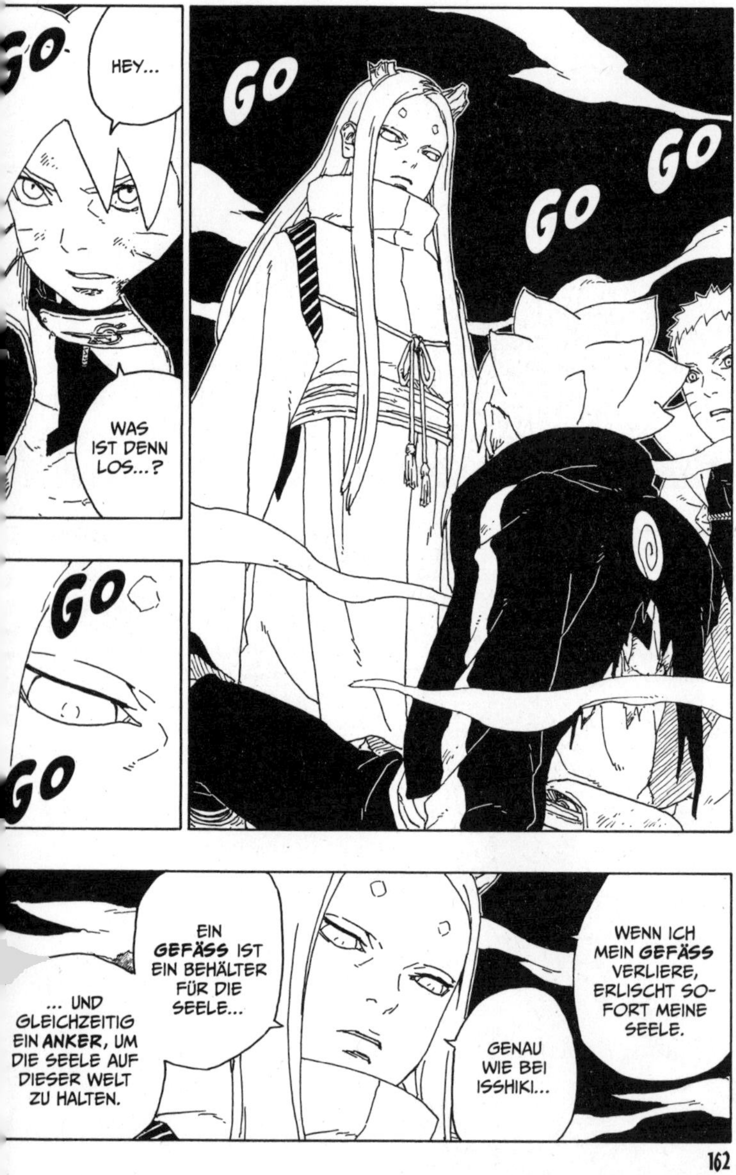

GO
GO
GO GO
HEY...
WAS IST DENN LOS...?
GO
GO
WENN ICH MEIN GEFÄSS VERLIERE, ERLISCHT SOFORT MEINE SEELE.
GENAU WIE BEI ISSHIKI...
EIN GEFÄSS IST EIN BEHÄLTER FÜR DIE SEELE...
... UND GLEICHZEITIG EIN ANKER, UM DIE SEELE AUF DIESER WELT ZU HALTEN.

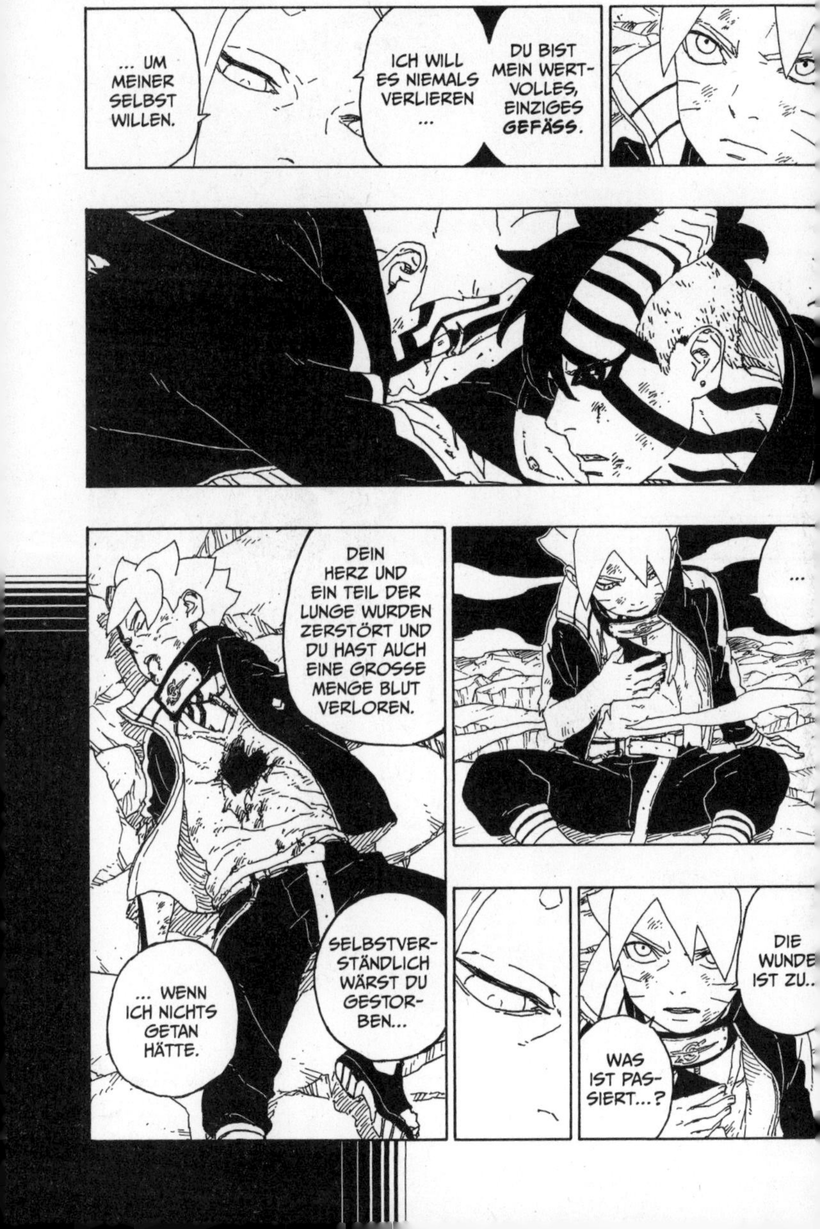

DU BIST MEIN WERTVOLLES, EINZIGES GEFÄSS.
ICH WILL ES NIEMALS VERLIEREN ...
... UM MEINER SELBST WILLEN.
...
DEIN HERZ UND EIN TEIL DER LUNGE WURDEN ZERSTÖRT UND DU HAST AUCH EINE GROSSE MENGE BLUT VERLOREN.
DIE WUNDE IST ZU..
WAS IST PASSIERT...?
SELBSTVERSTÄNDLICH WÄRST DU GESTORBEN...
... WENN ICH NICHTS GETAN HÄTTE.

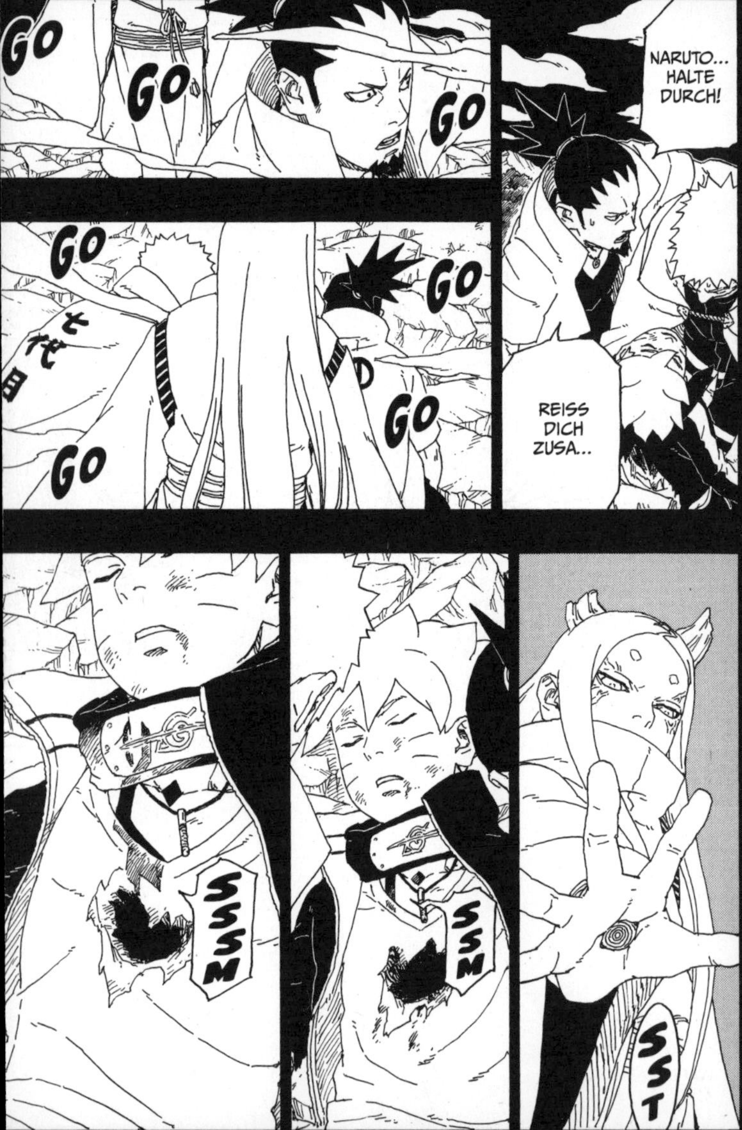

NARUTO... HALTE DURCH!
GO
GO
GO
REISS DICH ZUSA...
GO
GO
GO
GO
七代目
SST
SSM
SSSM

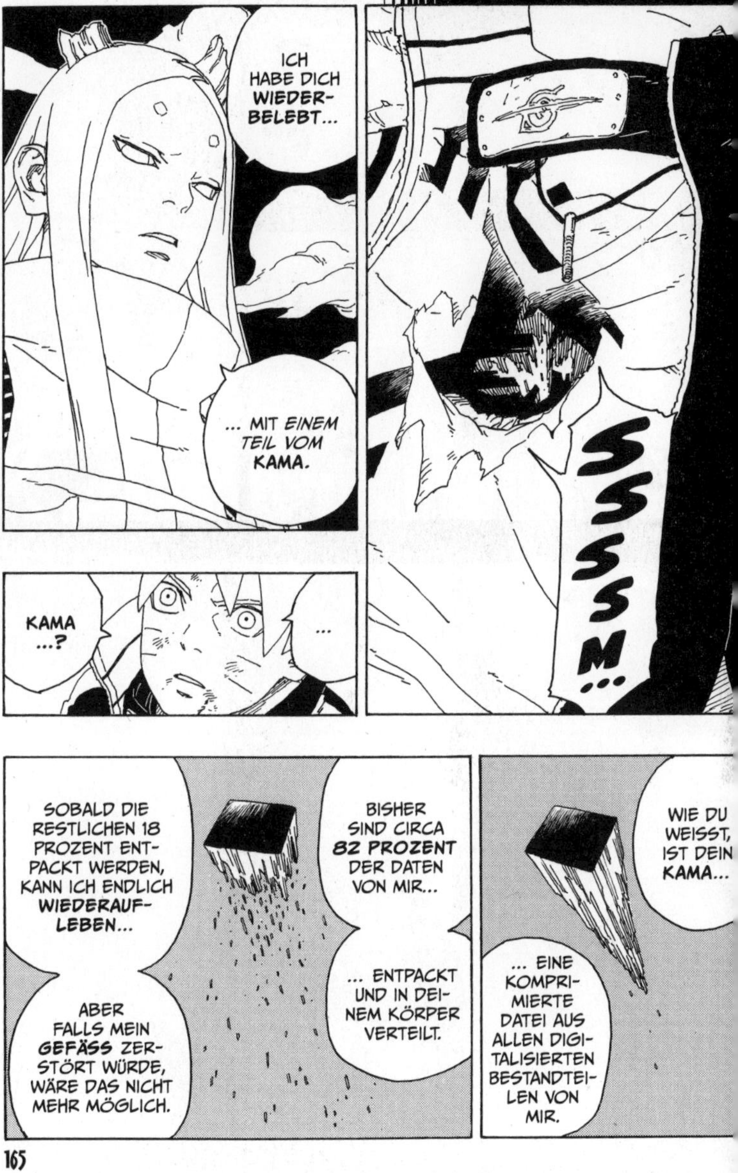
SSSSM..
ICH HABE DICH WIEDER-BELEBT...
... MIT EINEM TEIL VOM KAMA.
...
KAMA ...?
WIE DU WEISST, IST DEIN KAMA...
... EINE KOMPRI-MIERTE DATEI AUS ALLEN DIGI-TALISIERTEN BESTANDTEI-LEN VON MIR.
BISHER SIND CIRCA 82 PROZENT DER DATEN VON MIR...
... ENTPACKT UND IN DEI-NEM KÖRPER VERTEILT.
SOBALD DIE RESTLICHEN 18 PROZENT ENT-PACKT WERDEN, KANN ICH ENDLICH WIEDERAUF-LEBEN...
ABER FALLS MEIN GEFÄSS ZER-STÖRT WÜRDE, WÄRE DAS NICHT MEHR MÖGLICH.

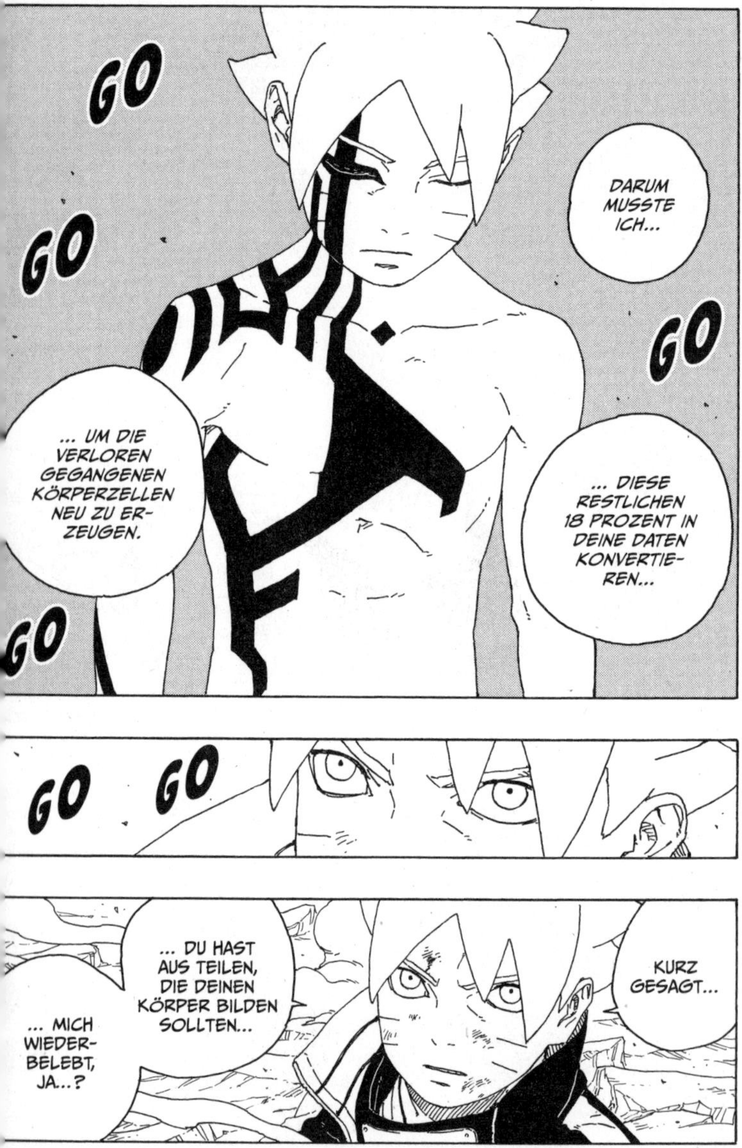
GO
GO
DARUM MUSSTE ICH...
GO
... DIESE RESTLICHEN 18 PROZENT IN DEINE DATEN KONVERTIEREN...
... UM DIE VERLOREN GEGANGENEN KÖRPERZELLEN NEU ZU ERZEUGEN.
GO
GO
GO
KURZ GESAGT...
... DU HAST AUS TEILEN, DIE DEINEN KÖRPER BILDEN SOLLTEN...
... MICH WIEDERBELEBT, JA...?

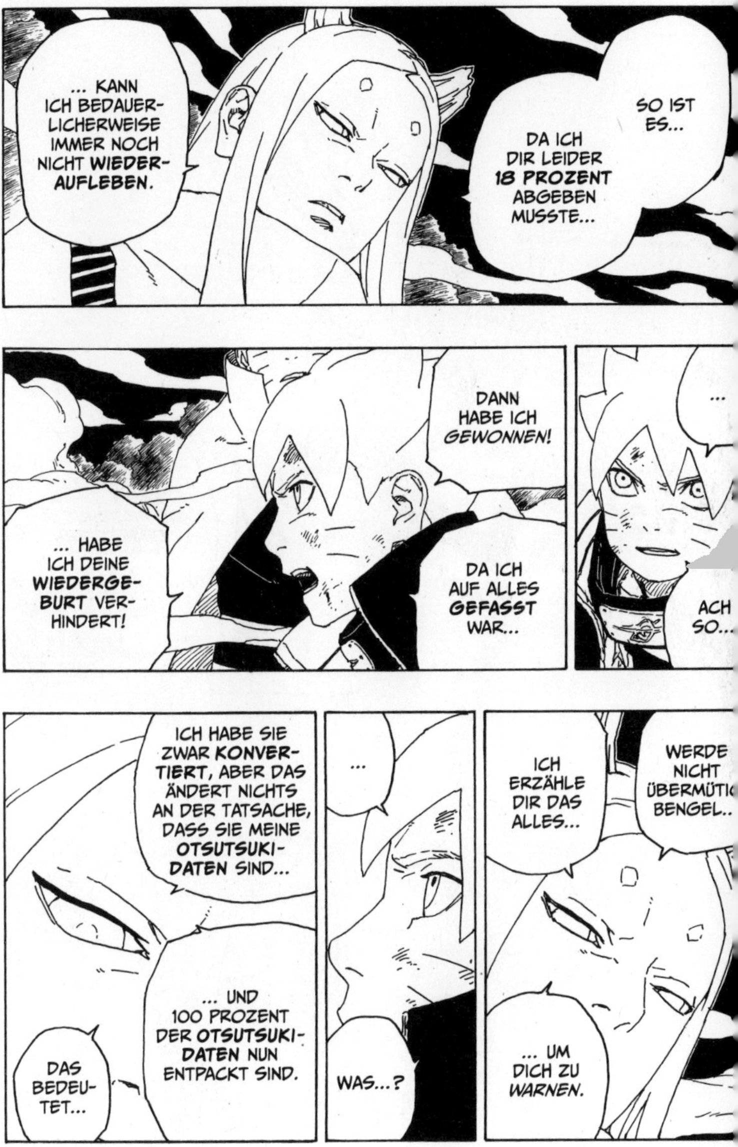
SO IST ES...
DA ICH DIR LEIDER 18 PROZENT ABGEBEN MUSSTE...
... KANN ICH BEDAUERLICHERWEISE IMMER NOCH NICHT WIEDERAUFLEBEN.
...
ACH SO...
DANN HABE ICH GEWONNEN!
DA ICH AUF ALLES GEFASST WAR...
... HABE ICH DEINE WIEDERGEBURT VERHINDERT!
WERDE NICHT ÜBERMÜTI BENGEL..
ICH ERZÄHLE DIR DAS ALLES...
... UM DICH ZU WARNEN.
...
WAS...?
ICH HABE SIE ZWAR KONVERTIERT, ABER DAS ÄNDERT NICHTS AN DER TATSACHE, DASS SIE MEINE OTSUTSUKI-DATEN SIND...
... UND 100 PROZENT DER OTSUTSUKI-DATEN NUN ENTPACKT SIND.
DAS BEDEUTET...

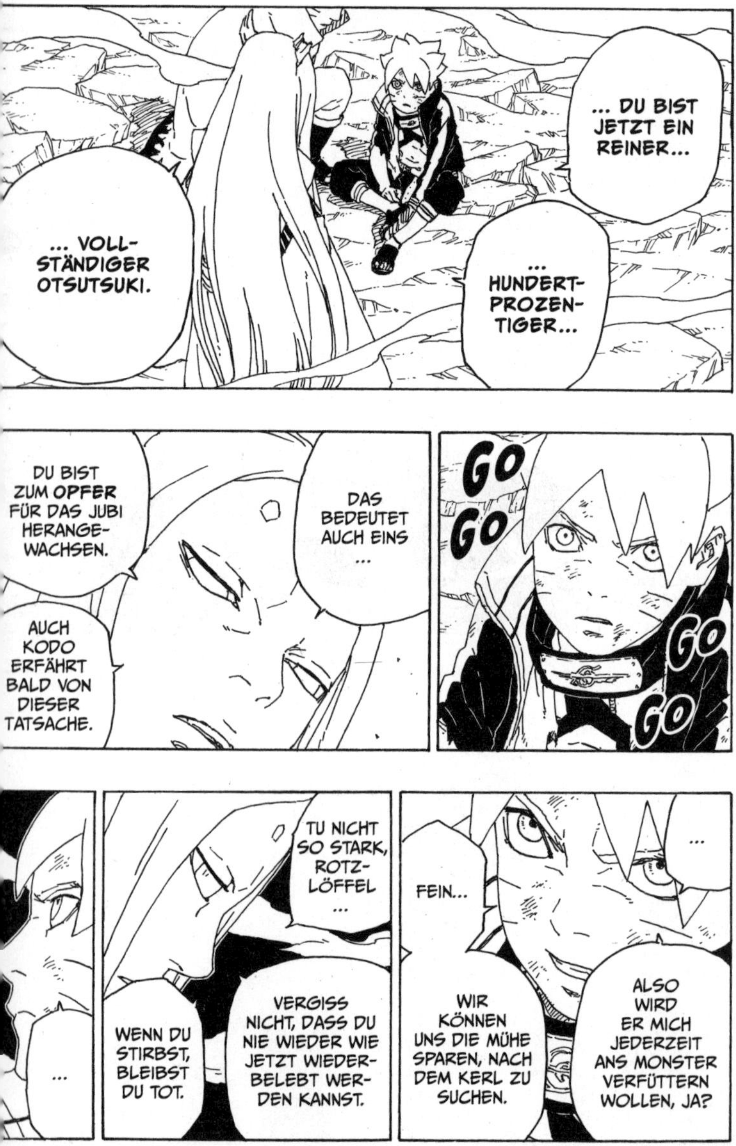
... DU BIST JETZT EIN REINER...
... HUNDERT-PROZEN-TIGER...
... VOLL-STÄNDIGER OTSUTSUKI.
GO GO GO GO
DAS BEDEUTET AUCH EINS ...
DU BIST ZUM OPFER FÜR DAS JUBI HERANGE-WACHSEN.
AUCH KODO ERFÄHRT BALD VON DIESER TATSACHE.
...
ALSO WIRD ER MICH JEDERZEIT ANS MONSTER VERFÜTTERN WOLLEN, JA?
FEIN...
WIR KÖNNEN UNS DIE MÜHE SPAREN, NACH DEM KERL ZU SUCHEN.
TU NICHT SO STARK, ROTZ-LÖFFEL ...
VERGISS NICHT, DASS DU NIE WIEDER WIE JETZT WIEDER-BELEBT WER-DEN KANNST.
WENN DU STIRBST, BLEIBST DU TOT.
...

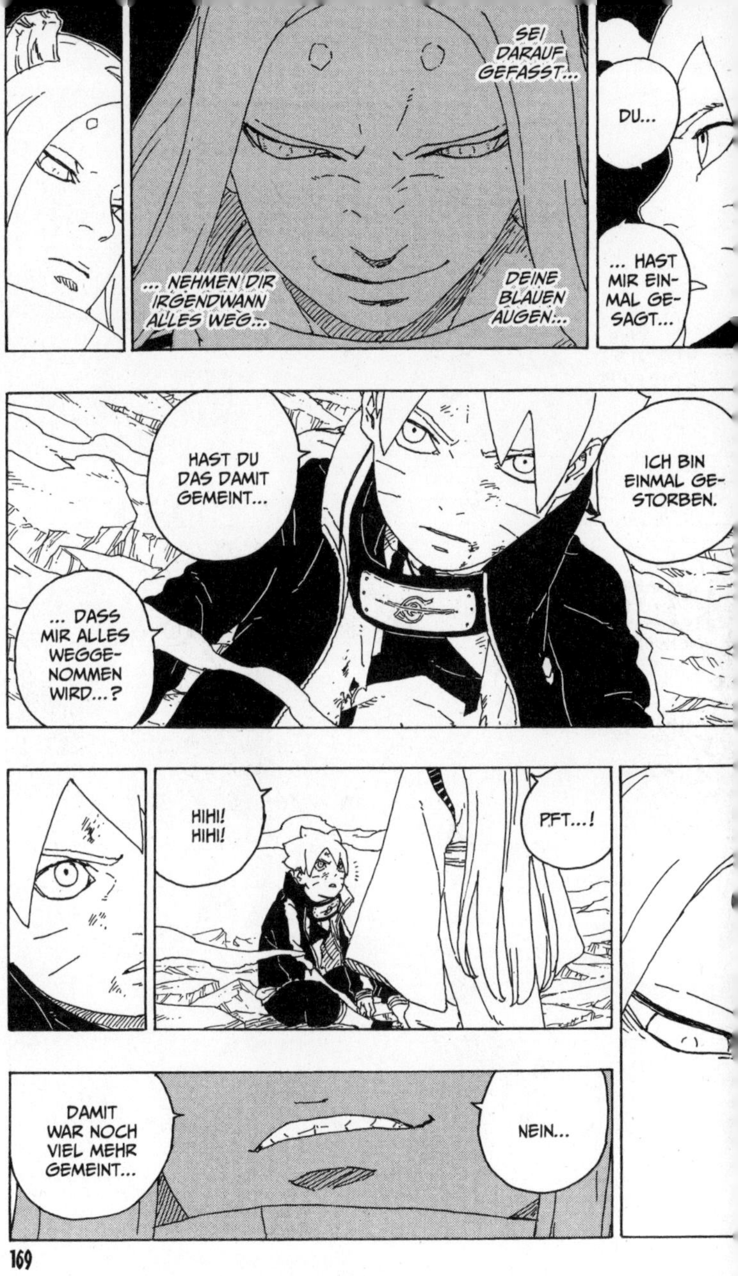
DU...
... HAST MIR EIN-MAL GE-SAGT...
SEI DARAUF GEFASST...
DEINE BLAUEN AUGEN...
... NEHMEN DIR IRGENDWANN ALLES WEG...
ICH BIN EINMAL GE-STORBEN.
HAST DU DAS DAMIT GEMEINT...
... DASS MIR ALLES WEGGE-NOMMEN WIRD...?
PFT...!
HIHI! HIHI!
NEIN...
DAMIT WAR NOCH VIEL MEHR GEMEINT...

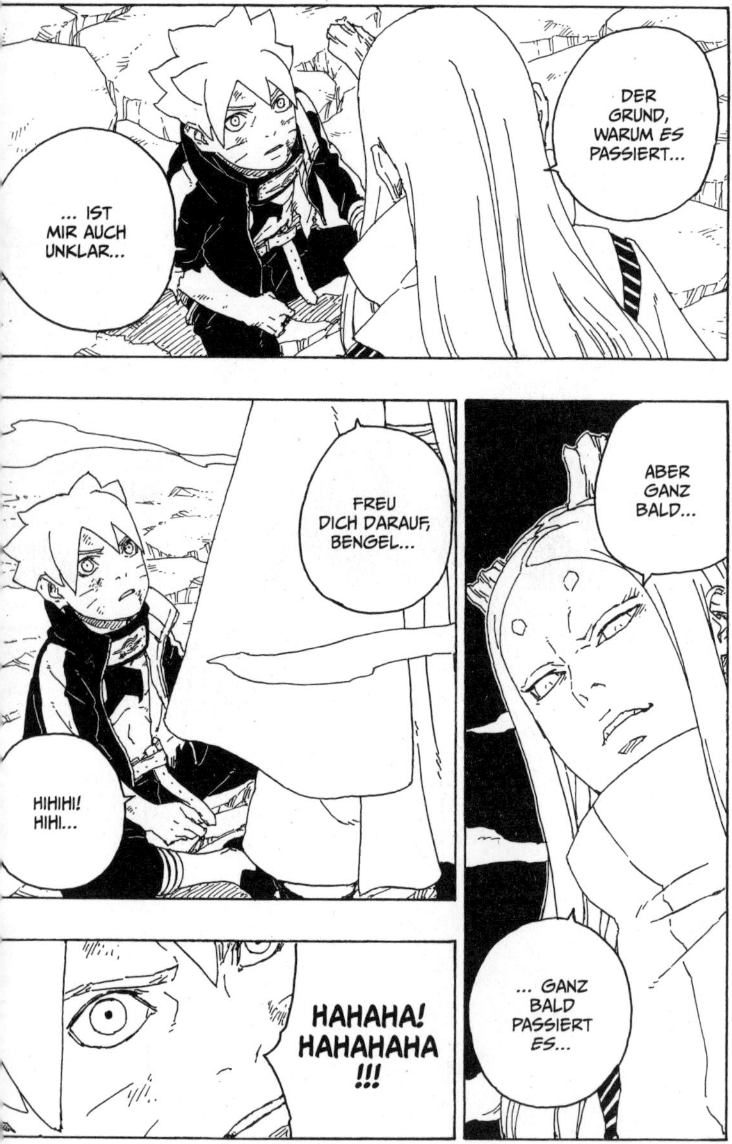
DER GRUND, WARUM ES PASSIERT...
... IST MIR AUCH UNKLAR...
ABER GANZ BALD...
... GANZ BALD PASSIERT ES...
FREU DICH DARAUF, BENGEL...
HIHIHI! HIHI...
HAHAHA! HAHAHAHA!!!

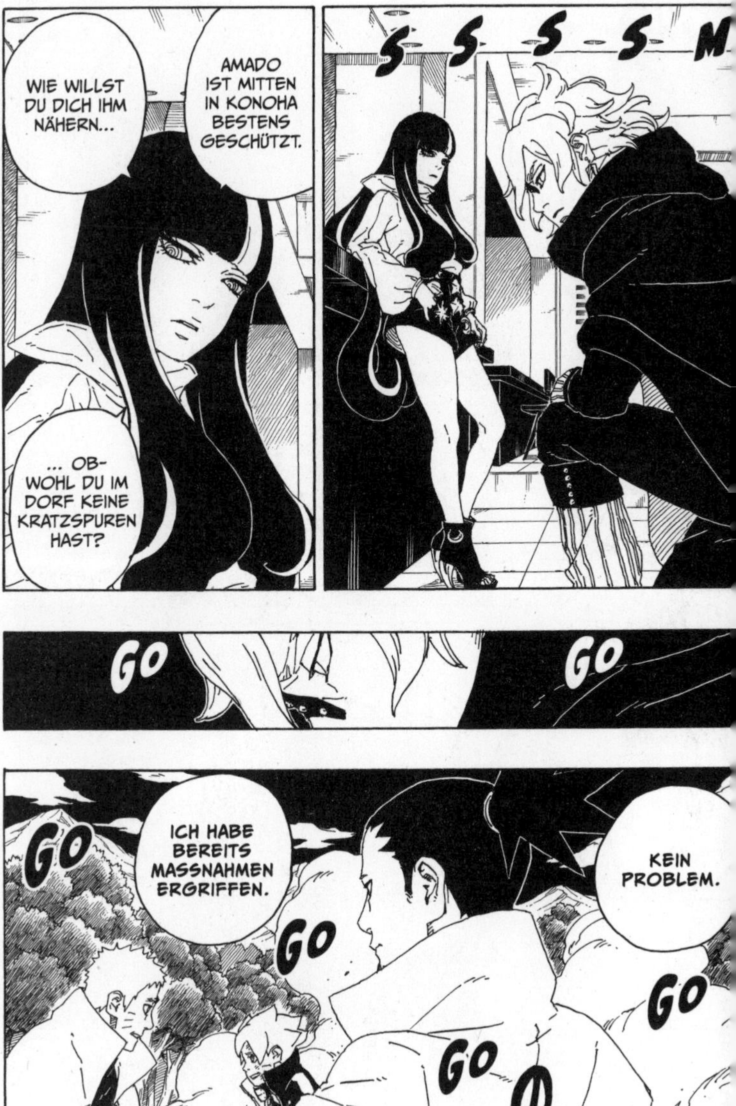
AMADO IST MITTEN IN KONOHA BESTENS GESCHÜTZT.
WIE WILLST DU DICH IHM NÄHERN...
... OB-WOHL DU IM DORF KEINE KRATZSPUREN HAST?
S S S S M
GO
GO
KEIN PROBLEM.
ICH HABE BEREITS MASSNAHMEN ERGRIFFEN.
GO
GO
GO
GO
O

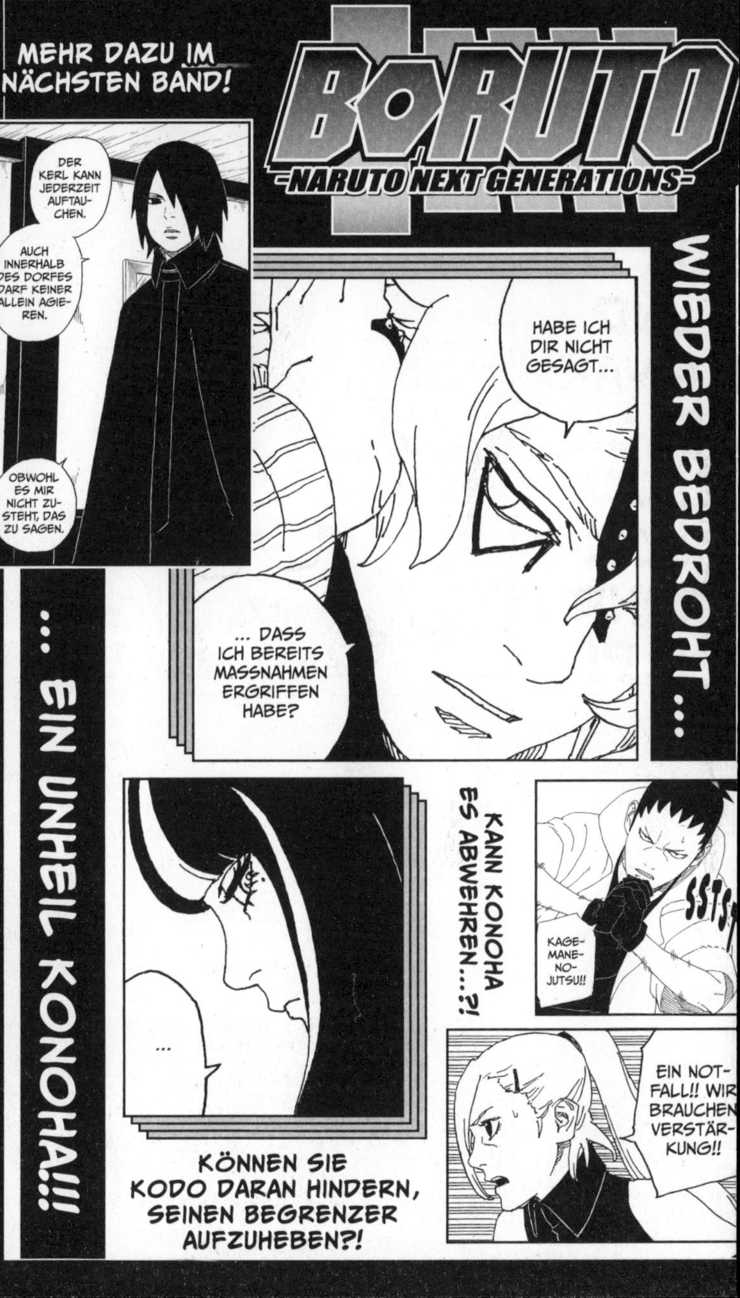
BORUTO
-NARUTO NEXT GENERATIONS-
MEHR DAZU IM NÄCHSTEN BAND!
DER KERL KANN JEDERZEIT AUFTAUCHEN.
AUCH INNERHALB DES DORFES DARF KEINER ALLEIN AGIEREN.
OBWOHL ES MIR NICHT ZUSTEHT, DAS ZU SAGEN.
WIEDER BEDROHT ...
HABE ICH DIR NICHT GESAGT ...
... DASS ICH BEREITS MASSNAHMEN ERGRIFFEN HABE?
... EIN UNHEIL KONOHA!!!
KANN KONOHA ES ABWEHREN ...?!
KAGE-MANE-NO-JUTSU!!
SSTST
...
EIN NOTFALL!! WIR BRAUCHEN VERSTÄRKUNG!!
KÖNNEN SIE KODO DARAN HINDERN, SEINEN BEGRENZER AUFZUHEBEN?!

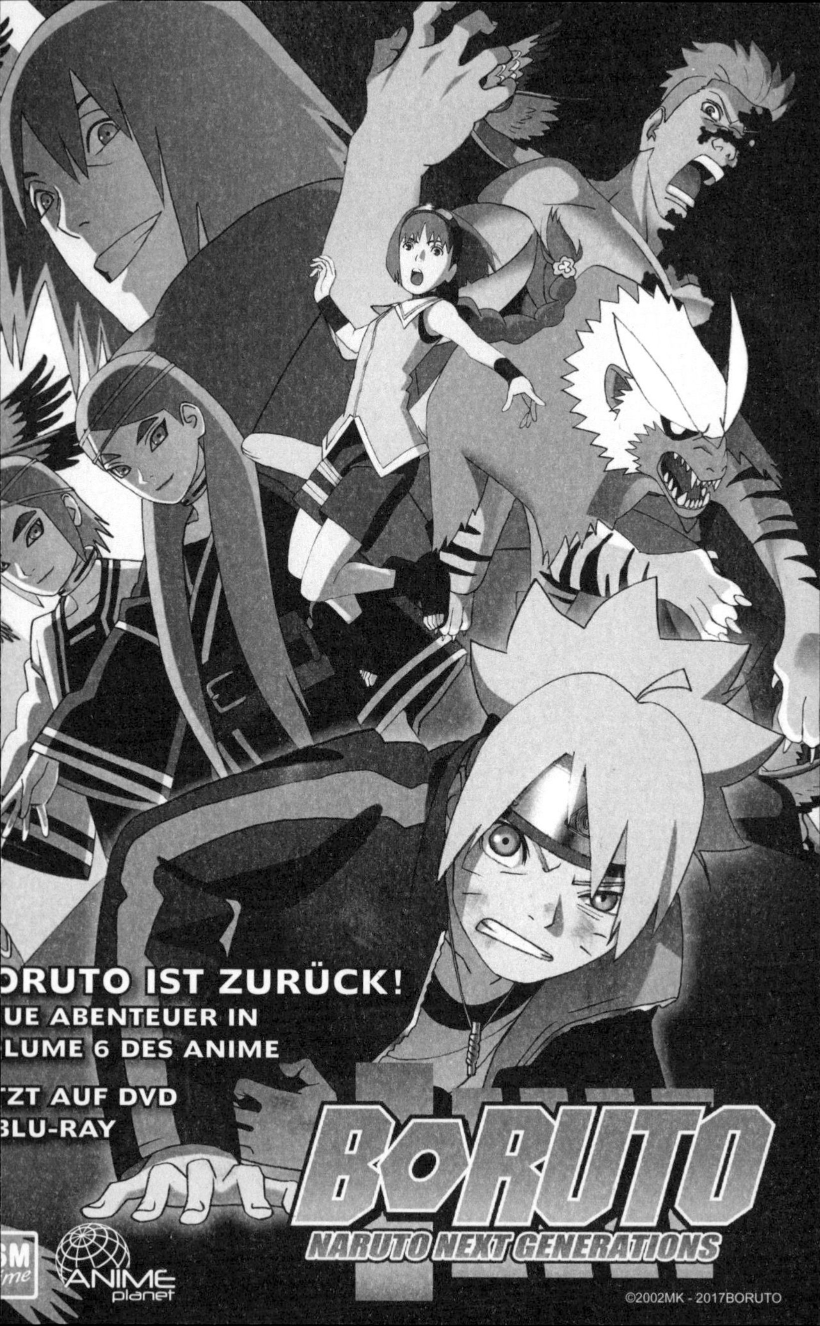
ORUTO IST ZURÜCK!
UE ABENTEUER IN
LUME 6 DES ANIME
TZT AUF DVD
LU-RAY
BORUTO
NARUTO NEXT GENERATIONS
ANIME planet
©2002MK - 2017BORUTO

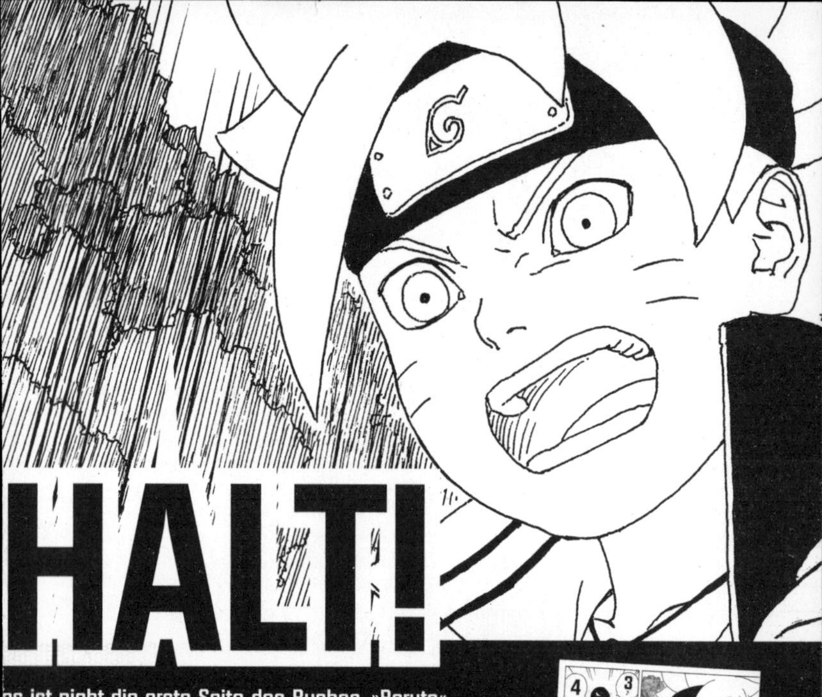

HALT!

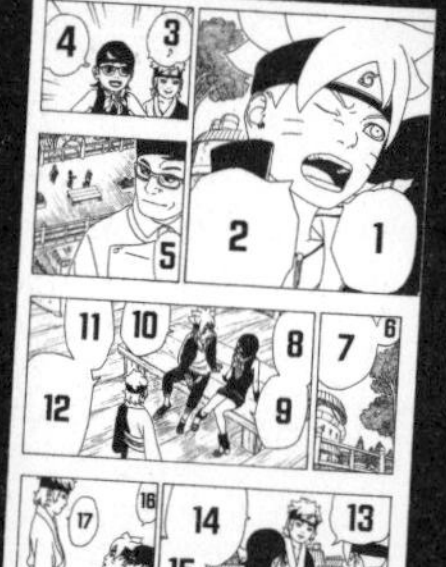

as ist nicht die erste Seite des Buches. »Boruto«
t ein japanischer Comic. In Japan liest man von
hinten« nach »vorne« und von rechts oben nach links
nten, also genau spiegelverkehrt zu dem, wie wir es
ewohnt sind.
uch die Bilder und Sprechblasen auf jeder Seite
verden so gelesen, wie es in der Grafik gezeigt wird!
ie Legende der neuen Generation beginnt!!

CARLSEN MANGA! NEWS * Aktuelle Infos abonnieren unter
www.carlsenmanga.de * www.carlsen.de

CARLSEN MANGA * Deutsche Ausgabe/German Edition * © 2023 Carlsen Verlag GmbH, Völckersstraße 14-20, 22765 Hamburg * Aus dem Japanischen von Miyuki Tsuji BORUTO: NARUTO NEXT GENERATIONS © 2016 by Masashi Kishimoto, Mikio Ikemoto * All rights reserved. * First published in Japan in 2016 by SHUEISHA Inc., Tokyo. * German translation rights in Germany, Austria, Luxembourg and German-speaking Switzerland arranged by SHUEISHA Inc. through VME PLB SAS, France. * Redaktion: Anne Berling Textbearbeitung: Ina Schiele * Herstellung: Derya Yıldırım * Alle deutschen Rechte vorbehalten * Bei Fragen zum Produkt: carlsen.de/kontakt * ISBN 978-3-551-77908-3